21 世纪高职高专物流管理专业实用规划教材

配送与配送中心管理

主　编　贾春霞

副主编　陈新鸿　马立兵

参　编　邢　凯

清华大学出版社

北　京

内容简介

“配送与配送中心管理”是物流管理专业的核心课程之一，是培养配送作业一线的作业操作人员、作业班组负责人、部门主管及业务经理等人才的必修课程。本书以培养具有配送及配送中心营运管理岗位所需的知识、能力、素质的人才为目标，创设不同的学习情境，在典型工作任务的选择上，前七大项目按照配送及配送中心认知—配送中心作业管理—配送中心成本管理与评价—配送中心规划，由简单到复杂，符合职业成长规律。项目八则是本书的创新之处，重点分析不同类型的配送中心的营运管理，实用性强，能拓展学生学习相关知识的思路，有针对性地培养学生所需的技能与素养。

本书既可作为物流本科专业的教科书，也可作为相关工作者的工作参考用书。

图书在版编目(CIP)数据

配送与配送中心管理/贾春霞主编. —北京：清华大学出版社，2016（2021.9重印）
(21世纪高职高专物流管理专业实用规划教材)
ISBN 978-7-302-44624-8

Ⅰ. ①配… Ⅱ. ①贾… Ⅲ. ①物流—配送中心—企业管理—高等职业教育—教材 Ⅳ. ①F253

中国版本图书馆CIP数据核字(2016)第178427号

责任编辑：李春明
封面设计：杨玉兰
责任校对：吴春华
责任印制：朱雨萌
出版发行：清华大学出版社

网　　址：http://www.tup.com.cn, http://www.wqbook.com
地　　址：北京清华大学学研大厦A座　　**邮　　编**：100084
社 总 机：010-62770175　　**邮　　购**：010-62786544
投稿与读者服务：010-62776969, c-service@tup.tsinghua.edu.cn
质量反馈：010-62772015, zhiliang@tup.tsinghua.edu.cn
课件下载：http://www.tup.com.cn, 010-62791865

印 装 者：三河市龙大印装有限公司
经　　销：全国新华书店
开　　本：185mm×230mm　　**印　张**：17.5　　**字　数**：378千字
版　　次：2016年8月第1版　　**印　次**：2021年9月第5次印刷
定　　价：48.00元

产品编号：070324-02

前　言

随着经济日趋全球化，企业通过物流去赢得市场的方式已越来越受到关注。配送是一种特殊的、综合的物流活动形式，是商流与物流的紧密结合，包含了商流活动和物流活动，也包含了物流中若干功能要素。配送中心营运管理岗位是主要的物流职业岗位群之一，也是就业需求较大的物流岗位之一。因此，配送中心经营管理能力是物流管理专业学生必备核心技能。“配送与配送中心管理”是物流管理专业的核心课程。

本书是高职高专物流管理专业基于工学结合工作过程系统化项目课程教材之一。以配送中心生产经营管理过程为课程的总项目，根据企业发展需要和完成职业岗位实际工作任务所需的知识、技能和职业基本素质要求，遵循学生职业能力培养的基本规律，以培养学生优秀的职业技能为目标，构建任务引领型课程，并使之系统化而编写。

本书共有八个项目，以培养具有配送及配送中心营运管理岗位所需的知识、能力、素质的人才为目标，选择典型工作任务，创设不同的学习情境，从学生的学习兴趣出发，由浅入深地将全书内容分为：配送与配送中心认知，配送中心订单管理，配送中心拣选与补货、退货作业管理，配送中心流通加工作业，配送中心出货与送货作业管理，配送中心成本管理与绩效评价，配送中心规划与设计，不同类型配送中心的运营与管理。通过本课程的学习训练，学生将具备从事配送及配送中心运营管理工作的职业技能以及工作岗位的适应能力。

本书采用项目教学、任务引领的方式组织教材内容，每个项目均设置有明确的项目学习目标。为系统而直观地实现项目学习目标，每个项目均按照若干个工作任务序化展开，按工作任务描述、任务驱动、任务资讯、任务实施、任务总结、任务实训，展开知识的学习和技能的训练，突出了实用性和可操作性。本书的主要特点如下。

(1) 本书基于创新的课程开发理念，按照配送中心基本工作流程，选择典型工作任务，创设不同学习情境，由简单到复杂、由模仿到创新，按照职业成长规律进行教学项目的选择与分配，重点培养学生在未来岗位所需的知识、能力与素养。

(2) 本书以应用为核心，侧重实用、可操作性。通过项目组织教学，把理论知识与实践技能有机地结合起来，阐述完成本项目必备的基本知识，并辅之以任务分析、任务总结、任务实训，理论联系实际，使学生在完成具体项目的过程中掌握相关理论知识并发展职业能力。

(3) 本书结构设计清晰，使用方便。引入项目教学，知识与任务配套，任务实现与工作过程吻合；案例贯穿项目，引导学生学习；强化任务训练，满足学习者深化学习的需要。

本书由天津城市职业学院贾春霞担任主编，天津铁道职业技术学院陈新鸿、天津冶金职业技术学院马立兵担任副主编，邢凯参编，物流管理专业带头人李怀湘担任主审。本书

由贾春霞编写项目一，邢凯编写项目二、项目三，马立兵编写项目四、项目六，陈新鸿编写项目五、项目七、项目八。由贾春霞拟定编写大纲，并对全书进行修改；李怀湘对全书进行了审阅。同时，在编写过程中得到了天津市天地申通物流有限公司部门经理顾晓东、杭州百世网络技术有限公司天津分公司部门经理王波的热情指导并提出了改进意见，出版社为本书的编写、修改和出版付出了辛勤劳动，在此表示衷心感谢！

本书在编写过程中，参考了大量的相关出版物和有关文献资料及网站资料，在此向各位专家学者表示深深的敬意和由衷的感谢。

由于编者水平有限，本书难免存在不足之处，敬请读者与同行专家批评指正。

编　者

目　录

项目一　配送与配送中心认知

【项目导入】

配送作为物流活动之一，每天每时每刻都在发生。配送所需成本直接影响生产企业、流通企业以及物流企业的总体收益，也影响着企业的生产效率与人们的生活质量。通过学习配送与配送中心的相关知识，充分认识配送与配送中心运营活动在经济发展中的重要意义。

【项目目标】

1. 知识目标

(1) 掌握配送的概念、特点、要素及功能。
(2) 了解配送的模式和配送类型。
(3) 掌握配送流程。
(4) 掌握配送中心的概念及类型。
(5) 了解配送中心的组织结构。
(6) 了解配送中心运营岗位设置及岗位职责。

2. 技能目标

(1) 能够识别配送的不同类型。
(2) 能够描述配送基本流程。
(3) 能够根据企业配送活动分析其关键功能要素。
(4) 能够根据企业状况区分配送中心类型。
(5) 根据所需知识能够分析配送中心配送作业过程。
(6) 能够分析配送中心运营管理的关键影响因素。

【项目展开】

为了系统而直观地实现以上项目目标，现将该项目按照以下两个工作任务序化展开。
(1) 配送认知。
(2) 配送中心认知。

任务一 配 送 认 知

【任务描述】

“面包”能够跑多快

经常吃面包的人会发现，大部分面包的保质期在 7 天之内，因此人们基本上不会去买还有 2 天就过期的面包。大多数消费者都有这样的偏好，原本有 7 天寿命的面包被无情地降为 3～5 天。这对人们来说意味着每天能吃到最新鲜的面包，而对于生产并销售它们的企业来说，意味着供应链的运转速度需要加快一倍。

潘瑞克面包是在北京各大超市最常见的品牌，公司要求面包在货架上摆放 3 天时间，没有卖出去的面包要在第 4 天补货时回收。为此要在尽可能短的时间把面包摆上货架，为面包赢得尽可能长的摆放时间。因此，配送时间不能多于 12 小时，每天 35 万～40 万个面包凌晨下线后，要在 12 小时内配送到包括超市、学校和食品店在内的 3000 多个零售点。

当然要想在面包短暂的“3 天”内赢取最大利润，着实考验潘瑞克的配送速度与质量。用最快的速度送面包上架成为潘瑞克面包盈利的必备条件。

潘瑞克定位在国内一线城市中档面包市场，在北京和天津拥有生产工厂。其销售渠道同其他的面包生产企业相似，主要为：学校、酒店、职工食堂等的特殊渠道，大中小超市的赊销渠道，小夫妻店的现销渠道，外埠批发商销售渠道。现销渠道占终端数的 75%，赊销占 25%。

为保证用最快时间将产品送上货架，潘瑞克拥有一支在面包行业来说极为庞大的配送队伍，包括销售员和分布在超市中的促销员共计 400 多人，其中 75%是销售员，还拥有 100 余辆专门配送面包的卡车、三轮车等交通工具。公司专门开发了一套电子地图软件来分析车辆的最佳路线图，最大限度节省运输时间。

按照配送时间不能多于 12 小时，即 12 小时之内将几十万个面包单品配送到终端的要求，潘瑞克的生产工厂必须彻夜工作，其生产规律与北京的早报非常相似：摸黑工作，天不亮就开始叫卖。

根据各大超市早晨 6 点让供应商进店配货的要求，潘瑞克向后倒推出确切的生产和配送时间表。首先要在前一天上午开始排产，根据经验进行常规生产。每天下午 4 点前，所有的真实订单到位后，再按照订单调整生产计划。到凌晨 2 点左右，潘瑞克当日需供应的面包生产完毕，装在专用黄箱子中，从位于通州区的工厂运到四个配送中心。通常在一个潘瑞克配送中心里面有近百名按照不同渠道分组的销售员，凌晨 4 点左右面包经过配送中心销售员进一步的清点，6 点被送往各个大小终端。下午 4 点前销售员完成全部配送和补货工作，并将下一天的订单提交到总部，又一个新的供应链循环开始了。每天早晨人们读着早报的时候，潘瑞克面包已经进入上千家超市、食品店，等待消费者购买。

正像流水生产线上不希望员工偷懒一样，潘瑞克同样不希望有销售员在配送链条上放缓脚步，晚 1 小时摆上商店货架，就意味着面包自行减寿 1 小时。为此他们去年底已经启动了对运输车辆的卫星监控系统计划，成功实施后，如果有配送车辆未按要求线路行驶或长时间半路停车，总部都会立即监控到并做出反应。

思考：如何认识潘瑞克的配送活动？

(资料来源：李圆. “面包”能够跑多快[J]. IT 经理世界，2006(7).)

【任务驱动】

完成此任务，需要明确以下两个问题。

(1) 在潘瑞克面包配送活动中认识到配送的几大关键功能要素？

(2) 通过材料画出潘瑞克面包配送流程图。

【任务资讯】

一、配送的定义及特点

(一)配送的定义

在国家质量技术监督局颁布的中华人民共和国国家标准《物流术语》(修订版)(GB/T 18354—2006)中，关于配送(distribution)的定义是：在经济合理区域范围内，根据客户要求，对物品进行拣选、加工、包装、分割、组配等作业，并按时送达指定地点的物流活动。配送不等同于一般性的送货。配送是一种完善化的、高级的输送活动；配送是小范围、综合性的物流运动；配送是综合性的、一体化的物流运动；配送是一种专业化的分工方式，配送要有现代化的技术和装备作为保证。

(二)配送的特点

1. 配送实质是送货

配送是一种送货，但和一般送货相比有以下区别。一般送货可以是一种偶然的行为，而配送却是一种固定的形态，甚至是一种有确定组织、确定渠道，有一套装备和管理力量、技术力量，有一套制度的体制形式。所以，配送是高水平送货形式。

2. 配送是一种“中转”形式

配送是从物流节点至用户的一种特殊送货形式。从送货功能看，其特殊性表现为：从事送货的是专职流通企业，而不是生产企业；配送是“中转”型送货，而一般送货尤其从工厂至用户的送货往往是直达型；一般送货是生产什么送什么，有什么送什么，配送则是企业需要什么送什么。所以，要做到需要什么送什么，就必须在一定中转环节收集这种需要，从而使配送必然以中转形式出现。当然，广义上，许多人也将非中转型送货纳入配送范围，将配送外延从中转扩大到非中转，仅以“送”为标志来划分配送外延，也是有一定道理的。

3. 配送是“配”和“送”有机结合的形式

配送与一般送货的重要区别在于，配送利用有效的分拣、配货等理货工作，使送货达到一定的规模，以利用规模优势降低送货成本。如果不进行分拣、配货，有一件运一件，需要一点送一点，就会大大增加动力消耗，使送货并不优于取货。所以，追求整个配送的优势，分拣、配货等项工作必不可少。

4. 配送以用户要求为出发点

定义中强调的“按用户的订货要求”明确了用户的主导地位。配送是从用户利益出发、按用户要求进行的一种活动。因此，在观念上必须明确“用户第一”“质量第一”的理念。配送企业的地位是服务地位而不是主导地位，因此不能从本企业利益出发而应从用户利益出发，在满足用户利益基础上取得本企业的利益。更重要的是，不能利用配送损伤或控制用户，不能利用配送作为部门分割、行业分割、割据市场的手段。

5. 以最合理方式

概念中“以最合理方式”的提法是基于这样一种考虑：过分强调“按用户要求”是不妥的，用户要求受用户本身的局限，有时会损失自我或双方的利益。对于配送者来讲，必须以“要求”为据，但是不能盲目，应该追求合理性，进而指导用户，实现共同受益的商业原则。

思考：
配送与仓储的区别、配送与运输的区别。

二、配送的功能要素

1. 集货

将分散的或小批量的物品集中起来，以便进行运输、配送的作业。为了满足客户的配送需要，集货过程包括从几家或者数十家供应商订货、接货、验货和收货等工作，是决定配送成败的前期工作。

2. 储存

配送中的储存有储备及暂存两种形态。配送储备是按一定时期的配送经营要求，形成

的对配送的资源保证，配送的储备保证有时在配送中心附近单独设库解决。另一种储存形态是暂存，是具体执行日配送时，按分拣配货要求，在理货场地所做的少量储存准备或者是分拣、配货之后，形成的发送货载的暂存，这些暂存主要是调节配货与送货的节奏，暂存时间不长。

3. 分拣

物品分类，是按照物品的种类、流向、客户类别等对货物进行分组，并集中码放到指定场所或容器内的作业。拣选，是按订单或出库单的要求，从储存场所拣出物品，并码放在指定场所的作业。分拣是配送不同于其他物流形式的有特点的功能要素，也是配送成败的一项重要性工作，是送货向高级形式发展的必然要求。

4. 配货

配货是指使用各种拣选设备和传输装置，将存放的货物按客户的要求分拣出来，配备齐全，送入指定发货区。它与分拣工作不可分割，二者一起构成了一项完整的作业，是完善送货、支持送货的准备性工作，也是决定整个配送系统水平的关键要素。

5. 配装

采用科学的方法进行货物装载。在单个用户配送数量不能达到车辆的有效载运负荷时，就存在如何集中不同用户的配送货物，进行搭配装载以充分利用运能、运力的问题，这就需要配装。和一般送货不同之处在于，通过配装送货可以大大提高送货水平及降低送货成本。所以，配装也是配送系统中有现代特点的功能要素，也是现代配送不同于以往送货的重要区别之处。

6. 配送加工

在配送中，配送加工这一功能要素不具有普遍性，但是往往是有重要作用的功能要素，因为通过配送加工可以大大提高用户的满意程度。

7. 配送运输

配送运输属于运输中的末端运输、支线运输，和一般运输形态的主要区别在于：配送运输是较短距离、较小规模、额度较高的运输形式，一般使用汽车作为运输工具。与干线运输的区别是，配送运输的路线选择问题较复杂，干线运输的干线是唯一的运输线，而配送运输由于配送用户多，一般城市交通路线较复杂，如何组合成最佳路线，如何使配装和路线有效搭配等，是难度较大的工作。

8. 送达服务

配好的货运输到用户还不算配送工作的完结，这是因为送达货和用户接货往往还会出

现不协调，使配送前功尽弃。因此，要圆满地实现运送货物的移交，并有效地、方便地处理相关手续并完成结算，还应考虑卸货地点、卸货方式等。送达服务也是配送独具的特殊性。

三、配送的分类

为满足不同产品、不同企业、不同流通环境的要求，可以采用各种形式的配送。配送的种类根据不同的划分标准有不同的类型。

(一)按配送主体所处的行业分类

1. 生产企业配送

生产企业配送是围绕制造企业的需求所进行的原材料、零部件的供应配送，各生产工序上的生产配送以及企业为销售产品而进行的对客户的销售配送。

2. 制造业配送

制造业配送由供应配送、生产配送和销售配送三部分组成。各个部分在客户需求信息的驱动下连成一体，通过各自的职能分工与合作，贯穿于整个制造业配送中。

3. 农业配送

农业配送是一种特殊的、综合的农业物流活动，是在农业生产资料、农产品的送货基础上发展起来的。农业配送是指在与农业相关的经济合理区域范围内，根据客户要求，对农业生产资料、农产品进行分拣、加工、包装、分割、组配等作业，并按时送达指定地点的农业物流活动。

4. 商业企业配送

商业企业的主体包括批发企业和零售企业，二者对于配送的理解、要求、管理等都不相同。批发企业配送的客户不是流通环节的终点消费者，而是零售企业。因此，批发企业必然要求配送系统不断满足其零售客户多批次、少批量的订货及流通加工等方面的需求。而对于零售企业来说，其配送的客户是流通环节终点的各类消费者。因此，一方面，由于经营场所的面积有限，他们希望上游供应商(包括批发企业)能向其提供小批量的商品配送；另一方面，为了满足各种不同客户的需要，他们又都希望尽可能多地配备商品种类。

5. 物流企业配送

物流企业是专门从事物流活动的企业，因此物流企业配送并不像前面四类企业一样拥有货物的所有权，而是根据所服务客户的需求，为客户提供配送支持服务。现在，比较常见的物流企业配送形式是快递业提供的门到门的物流服务。

(二)按实施配送的节点不同分类

1. 仓库配送

仓库配送是以一般仓库为据点进行的配送形式。它可以把仓库完全改造成配送中心，也可以以仓库原功能为主，在保持原功能的前提下，增加一部分配送职能。由于不是专门按配送中心要求设计和建立的，所以仓库配送规模较小，配送的专业化程度低。但它可以利用原仓库的储存设施及能力、收发货场地、交通运输线路等，开展中等规模的配送，并且可以充分利用现有条件而不需要大量投资。

2. 配送中心配送

组织者是专职配送的配送中心，规模较大，有的配送中心需要储存各种商品，储存量也比较大。有的配送中心专职于配送，储存量较小，货源靠附近的仓库补充。

配送中心专业性较强，和客户有固定的配送关系。一般实行计划配送，需配送的商品有一定的库存量，很少超越自己的经营范围。配送中心的设施及工艺流程是根据配送需要专门设计的，所以配送能力强，配送距离较远，配送品种多，配送数量大。它承担工业生产用主要物资的配送及向配送商店实行补充性配送等。配送中心配送是配送的重要形式。从实施配送较为普遍的国家看，配送中心不但在数量上占主要部分，而且是某些小配送单位的总据点，因而发展较快。

配送中心配送覆盖面较宽，配送规模大。因此，必须有一套配套的大规模实施配送的设施，如配送中心建筑、车辆、路线等，一旦建成便很难改变，灵活机动性较差，投资较高，在实施配送时难以一下子大量建设配送中心。因此，这种配送形式有一定的局限性。

3. 商店配送

组织者是商业或物资的门市网点。这些网点主要承担商品的零售，规模一般不大，但经营品种较齐全。除日常零售业务外，还可根据客户的要求将商店经营的品种配齐，或代客户订购一部分本商店平时不经营的商品，和商店经营的品种一起配齐送给客户。这种配送组织者实力有限，往往只是小量、零星商品的配送。这种配送是配送中心配送的辅助及补充。商店配送有两种形式。

(1)　兼营配送形式。商店在进行一般销售的同时兼行配送的职能。商店的备货，可用于日常销售及配送，因此，有较强的机动性，可以将日常销售与配送相结合，互为补充。这种形式在一定铺面条件下，可取得更多的销售额。

(2)　专营配送形式。商店不进行零售销售而专门进行配送。一般情况是商店位置条件不好，不适于门市销售而又有某方面经营优势及渠道优势，可采取这种方式。

4. 工厂配送

组织者是生产企业，尤其是进行多品种生产的生产企业，可以直接由本企业进行配送而无须再将产品发运到配送中心进行配送。生产企业配送由于避免了一次物流中转，所以有一定优势。但是生产企业，尤其是现代生产企业，往往是进行大批量低成本生产，品种较单一，因而不能像配送中心那样依靠产品凑整运输取得优势，实际上生产企业配送不是配送的主体。

工厂配送在地方性较强的产品生产企业中应用较多，如就地生产、就地消费的食品、饮料、百货等。在生产资料方面，某些不适于中转的化工产品及地方建材也可采取这种方式。

(三)按配送商品的特征不同分类

1. 单(少)品种大批量配送

工业企业需要量较大的商品，单独一个品种或几个品种就可达到较大输送量，可实行整车运输，这种商品往往不需要再与其他商品搭配，可由专业性很强的配送中心实行配送。由于配送量大，可使车辆满载并使用大吨位车辆。配送中心内部设置、组织、计划等工作也较简单，因此配送成本较低。如果从生产企业将这种商品直接运抵客户，同时又不致使客户库存效益下降时，采用直送方式往往有更好的效果。

2. 多品种、少批量配送

现代企业生产除了需要少数几种主要物资外，从种类数来看，处于B、C类的物资品种数远高于A类主要物资，B、C类物资的品种数多，但单品种需要量不大，若采取直送或大批量配送方式，由于一次进货批量大，必然造成客户库存增大等问题，类似情况也存在于向零售品商店补充一般生活消费品的配送，所以这些情况适合采用多品种、少批量配送方式。

多品种、少批量配送是按客户要求，将所需的各种物品(每种需要量不大)配备齐全，凑整装车后由配送据点送达客户。这种配送作业水平要求高，配送中心设备复杂，配货送货计划难度大，必须有高水平的组织工作来保证。这是一种高水平、高技术的配送方式。

多品种、少批量配送也正符合了现代“消费多样化”“需求多样化”的新观念，所以，是许多发达国家推崇的方式。

多品种、少批量配送往往伴随多客户、多批次的特点，配送频度往往较高。

3. 配套成套配送

按企业生产需要，尤其是装配型企业的生产需要，将生产每一台设备所需全部零部件配齐，按生产节奏定时送达生产企业，生产企业随即可将此成套零部件送入生产线装配产品。这种配送方式，配送企业承担了生产企业大部分的供应工作，使生产企业专致于生产，与多品种、少批量配送效果相同。

(四)按配送的时间及数量分类

1. 定时配送

定时配送是指按规定时间间隔进行配送，如数天或数小时一次等，每次配送的品种及数量可按计划执行，也可在配送之前以商定的联络方式(如电话、计算机终端输入等)通知配送品种及数量。这种方式时间固定，易于安排工作计划、易于计划使用车辆，对客户来讲，也易于安排接货力量(如人员、设备等)。但是，由于配送物品种类经常变化，配货、装货难度较大，在要求配送数量变化较大时，也会使配送运力安排出现困难。定时配送包括日配、隔日配送、周配送、旬配送、月配送、准时配送等。

2. 定量配送

定量配送是指按规定的批量在一个指定的时间范围内进行配送。这种方式数量固定，备货工作较为简单，可以按托盘、集装箱及车辆的装载能力规定配送的定量，能有效利用托盘、集装箱等集装方式，也可做到整车配送，配送效率较高。由于时间不严格限定，可以将不同客户所需物品凑整车后配送，运力利用也较好。对客户来讲，每次接货都处理同等数量的货物，有利于人力、物力的准备。

3. 定时定量配送

定时定量配送是指按规定时间、规定的货物品种、数量进行的配送。它兼有定时和定量配送两种优点，但对计划性、稳定性要求高，对配送中心的服务要求比较严格，管理和作业难度较大。相对来说，它比较适合生产和销售稳定、产品批量较大的生产制造企业或大型连锁商场的部分商品配送。

4. 定时定路线配送

在规定的运行路线上制定到达时间表，按运行时间表进行配送，客户可按规定路线及规定时间接货及提出配送要求。采用这种方式有利于安排车辆及驾驶人员。在配送客户较多的地区，也可免去过分复杂的配送要求所造成的配送组织工作及车辆安排的困难。对客户来讲，既可对一定路线、一定时间进行选择，又可有计划地安排接货力量。但这种方式应用领域也是有限的。

5. 即时配送

即时配送是完全按客户突然提出的配送要求，在一定时间对一定数量的货物即时进行配送的方式，是有很高的灵活性的一种应急的方式。采用这种方式可以实现保险储备的零

库存，即用即时配送代替保险储备。

(五)按加工程度不同分类

1. 加工配送

加工配送是指和流通加工相结合的配送。在配送据点中设置流通加工环节，或是流通加工中心与配送中心建立在一起。当社会上现成的产品不能满足客户需要，客户根据本身工艺要求使用经过某种初加工的产品时，可以在加工后通过分拣、配货再送货到户。

流通加工与配送相结合，使流通加工更有针对性，减少了盲目性，配送企业不但可以依靠送货服务、销售经营取得收益，还可通过加工增值取得收益。

2. 集疏配送

集疏配送是只改变产品数量组成形态而不改变产品本身物理、化学形态的与干线运输相配合的配送方式。例如，大批量进货后小批量、多批次发货，零星集货后以一定批量送货等。

(六)按配送企业专业化程度分类

1. 综合配送

综合配送是指配送商品种类较多，不同专业领域的产品在一个配送网点中组织对客户的配送。这一类配送由于综合性较强，故称之为综合配送。

综合配送可减少客户为组织所需全部物资进货的负担，只需和少数配送企业联系，便可解决多种需求。因此，它是对客户服务意识较强的配送形式。

综合配送的局限性在于，由于产品性能、形状差别很大，在组织时技术难度较大。因此，一般只是在性状相同或相近的不同类产品方面，实行综合配送，差别过大的产品难以综合化。

2. 专业配送

专业配送是按产品性状不同适当划分专业领域的配送方式。专业配送并非越细分越好，实际上同一性状而类别不同的产品，也是有一定综合性的。

专业配送的主要优势是可按专业的共同要求优化配送设施，优选配送机械及配送车辆，制定适用性强的工艺流程，从而大大提高配送各环节工作的效率。专业配送主要适用于大型生产、生活物资的流通领域。现在已形成的专业配送形式主要有中小件杂货的配送、金属材料的配送、燃料煤的配送、水泥的配送、燃料油的配送、木材的配送、化工产品的配送、生鲜食品的配送和家具及家庭用具的配送。

四、配送的模式

(一)企业(集团)自营配送模式

这是目前国内生产、流通或综合性企业(集团)所广泛采用的一种物流模式。企业(集团)通过独立组建物流中心，实现对企业内部各部门、场、店的物品供应。这种物流模式中糅合了传统的“自给自足”的“小农意识”，形成了新型的“大而全”“小而全”，造成了新的资源浪费。显然，这种模式还不能适应电子商务时代对物流的要求。但是就目前来看，在满足企业(集团)内部生产材料供应、产品外销、零售厂店供货或区域外市场拓展等企业自身需求方面却发挥着重要的作用。

较典型的企业(集团)自营型模式，就是连锁企业的物流配送。大大小小的连锁公司或集团(比如北京华联、沃尔玛、麦德龙等)基本上都是通过组建自己的物流中心来完成对内部各场、店的统一采购、统一配送和统一结算的。

(二)第三方物流配送模式

第三方物流是由相对“第一方”发货人和“第二方”收货人而言的第三方来承担企业物流活动的一种物流形态。第三方物流模式是指交易双方把自己需要完成的配送业务委托给第三方来完成的一种配送运作模式。这一配送模式正逐渐成为电子商务网站进行货物配送的一个首选模式和方向。它的服务内容包括设计物流系统、电子数据交换能力、报表管理、货物集运、信息管理、仓储、咨询、运费支付和谈判等。

电子商务企业采用第三方物流方式对于提高企业经营效率具有重要作用。

1. 集中精力于核心业务

企业应把自己的主要资源集中于自己熟悉的主业，而把物流等辅助功能留给物流公司，这样可以提高自己主业的市场竞争力。如果一家规模不是很大的企业投入太多的资金自己搞物流，那么该企业投入主业上的资金就会相应地减少，则该企业主业的市场竞争力会受到很大的影响。

2. 灵活运用新技术，实现以信息换库存，降低成本

由于科学技术的日益进步，普通的单个制造公司通常在短时间内难以更新自己的资源和技能，而不同的零售商可能有不同的、不断变化的配送和信息技术等需求。此时，第三方物流公司能以一种快速、更具成本优势的方式满足这些需求，而这些服务通常都是制造商一家难以做到的。同样，第三方物流供应商还拥有满足一家企业的潜在顾客需求的能力，从而使企业接洽到零售商。

3. 减少固定资产投资，加速资本周转

企业自营物流需要投入大量的资金购买物流设备，建设仓库和信息网络等专业物流设施。这些资源对于缺乏资金的企业特别是中小企业来说是个沉重的负担。如果使用第三方物流公司，不仅可以减少设施的投资，还能够免去仓库和车队方面的资金占用，加速资金的周转。

与自营物流相比，第三方物流在为企业提供上述便利的同时，也会给企业带来诸多不利，主要有：企业不能直接控制物流职能，不能保证供货的准确和及时，不能保证顾客服务的质量和维护与顾客的长期关系，企业将放弃对物流专业技术的开发等。

(三)物流一体化配送模式

物流一体化是在第三方物流的基础上发展起来的。所谓物流一体化就是以物流系统为核心的由生产企业开始，经由物流企业、销售企业，直至消费者的供应链的整体化和系统化。在这种模式下，物流企业通过与生产企业建立广泛的代理或买断关系，与销售企业形成较为稳定的契约关系，从而将生产企业的商品或信息进行统一组合，处理后，按部门订单要求，配送到店铺。这种配送模式还表现为在用户之间交流供应信息，从而起到调剂余缺，合理利用资源的作用。

在电子商务时代，这是一种比较完整意义上的物流配送模式，它是物流业发展的高级和成熟阶段。在国内，海尔集团的物流配送模式可以说已经是物流一体化了，并且是一个非常成功的案例。

(四)共同配送模式

共同配送是为提高物流效率对某一地区的用户进行配送时，由许多个物流企业联合在一起进行的配送。它是在配送中心的统一计划、统一调度下展开的，主要包括两种运作形式：一是由一个物流企业对多家用户进行配送，即由一个配送企业综合某一地区内多个用户的要求，统筹安排配送时间、次数、路线和货物数量，全面进行配送；二是仅在送货环节上将多家用户待运送的货物混载于同一辆车上，然后按照用户的要求分别将货物运送到各个接货点，或者运到多家用户联合设立的配送货物接收点上。

目前，因为大型现代化配送中心的建设跟不上电子商务物流的发展要求，所以实行共同配送是积极可行的选择。从微观角度来说，企业可以得到以下几个方面的好处：首先，达到配送作业的经济规模，提高物流作业的效率，降低企业营运成本；不需投入大量的资金、设备、土地、人力等，可以节省企业的资源。其次，企业可以集中精力经营核心业务，培养自己的核心竞争力，更好地适应激烈的市场竞争。第三，从社会的角度来讲，实现共同配送可以减少社会车辆总量，减少闹市区卸货妨碍交通的现象，改善交通运输状况；通过集中化处理，提高车辆的装载效率，节省物流处理空间和人力资源，实现社会资源的共

享和有效利用。

共同配送也涉及一些难以解决的问题：首先，各业主经营的商品不同，不同的商品特点不同，对配送的要求也不同，共同配送存在一定的难度。其次，各企业的规模、商圈、客户、经营意识也存在差距，往往很难协调一致。还有费用的分摊，泄露商业机密的担忧等。

五、配送的基本流程

(一)进货

进货就是配送中心根据客户的需要，为配送业务的顺利实施而从事的组织商品货源和进行商品存储的一系列活动。

进货是配送的准备工作或基础工作，它是配送的基础环节，又是决定配送成败与否、规模大小的最基础环节。同时，也是决定配送效益高低的关键环节。

(二)订单处理

从接到客户订单开始到着手准备拣货之间的作业阶段，称为订单处理。订单处理是与客户直接沟通的作业阶段，对后续的拣选作业、调度和配送产生直接的影响，是其他各项作业的基础。

订单是配送中心开展配送业务的依据，配送中心接到客户订单以后需要对订单加以处理，据以安排分拣、补货、配货、送货等作业环节。

订单处理方式：人工处理和计算机处理。目前主要采用计算机处理方式。

(三)拣货

拣货作业是依据顾客的订货要求或配送中心的送货计划，迅速、准确地将商品从其储位或其他区域拣取出来，并按一定的方式进行分类、集中，等待配装送货的作业过程。

拣货过程是配送不同于一般形式的送货以及其他物流形式的重要的功能要素，是整个配送中心作业系统的核心工序。

按分拣的手段不同，可分为人工分拣、机械分拣和自动分拣三大类。

(四)补货

补货是库存管理中的一项重要的内容，根据以往的经验，或者相关的统计技术方法，或者计算机系统的帮助确定的最优库存水平和最优订购量，并根据所确定的最优库存水平和最优订购量，在库存低于最优库存水平时发出存货再订购指令，以确保存货中的每一种产品都在目标服务水平下达到最优库存水平。

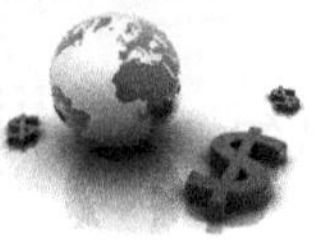

补货作业的目的是保证拣货区有货可拣，是保证充足货源的基础。补货通常是以托盘为单位，从货物保管区将货品移到拣货区的作业过程。

(五)配货

所谓配货是配送中心为了顺利、有序、方便地向客户发送商品，对组织来的各种货物进行整理，并依据订单要求进行组合的过程。配货也就是指使用各种拣选设备和传输装置，将存放的货物，按客户的要求分拣出来，配备齐全，送入指定发货区。

配货作业与拣货作业不可分割，二者一起构成了一项完整的作业。通过分拣配货可达到按客户要求进行高水平送货的目的。

(六)送货

配送业务中的送货作业包含将货物装车并实际配送，而完成这些作业则需要事先规划配送区域或配送线路，由配送路线选用的先后次序来决定商品装车顺序，并在商品配送途中进行商品跟踪、控制，制定配送途中意外状况及送货后及时进行货款(费用)的结算。

送货通常是一种短距离、小批量、高频率的运输形式。它以服务为目标，以尽可能满足客户需求为宗旨。

(七)流通加工

流通加工是配送的前沿，它是衔接储存与末端运输的关键环节。流通加工是物品在从生产领域向消费领域流动的过程中，流通主体(即流通当事人)为了完善流通服务功能，为了促进销售、维护产品质量和提高物流效率而开展的一项活动。

流通加工的目的：适应多样化客户的需求；提高商品的附加值；规避风险，推进物流系统化。

(八)退货

退货或换货在经营物流业中不可避免，但应尽量减少，因为退货或换货的处理，只会大幅度增加物流成本，减少利润。发生退货或换货的主要原因包括：瑕疵品回收、搬运中的损坏、商品送错退回、商品过期退回等。

【任务实施】

通过任务资讯的学习，对所给任务资料的分析，充分认识到配送活动在企业经营活动中的重要作用；认真分析配送的功能要素；认识任务资料中所给出的配送类型，分析此种配送类型活动中关键功能要素如何发挥出来；配送的基本流程是什么。这是认识配送活动的关键所在。

【任务总结】

在“配送认知”的任务中，通过一个具体学习任务认识到什么是配送、配送的功能要素及各种类型的配送方式以及具体的配送流程是什么。通过对这些内容的学习，掌握配送的基本知识和识别配送功能与活动的能力，为后续学习任务打下基础。

【任务实训】

分析某类型配送中心的活动流程

通过网上调研与实地考察相结合，充分认识某配送中心的活动流程。以小组为单位，教师统一组织或由学生通过第二课堂自行组织(加强安全教育)。要求能够对企业信息进行整理，对配送核心的活动流程进行总结，画出流程图，并分析各流程环节的作用。

考核标准：

调研企业的基本信息整理(10 分)	某类型配送中心的核心活动流程图(50 分)	各流程环节作用总结(30 分)	获取认知资料时的具体表现(10 分)

任务二　配送中心认知

【任务描述】

沃尔玛的配送中心

沃尔玛诞生于 1945 年的美国。在它创立之初，由于地处偏僻小镇，几乎没有哪个分销商愿意为它送货，于是不得不自己向制造商订货，然后再联系货车送货，效率非常低。在这种情况下，沃尔玛的创始人山姆·沃尔顿决定建立自己的配送组织。1970 年，沃尔玛的第一家配送中心在美国阿肯色州的一个小城市本顿维尔建立，这个配送中心供货给 4 个州的 32 个商场，集中处理公司所销商品的 40%。

沃尔玛配送中心的运作流程是：供应商将商品的价格标签和 UPC 条形码(统一产品码)贴好，运到沃尔玛的配送中心；配送中心根据每个商店的需要，对商品就地筛选，重新打包，从“配区”运到“送区”。

由于沃尔玛的商店众多，每个商店的需求各不相同，这个商店也许需要这样一些种类的商品，那个商店则有可能又需要另外一些种类的商品，沃尔玛的配送中心根据商店的需

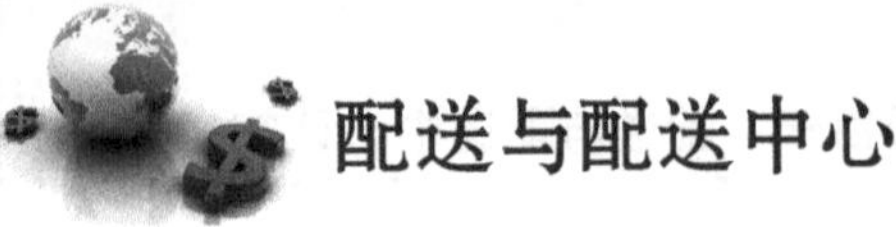

要，把产品分类放入不同的箱子中。这样，员工就可以在传送带上取到自己所负责的商店所需的商品。那么在传送的时候，他们怎么知道应该取哪个箱子呢？传送带上有一些信号灯，有红的、绿的，还有黄的，员工可以根据信号灯的提示来拿取这些箱子。这样，所有的商店都可以在各自所属的箱子中拿到需要的商品。

在配送中心内，货物成箱地被送上激光制导的传送带。在传送过程中，激光扫描货箱上的条形码，全速运行时，只见纸箱、木箱在传送带上飞驰，红色的激光四处闪射，将货物送到正确的卡车上。传送带每天能处理20万箱货物，配送的准确率超过99%。

20世纪80年代初，沃尔玛配送中心的电子数据交换系统已经逐渐成熟。到了20世纪90年代初，它购买了一颗专用卫星，用来传送公司的数据及其信息。这种以卫星技术为基础的数据交换系统配送中心，将自己与供应商及各个店面实现了有效连接。沃尔玛总部及配送中心任何时间都可以知道每一个商店现在有多少存货，有多少货物正在运输过程中，有多少货物存放在配送中心等；同时还可以了解某种货品上周卖了多少，去年卖了多少，并能够预测将来能卖多少。沃尔玛的供应商也可以利用这个系统直接了解自己昨天、今天、上周、上个月和去年的销售情况，并根据这些信息来安排组织生产，保证产品的市场供应，同时使库存降低到最低限度。

由于沃尔玛采用了这项先进技术，配送成本只占其销售额的3%，其竞争对手的配送成本则占到销售额的5%，仅此一项，沃尔玛每年就可以比竞争对手节省近8亿美元的商品配送成本。20世纪80年代后期，沃尔玛从下订单到货物到达各个店面需要30天，现在由于采用了这项先进技术，这个时间只需要2～3天，大大提高了物流的速度和效益。

从配送中心的设计上看，沃尔玛的每个配送中心都非常大，平均占地面积大约有11万平方米，相当于23个足球场。一个配送中心负责一定区域内多家商场的送货，从配送中心到各家商场的路程一般不会超过一天行程，以保证送货的及时性。配送中心一般不设在城市里，而是在郊区，这样有利于降低用地成本。

沃尔玛的配送中心虽然面积很大，但它只有一层，之所以这样设计，主要是考虑到货物流通的顺畅性。有了这样的设计，沃尔玛就能让产品从一个门进，从另一个门出。如果产品不在同一层就会出现许多障碍，如电梯或其他物体的阻碍，产品流通就无法顺利进行。

沃尔玛配送中心的一端是装货月台，可供30辆卡车同时装货，另一端是卸货月台，可同时停放135辆大卡车。每个配送中心有600～800名员工，24小时连续作业；每天有160辆货车开来卸货，150辆车装好货物开出。

在沃尔玛的配送中心，大多数商品停留的时间不会超过48小时，但某些产品也有一定数量的库存，这些产品包括化妆品、软饮料、尿布等各种日用品，配送中心根据这些商品库存量的多少进行自动补货。到现在，沃尔玛在美国已有30多家配送中心，分别供货给美国18个州的3000多家商场。

沃尔玛的供应商可以把产品直接送到众多的商店中，也可以把产品集中送到配送中心，两相比较，显然集中送到配送中心可以使供应商节省很多钱。所以在沃尔玛销售的商品中，

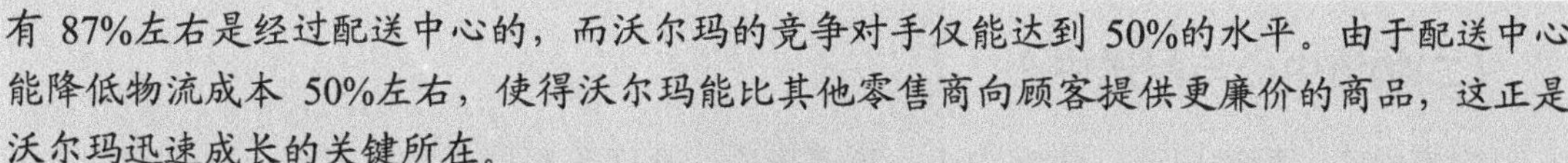

有 87%左右是经过配送中心的，而沃尔玛的竞争对手仅能达到 50%的水平。由于配送中心能降低物流成本 50%左右，使得沃尔玛能比其他零售商向顾客提供更廉价的商品，这正是沃尔玛迅速成长的关键所在。

思考：如何认识沃尔玛配送中心的运营管理？

(资料来源：http://www.nz86.com/2009-04-16)

【任务驱动】

完成此任务，需要明确以下两个问题。

(1) 配送中心经营管理的主要内容。

(2) 配送中心经营管理的目标。

【任务资讯】

一、配送中心的概念

(一)配送中心的定义

《物流术语》(修订版)(GB/T 18354—2006)中关于配送中心(distribution center)是这样定义的：从事配送业务且具有完善信息网络的场所或组织，应基本符合下列要求：主要为特定客户或末端客户提供服务，配送功能健全，辐射范围小，多品种、小批量、多批次、短周期。

不论国内外如何认识配送中心，定义如何不同，但对于配送中心的现实功能和功能目的的认识是一致的，就是配送中心是配送业务活动的聚集地和发源地，其功能目的是按照客户的要求为客户提供高水平的供货服务。至于配送中心是一种物流设施还是物流活动组织则要看配送中心的经济功能而定。

【知识链接】

配送中心的形成与发展

很多学者认为，配送中心是在仓库的基础上发展起来的。现阶段，我国一部分物流企业和配送中心就是由储运仓库通过功能拓展而发展起来的。20 世纪 80 年代以后，受多种因素的影响，配送中心有长足的发展，配送已演化成以高新技术为支撑的系列化、多功能的供货活动。由此可见，配送中心是基于物流合理化和拓展市场两个需要而逐步发展起来的。它是物流领域中社会分工、专业分工进一步细化之后的产物。

(二)物流中心与配送中心

物流中心、配送中心、集配中心、流通仓库、仓库等都属于物流节点，只是它们之间在概念、功能、设施等各个方面都有一些不同点。简单来说，物流中心是许多物流职能的物流节点的总体称谓，是从事物流活动的场所或组织，它主要面向社会服务，具有综合性、地域性。物流中心一般是由当地政府规划与主导、由大型企业来建设与管理，面向社会招商，有时也叫物流园区。

配送中心作为物流中心的一种形式，其功能基本涵盖了所有的物流功能要素。它是以组织配送性销售或供应，实行实物配送为主要职能的流通型物流节点。配送中心一般是由某家企业(可以是商业企业、工业公司或第三方物流企业)建设与运营，专职于某种物流服务的场所和组织。配送中心可位于物流中心(物流园区)之内，也可位于物流中心之外。

二、配送中心的功能

配送中心是专门从事货物配送活动的物流场所或经济组织，它是集加工、理货、送货等多种职能于一体的物流节点，也可以说，配送中心是集货中心、分货中心、加工中心功能的综合。因此，配送中心具有以下一些功能。

(一)存储功能

通常，配送中心都建有现代化的仓储设施，如仓库、堆场等，存储一定量的商品，形成对配送的资源保证。

(二)分拣功能

强大的分拣能力是配送中心实现按客户要求组织送货的基础，也是配送中心发挥其分拣中心作用的保证，分拣功能是配送中心重要功能之一。

(三)集散功能

在一个大的物流系统中，配送中心凭借其特殊的地位和其拥有的各种先进设备、完善的物流管理信息系统能够将分散在各个生产企业的产品集中在一起，通过分拣、配货、配装等环节向多家用户进行发送。

(四)衔接功能

现代化的配送中心如同一个“蓄水池”，不断地进货、送货，快速地周转，有效解决了产销不平衡，缓解供需矛盾，在产、销之间建立起一个缓冲平台，体现出了其衔接生产与

消费、供应与需求的功能，使供需双方实现了无缝链接。

(五)流通加工功能

国内外许多配送中心都很重视提升自己的配送加工能力，按照客户的要求开展配送加工，可以使配送的效率和满意程度提高。

(六)信息处理功能

配送中心连接着物流干线和配送，直接面对产品的供需双方，因而不仅是实物的连接，更重要的是信息的传递和处理，包括在配送中心的信息生成和交换。

三、配送中心的地位和作用

从配送中心的产生和发展、配送中心的定义和功能中我们可以知道，配送中心是连接生产与消费的流通场所和组织，在现代经济发展中的地位和作用是十分明显的，可以归纳为以下几个方面。

(一)使供货适应市场需求变化

配送中心虽然不以储存为目的，但配送中心为保持一定的库存起到了蓄水池的作用。各种商品的市场需求在时间、季节、需求量上都存在很大的随机性，而现代化生产、加工无法完全在工厂、车间来满足和适应这种情况，必须依靠配送中心来调节、适应生产与消费之间的矛盾与变化。

(二)实现储运的经济高效

从工厂企业到销售市场之间需要复杂的储运环节，要依靠多种交通、运输、库存手段才能满足。传统的以产品或部门为单位的储运体系明显存在着不经济和低效率的问题。因此，建立区域、城市的配送中心，能批量进发货物，能组织成组、成批、成列直达运输和集中储运，从而提高了流通社会化水平，实现了规模经济所带来的规模效益。

(三)实现物流的系统化和专业化

配送中心在物流系统中占有重要地位，能提供专业化的管理、包装、加工、配送、信息处理等系统服务。

(四)促进地区经济的快速增长

在我国市场经济体系中，物流配送如同人体的血管，把国民经济各个部分紧密地联系

在一起。配送中心同交通运输设施一样，是连接国民经济各地区，沟通生产与消费、供给与需求的桥梁和纽带，是经济发展的保障，是拉动经济增长的内部因素，也是吸引投资的环境条件之一。配送中心的建设可以从多方面带动经济的健康发展。

(五)完善连锁经营体系

配送中心可以帮助连锁店实现配送作业的经济规模，使流通费用降低，减少分店库存，加快商品周转，促进业务的发展和扩散。批发仓库通常需要分店亲自上门采购，而配送中心解除了分店的后顾之忧，使其专心于店铺销售额和利润的增长，不断开发外部市场，拓展业务。

四、配送中心的类型

配送中心具有满足市场需求及降低流通成本的作用。但是，由于配送中心经营理念、战略目标的不同，其配送的功能、构成和运营方式有很大区别。配送中心的具体分类方式如下。

(一)按配送中心的经营主体分类

1. 制造商型配送中心

制造商型配送中心是生产企业为本身产品直接销售给消费者所建的配送中心。这种配送中心里的物品100%是由自己生产制造，用以降低流通费用、提高售后服务质量和及时地将预先配齐的成组元器件运送到规定的加工和装配工位。从物品制造到生产出来后条码和包装的配合等多方面都较易控制，所以按照现代化、自动化的配送中心设计比较容易。

2. 批发商型配送中心

批发是物品从制造者到消费者手中之间的传统流通环节之一。一般是按部门或物品类别的不同，把每个制造商的物品集中起来，然后以单一品种或搭配品种向消费地的零售商进行配送。这种配送中心的物品来自各个制造商，它所进行的一项重要的活动是对物品进行汇总和再销售，因此，这种配送中心集贸易和配送于一体。

3. 零售商型配送中心

零售商发展到一定规模后，就可以考虑建立自己的配送中心，为专业物品零售店、超级市场、百货商店、建材商场、粮油食品商店及宾馆饭店等提供服务，其社会化程度介于前两者之间。

4. 第三方物流配送中心

这种配送中心具有很强的运输配送能力，地理位置优越，可迅速将到达的货物配送给用户。这种配送中心的现代化程度往往较高。

(二)按配送中心的主要功能分类

1. 储存型配送中心

储存型配送中心具有很强的储存功能。例如，美国赫马克配送中心的储存区具有 16.3 万个储存货位，瑞士 GIBA-GEIGY 公司的配送中心拥有世界上规模居于前列的储存库，可储存 4 万个托盘，可见存储能力之大。我国目前建设的配送中心，多为储存型配送中心，库存量较大。

2. 流通型配送中心

流通型配送中心包括通过型或转运型配送中心，这种配送中心基本上没有长期储存的功能，仅以暂存或随进随出的方式进行配货和送货。典型方式为：大量货物整批进入，按一定批量零出。一般采用大型分货机，其进货直接进入分货机传送带，分送到各用户货位或直接分送到配送汽车上，货物在配送中心里仅做短暂停滞。例如，阪神配送中心就属此类，在中心内只有暂存，大量储存则依靠一个大型补给仓库。

3. 加工型配送中心

加工型配送中心是以配送加工为主要业务的配送中心。我国上海市和其他城市已开展的配煤配送，其配送点也是配煤加工点。上海 6 家船厂联建的船板处理配送中心、原物资部北京剪板厂都属于这一类型的配送中心。

(三)按配送服务范围分类

1. 城市配送中心

城市配送中心是向城市范围内的众多用户提供配送服务的物流组织。在城市范围内，货物的运距比较短，这种配送中心可直接配送到最终用户，一般都使用载货汽车。这种配送中心往往和零售经营相结合，由于运距短、反应能力强，因而从事多品种、少批量、多用户的配送较有优势，也可以开展“门到门”式的送货业务。

此外，因城市配送中心的服务对象多为城市圈里的零售商、连锁店和生产企业，所以，一般来说，它的辐射能力都不太强。在流通实践中，城市配送中心是采取与区域配送中心联网的方式运作的。当前，我国一些试点城市所建立或正在建立的配送中心绝大多数都属于城市配送中心。在国外，有很多配送中心也属于城市配送中心。

2. 区域配送中心

区域配送中心是一种辐射能力较强、活动范围较大，可以跨市、跨省、全国乃至国际范围的用户配送的配送中心。一般而言，用户较多，配送批量也较大。而且，既配送给下一级的城市配送中心，也配送给营业所、商店、批发商和企业用户，虽然也从事零星的配送，但不是主体形式。因而，这种配送中心是配送网络或配送体系的支柱。例如，美国沃尔玛公司的配送中心，建筑面积有 12 万平方米，投资 7000 万美元，它每天可为分布在 6 个洲的 100 多家连锁店配送，经营的商品有 4 万多种。荷兰的“国际配送中心”，其业务活动范围更广，该中心在接到订(货)单之后，24 小时之内即可将货物装好，仅用 3 天的时间就可把货物运到欧洲共同体成员国的客户手中。目前，该中心不仅在国内外建立了许多现代化的仓库，而且装备了很多现代化的物流设备。

(四)按配送货物的属性分类

根据配送货物的属性，可以分为食品配送中心、日用品配送中心、医药品配送中心、化妆品配送中心、家电品配送中心、电子(3C)产品配送中心、书籍产品配送中心、服饰产品配送中心、汽车零件配送中心以及生鲜处理中心等。

五、配送中心经营管理

配送中心是一个综合性的物流场所与组织，它的经营管理实质上就是一个企业的经营管理。因此，关于企业管理的基本理论都适合于配送中心的管理。但由于配送中心这种类型的企业和组织有它的特殊性，在经营管理的过程中，也存在一些特殊的地方。

(一)配送中心运营管理的内容

配送中心运营管理的任务就是对整个配送过程进行有效的计划、组织、协调和控制，使投入转换的各种资源有效地合理利用，采用最经济的方法，输出符合社会所需要的服务。因此，配送中心经营管理包括以下主要内容。

(1) 确立配送中心的总体目标。

(2) 拟定正确的经营战略。

(3) 建立并及时调整组织机构。

(4) 设计中心运营系统。

(5) 日常运行与控制。

(二)配送中心经营管理目标

配送中心经营管理目标可以概括为“四恰当”“三提高”，即在恰当的时候、以恰当的配送方式、恰当的价格、向客户提供恰当的服务，达到提高客户和社会的满意度、提高竞

争力、提高经济效益和社会效益的目标。

经营管理目标经常以配送货物总量、种类、服务质量、满意度、销售收入、现金流量、资金利用率、市场占有率、净投资回报率、库存及净利润等经济指标的未来发展规模和速度表示。不同时期、不同类型的配送中心，确定经营目标的重点也各不相同。在确定配送中心管理目标时，应该注重以下几个方面的问题。

(1) 重视经济效益。配送中心在制定成本、服务、净利润、净投资回报率、库存、现金流量等分目标时，要以总目标“经济效益”为基准。

(2) 应在成本和服务之间做出权衡。结合自身能力对先进的信息技术和方法加以引进，使成本和服务共同迈上一个台阶。也就是说，在条件允许的情况下，配送中心要使各分目标均衡发展，确保总体目标的顺利实现。

(3) 找出配送中心运营中的瓶颈因素。在目标管理中，要求配送中心的运营以总目标为准绳，对各个分目标进行有效的整合，同时结合各个时期的不同指导方针，对某些目标有所侧重，善于发现瓶颈因素，从而更有利于分目标的实现，很多时候瓶颈的消除，会使总目标轻而易举地实现。

六、配送中心的作业流程简介

配送中心的效益主要来自“统一进货、统一配送”。一般来说，配送中心的作业流程如图 1-1 所示，流程中操作的每一步都要准确、及时，并且具备可跟踪性、可控制性和可协调性。

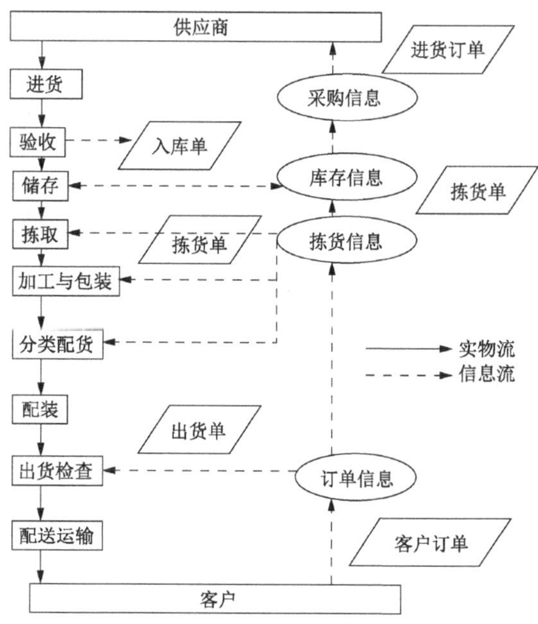

图 1-1　配送中心一般作业流程

七、配送中心的组织结构设置

配送中心的部门设置应该由配送中心的组织结构模式、功能和作业流程来决定。配送中心一般可以设置如下部门，如图 1-2 所示。

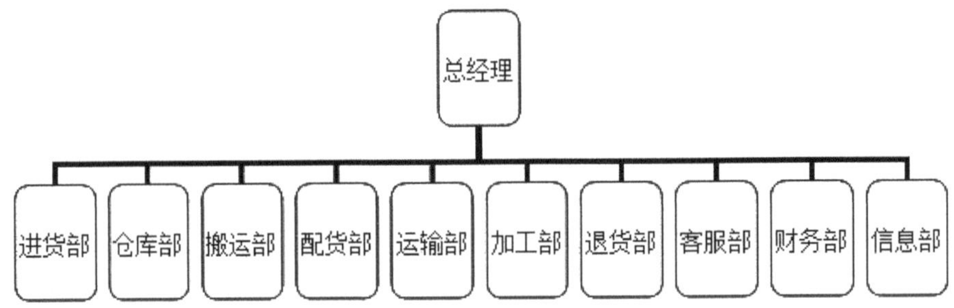

图 1-2　配送中心一般设置的职能部门

(一)直线职能型组织结构

直线职能型组织结构(见图 1-3)是按职能划分部门，并按所划分的职能部门来组织经营活动的模式。配送业务部门成为企业的核心部门，按照配送活动的基本职能进行该部门的划分，其他职能部门(如财务、保卫等)都是保证配送活动顺利进行的辅助职能部门。

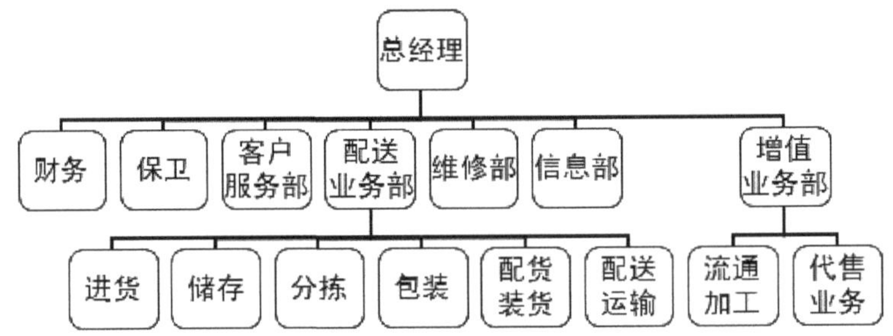

图 1-3　直线职能型组织结构

(二)产品型组织结构

随着配送产品的多样化，所有产品的配送工作全部集中在配送业务部门，给企业运行带来了困难。在这种情况下，可按所配送的产品或产品系列来进行组织结构的设计，建立产品型组织结构(见图 1-4)。总经理将具体配送产品的权利授权给各类产品事业部经理。

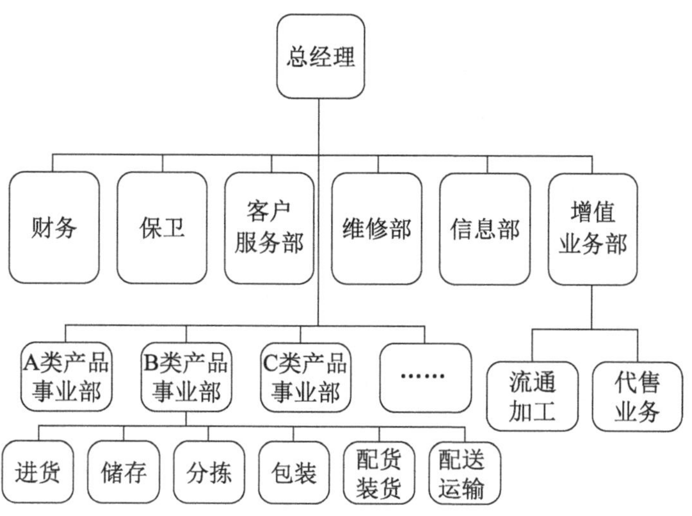

图 1-4　产品型组织结构

(三)区域型组织结构

对于经营范围分布很广的配送中心，应按区域划分部门，建立区域型组织结构(见图 1-5)，即将某一特定地区内的配送活动集中在一起，委托给一个管理者去管理。

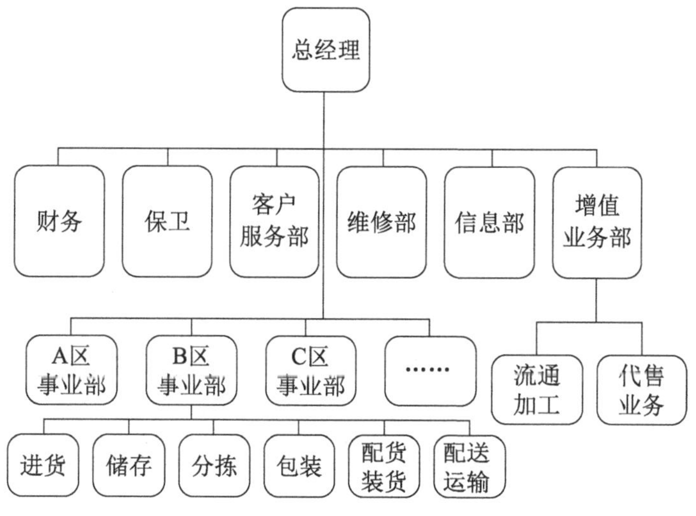

图 1-5　区域型组织结构

八、配送中心业务运营岗位设置及岗位职责

(一)配送中心业务运营岗位设置

配送中心业务运营岗位设置如图 1-6 所示。

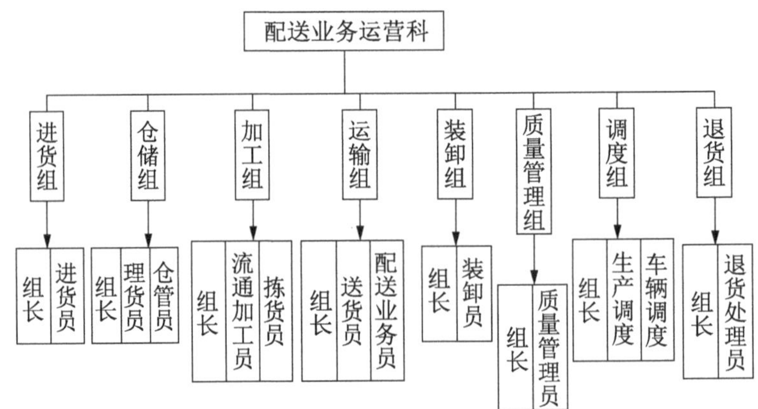

图 1-6　配送中心业务运营岗位设置

1. 进货组

负责订货、采购、进货等作业环节的安排及具体实施，同时负责到货货物的现场验收工作。

2. 仓储组

负责货物的入库验收、储存、保管及养护、出库等作业的运作及管理。

3. 加工组

负责按照用户的不同要求对货物进行包装、分割、计量、分拣、刷标志、拴标签、组装等简单的流通加工作业。

4. 运输组

负责按照所设计好的配送运输方案，将货物完好无损地送交客户，同时对所完成的配送任务进行确认。

5. 装卸组

负责配送业务中涉及的各项装卸搬运作业的具体运作和管理。

6. 质量管理组

负责对配送业务运营中的作业质量进行检查、监督、指导和处理。

7. 调度组

负责对配送业务运营中所需的人员、车辆及其他设备及设施等进行总体协调和派遣。及时协调、处理和解决收发货业务中出现的各种特殊情况和问题。

8. 退货组

负责对客户服务部接收到的退货信息进行相应的处理，并将回收回来的退货商品集中到仓库的退货处理区进行重新清点和整理。

(二)配送中心业务运营岗位职责

1. 理货员岗位职责

(1) 按规定做好入库商品的验收、记账、出库商品的发放手续，及时搞好清仓工作，做到账账相符、账物相符。

(2) 熟悉和掌握库存与仓容情况，合理安排货物的存储与堆码。

(3) 负责库存货物的定期和动态清查、盘点。

2. 仓管员岗位职责

(1) 熟悉货物品种、规格、型号、产地及性能，对货物标明标记，分类放置，并负责库房、货场、货区、货位的现场管理。

(2) 根据以往经验，或是利用相关的统计技术方法，或者靠计算机系统的帮助来确定最优库存水平和最优定购量，并根据所确定最优库存水平和最优定购量，在库存低于最优库存水平时，负责制订配送中心最低库存量的申购计划，以确保存货中的每一种产品都能达到最优库存，做到合理库存，不积压资金。

(3) 随时掌握库存动态，保证货物的及时供应，充分提高库存的周转效率。

(4) 随时了解和掌握库存货物的保管情况和质量状况，遇到问题要及时通知业务受理员或存货人，并积极配合，妥善处理。

(5) 负责商品及库房的卫生工作；认真搞好安全管理工作，做好库区的防火防盗，保证库存商品的安全。

3. 流通加工员岗位职责

(1) 本着节约能源、设备、人力、耗费的原则，根据客户配送的需要，进行合理的包装和加工。

(2) 根据合理运输的需要进行货物的拼装、裁剪等操作。

(3) 根据客户的需要进行简单的改变包装等措施，形成方便购买和使用的数量。

4. 送货员岗位职责

服从调度组车辆调度的调配，按配送方案中规定的配送路线完成各项运输任务，保证所送货物的安全。

5. 配送业务员岗位职责

(1) 负责客户委托代运货物的运输计划安排和组织。

(2) 负责与承运部门、客户联系及有关问题的协调与处理。

(3) 负责到车站、码头、机场、邮局提取货物并将到货凭证、发货运单、结算单据等单证、资料交予业务受理员。

(4) 熟悉和掌握各种运输方式的业务规程和要求，了解和掌握社会运输资源、有关信息、收费标准、交通路况等，熟悉和掌握本单位的自有运输能力和车辆、设备状况。

6. 质量管理员岗位职责

(1) 制订质量管理计划，并制定质量考核、奖惩办法。

(2) 深入配送中心作业现场对货物装卸、搬运、堆码等作业质量进行检查、监督指导，发现不符合有关质量要求和安全生产规定的现象，有权当场提出纠正和制止。

(3) 负责财物相符率的检查与考核工作。填制自查、互查考核表，建立质量检查、考核档案。

(4) 负责处理货损、货差事故和货物损溢情况。

(5) 受理客户提出的有关质量与服务方面的意见和建议，并进行跟踪处理，出具质量事故处理报告。

(6) 主动向主管领导提供质量分析报告和建议，积极配合有关部门和岗位共同改进业务质量。

7. 生产调度员岗位职责

(1) 负责对各个业务岗位进行管理、指导和协调。

(2) 及时协调、处理和解决收发货业务中出现的各种特殊情况和问题。了解和掌握库存货物的储存、保管情况和质量状况，遇到问题时指导和配合理货员及时进行协调和处理。

(3) 根据业务量的大小和缓急，合理组织和调配人力和设备。

(4) 负责掌握仓库容量情况，合理安排货物储存和规划。

(5) 负责货物储存、保管、装卸、运输中的有关技术问题的处理，并提供相应的技术指导。

8. 车辆调度的岗位职责

(1) 根据所设计好的配送方案，结合客户的实际需要及配送中心现有车辆和送货员情况，合理组织和调配人力和车辆。

(2) 及时协调、处理和解决运输业务中出现的各种特殊情况和问题。

9. 退货处理员岗位职责

(1) 当客户服务部接收到客户的退货信息时，负责安排车辆或人员对退货商品进行回收。

(2) 将回收回来的退货商品集中到仓库的退货处理区进行重新清点和整理。

(3) 按照配送中心的有关规定对重新整理后的退货商品进行相应的处理。

【任务实施】

通过任务资讯的学习，分析任务资料，运用配送中心运营管理的相关知识分析任务所给出的问题。

【任务总结】

在“配送中心认知”任务中，我们通过分析沃尔玛配送中心这一典型的配送中心类型，充分认识到了配送中心运营的工作流程与运营管理的关键因素；同时通过学习配送中心相关运营岗位的设置与职责，了解到配送中心整体运营中各岗位的重要作用。

【任务实训】

配送中心认知

通过实训项目充分认识配送中心的功能、所属类型、组织结构以及运营管理的关键因素。以小组为单位，教师统一组织或由学生通过第二课堂自行组织(加强安全教育)。

实地参观当地的任意类型的配送中心，提前确立认知目标，通过配送中心实地考察、网上资源搜集获取认知资料，撰写实训报告，要求将获取的资料总结、归纳，并通过所学知识分析配送中心运营管理的关键因素。

考核标准：

认知资料的归纳总结层次(20 分)	认知资料的归纳总结内容(40 分)	配送中心运营管理的关键因素分析(30 分)	获取认知资料的具体表现(10 分)

项目总结

本项目重点认知配送与配送中心，通过两个任务的组织与实施，使学生能够掌握配送与配送中心相关基本知识，能够熟练认知配送与配送中心基本功能、基本作业流程、类型以及相关管理运营活动，为完成后续学习任务打下基础。

项目测试

一、填空题

1. 按配送主体所处的行业分类，可以将配送分为：____________、____________、____________。

2. 拣货作业按分拣的手段不同，可分为__________、__________和__________三大类。

3. 配送中心的功能有：__________、__________、__________、__________、__________、__________。

4. __________定量配送是指按规定的批量在一个指定的时间范围内进行配送。

5. 配送中心经营管理目标可以概括为“四恰当”“三提高”，即在恰当的时候、___________、___________、向客户提供恰当的服务，达到提高客户和社会的满意度、提高竞争力、提高经济效益和社会效益的目标。

二、单项选择题

1. 下面关于配送的说法，正确的是(　　)。

A. 配送即一般送货　　B. 配送以企业利益为出发点

C. 配送是“配”和“送”有机结合的形式　　D. 配送是一种运输活动

2. 配送的功能要素中，采用科学的方法进行货物装载，是指(　　)。

A. 集货　　B. 分拣　　C. 配货　　D. 配装

3. (　　)配送方式符合了现代“消费多样化”“需求多样化”的新观念。

A. 单品种、大批量配送　　B. 多品种、少批量配送

C. 配套成套配送　　D. 少品种、大批量配送

4. 采用(　　)配送方式的物品可以实现保险储备的零库存。

A. 定时配送　　B. 定量配送

C. 定时定路线配送　　D. 即时配送

5. 仅以暂存或随进随出的方式进行配货和送货的配送中心为(　　)。

A. 储存型配送中心　　B. 流通型配送中心

C. 加工型配送中心　　D. 批发商型配送中心

三、简答题

1. 采用第三方物流配送方式对提高企业经营效率的重要作用体现在哪些方面？
2. 配送的基本流程是什么？
3. 配送中心在经济发展中发挥何种作用？
4. 配送中心经营管理的主要内容有哪几方面？
5. 简述配送有哪三类基本模式。分别说明各自特点。

四、综合题

天津城市配送中心是一家电子产品零件配送商，为天津区域内电器制造企业配送材料，同时还有5家类似配送中心存在于该区域。目前，天津城市配送中心拥有50家客户，平均每个客户需要配送的零件的种类在60种左右。为了更好地为客户服务，天津城市配送中心与客户一起开发了一个电子网络系统，通过系统，配送中心可以随时查询客户的材料库存及使用情况。由于区域内的电器制造企业分散，零件需要的变化比较大，配送中心常因为客户的紧急需要，为了配送较少的零件而安排车辆，影响了配送效率。同时，各家配送中心的客户分布交叉，互相缺少配合。

根据所给资料，回答以下问题。

1. 天津城市配送中心的配送属于哪种配送类型？
2. 画出该种配送中心的工作流程。

项目二　配送中心订单管理

【项目导入】

源源不断的客户订单是配送中心生存和发展的根本。订单是配送中心开展配送业务的依据，配送中心接到客户订单以后需要对订单加以处理，据以安排分拣、补货、配货、送货等作业环节。改善订单处理过程，提高订单满足率和供货的准确率，提供订单处理全程信息跟踪，可以大大提高配送中心客户服务水平与客户满意度，同时也能降低库存水平和物流总成本。通过学习订单管理相关内容，充分认识订单处理成效对配送中心整个经营活动的重要性，掌握订单处理流程和方法，并能熟练处理各种形态的订单。

【项目目标】

1. 知识目标

(1) 掌握订单处理的概念、订单处理的要素。
(2) 掌握订单处理流程、订单接收的方法。
(3) 了解客户订货方式、了解客户订单的不同形式。
(4) 掌握订单有效性分析需要注意的问题。

2. 技能目标

(1) 能够描述订单处理流程。
(2) 能够通过不同形式接受客户订单。
(3) 能够处理不同形态的订单。
(4) 能够分析订单的优先权，并按优先权分配库存。
(5) 能够进行订单的合并和分割作业。

【项目展开】

为了系统而直观地实现以上项目目标，现将该项目按照以下两个工作任务序化展开。
(1) 订单确认。
(2) 订单处理作业。

任务一　订单确认

【任务描述】

药品公司取胜法宝——高效的订单处理

某药品公司实行连锁经营，旗下有 100 多家店铺。由于店铺内绝大部分的空间都用于药品的陈列、展示和销售，所以货架上的药品必须经常补充。如果货架上某种药品缺货，而店里也无货进行补充，将给店铺带来一定的损失。如果在一定时间内还无法补货的话，将造成严重的缺货损失，甚至客户流失。这时就需要由订单处理系统来方便、快捷、准确地处理订单，以保证连锁店内的需求。

每家分店都得到一份针对该店的库存清单或订货指南，上面印制着总部授权给每家分店销售的商品。店铺经理或工作人员用手持式电子订单录入器读出订货指南或货架上的条形码，接着输入每种商品所要的数量。随后该信息传送到该公司的配送中心，在配送中心进行订单录入、订单履行。配送中心启用订单处理系统把全天收到的订单及调整信息按商品、仓库进行汇总。收到全部订单后，订单处理系统根据商品和仓库供货区、订货总量生成拣货清单，同时把拣货清单分传给各分店。系统还对货架上的药品进行监控，当药品库存到达安全库存量时，系统会自动生成货物补货清单，提醒库存管理人员进行大宗药品的补货，同时提出合理的经济订货批量。

该公司通过订单处理系统，减少了店铺的储存空间，提高了店铺的使用率，缩短了搬运时间，使管理人员可以更好地进行药品跟踪，掌握订单处理进度。同时，该系统消除了企业间交易时大量的文书工作，减少了大约 80%的订单处理成本，提高了无纸化运作的效率。从某种程度上说，这也有助于巩固与供应商的关系，阻止竞争对手向自己的客户供货。

思考：如果该药品公司没有高效的订单处理系统，会导致什么样的结果？如何处理订单，才能够提高订单处理的效率？

【任务驱动】

完成此任务，需要明确以下几个问题。

(1) 订单处理的内涵是什么？

(2) 订单确认的内容有哪些？

(3) 订单处理要素有哪些？

【任务资讯】

订单处理是与客户直接沟通的作业阶段，对后续的拣选作业、调度和配送产生直接的影响，是其他各项作业的基础。

一、熟悉订单处理流程

(一)订单处理流程

订单处理是从接到客户订单开始，一直到拣选货品为止的工作，其中包括接收订单、确认订单、查询存货及生成相应单据等业务流程。处理的手段主要有手工处理和以计算机网络为基础的电子处理两种形式。

无论是传统的手工处理还是应用现代信息处理技术，订单处理的主要流程基本一样，如图 2-1 所示。

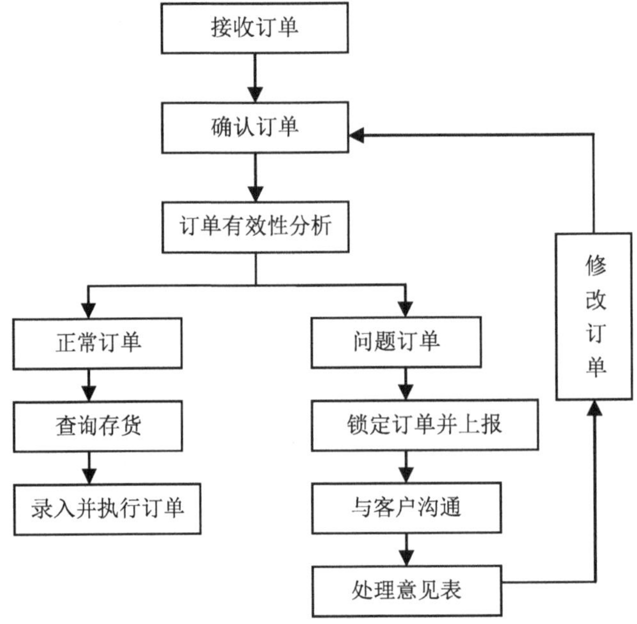

图 2-1 订单处理流程图

(二)订单处理的要素

配送中心的整个订单处理过程包含了客户订货周期中的各项活动，包括订单准备、订单传输、订单录入、订单履行、订单状况报告等要素。

1. 订单准备

订单准备是指企业搜集所需产品或服务的必要信息，从而正式提出购买要求的各项活动。其具体工作内容包括选择合适的供应商，由客户或销售人员填制订单，决定库存的可得率，与销售人员打电话通报订单信息等。

2. 订单传输

传送订单信息是订单处理过程中的第二道工序，涉及订货请求从出发地点到订单录入地点的传输过程。订单传输可以通过两种基本方式来完成，即传统方式和电子方式。

传统方式包括邮寄订单或由销售人员亲自将订单送到录入地点等，传送订单的速度比较慢，但是成本相对低廉。

目前，随着互联网、卫星通信的广泛应用，利用电子方法传输订单的做法相当普及。这种高可靠性、高准确度的传输方式几乎可以瞬间完成订单信息的输送，基本已经取代了人工传输方式。

3. 订单分析与录入

订单分析主要是分析订单的有效性，并检查库存获知订单的可满足性。录入是将有效订单录入订单处理系统，以便完成由订单到其他作业单证的转换。

4. 订单履行

订单履行由与实物有关的活动组成，包括通过提取货物、生产或采购获取所订购的货物，对货物进行运输包装，安排运货，准备运输单证，其中有些活动可能会与订单录入同时进行，以缩短订单处理时间。

订单履行的先后次序可能会影响到所有订单的处理速度，也可能影响到较重要订单的处理速度。很多企业就因为订单处理人员在忙得不可开交时会先处理不太复杂的订单，致使公司重要客户的订单在履行时拖延过久，因此就需要进行订单优先权的分析。

5. 订单状况报告

订单处理过程的最后环节是通过不断向客户报告订单处理过程中或货物交付过程中的任何延迟，确保优质的客户服务。具体而言，该项活动包括如下两项。

(1) 在整个订单周转过程中跟踪订单。

(2) 与客户交换订单处理进度、订单货物交付时间等方面的信息。

这是一种监控过程，一般不会影响到处理订单的时间。

现在国内的快递行业在这方面就做得非常好，只要客户有订单号，就能够随时通过互联网或移动网络终端设备，查询该单货品到达和离开中转点的时间和处理人。

(三)订单处理的基本原则

在订单处理过程中，应遵循下列基本原则。

1. 要使客户产生信赖

客户订货的基础是产生信赖感。订单处理人员每次接到订单后，在处理过程中都要认识到：如果这次处理不当将会影响客户的下次订货情况，尤其是重要的客户。通过订单处理与客户建立起良好的关系。

2. 尽量缩短订货周期，提高用户的满意程度

订货周期是指从发出订单到收到货物所需的全部时间。订货周期的长短取决于订单传递的时间、订单处理的时间以及货物的运输时间。这三方面的安排都是订单处理的内容。尽量缩短订货周期，将大大减少客户的时间成本，提高客户的让渡价值，这是保证客户满意的重要条件。同时也可以提高配送中心的运行效率，增加配送中心的效益。

3. 提供紧急订货

在目前以客户需求为中心的市场体制下，强调为客户服务，在特殊情况下提供客户的急需服务，是加强与客户之间长远的相互依赖关系的极为重要的手段，可以提高企业在客户中的形象。

4. 减少缺货现象

保持客户连续订货的关键之一便是减少缺货情况的发生，一旦发生缺货，会影响到客户的整个生产安排，后果极为严重。此外，缺货现象是客户转向其他供货来源的主要原因，企业要想尽快地扩大市场，保持充足的供货是一个必要的前提条件。

5. 不忽略小客户

小客户的订货虽少，但也是大批买卖的前驱，而且大客户也有要小批量的时候。对小客户的订单处理较为得当时，将会提高小客户的满意度。可能带来其以后的大批量订购或持续订购。最重要的是，当客户与企业建立了稳定信任的供销关系，将为以后的继续订购打下良好的基础，企业的声誉也将因为大小客户的传播而树立起来。因此，要在成本目标允许的范围内，尽量做出令小批量购买的客户满意的安排。

6. 装配力求完整

企业所提供的货物应尽量做到装配完整，以便于客户使用。实在办不到时，也应采取便于客户自行装配的措施，如适当的说明及图示等，或通过网上进行技术支持。

7. 提供对客户有利的包装

针对不同客户的货物应采取不同的包装，有些零售货物包装要适于在货架上摆放，有些要适于经销商及厂商开展促销活动，应以便于客户处理为原则。

8. 要随时提供订单处理的情况

物流部门要使客户能够随时了解配货发运的进程，以便预计何时到货，便于安排使用或销售。这方面的信息是巩固客户关系的重要手段，也利于企业本身的工作检查。在暂时缺货的情况下，物流部门应主动及时地告诉客户有关情况，做出适当的道歉与赔偿，以减少客户的焦虑和不安。

二、确认订单内容

(一)订单确认步骤

订单处理分人工和计算机两种形式。人工处理具有较大弹性，但只适合少量的订单处理。计算机处理则速度快、效率高、成本低，适合大量的订单处理，因此目前主要采取后一种形式。接单之后，必须对相关事项进行确认。订单确认的步骤如图 2-2 所示。

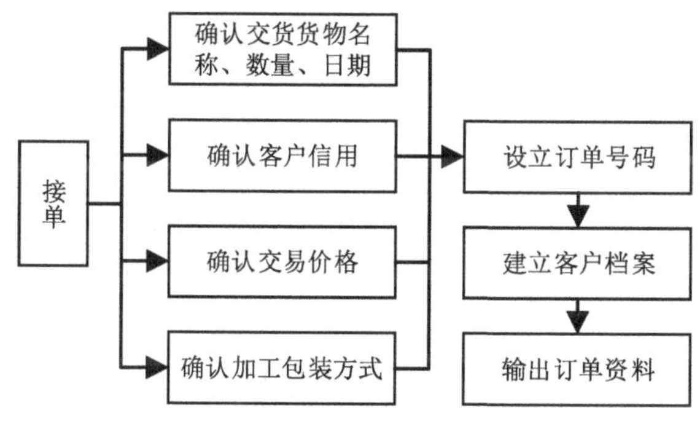

图 2-2　订单确认步骤

(二)订单确认内容

接收订单后，客服人员要根据下述内容对订单进行确认，避免存在遗漏或错误，确保配送作业的准确性和有效性。当订货方式为传统订货方式时，订货处理系统人员可以在订单输入的同时对订单进行确认；当采用电子订货方式时，订货处理系统应设立订单确认功能模块，自动对收到的订货数据进行确认，并生成确认结果。

1. 货物名称、数量及日期的确认

这是对订货资料项目的基本检查，即检查货物名称、数量、送货日期等是否有遗漏、

笔误或不符合公司要求的情况。尤其当要求送货时间有问题或出货时间已延迟时，更需要再与客户确认订单内容或更正期望运送时间。同样若采用电子订货方式接单，也须对接受订货资料加以检查确认，若通过VAN中心进行电子订货处理，可委托其进行一些基本的客户下单资料检查，对于错误的下单资料，可传回给客户修改后再重新传送回来。

2. 客户信用的确认

不论订单由何种方式传至公司，订单管理系统的第一步骤都要查核客户的财务状况，以确定其是否有能力支付该件订单的账款，其做法多是检查客户的应收账款是否已超过其信用额度。

原则上顾客的信用调查是由销售部门来负责，但有时销售部门往往为了争取订单并不太重视这种查核工作，因而也有些公司会授权由配送中心来负责，一旦查核结果发现客户的信用有问题，配送中心可将订单送回销售部门做进一步调查或做退回处理。

因而订单管理系统中应设计下述两条途径来查核客户信用的状况。

1) 通过输入客户代号或客户名称进行查询

当输入客户代号名称资料后，系统即加以检核客户的信用状况，若客户应收账款已超过其信用额度时，系统应加以警示，以便输入人员决定是否继续输入其订货资料或拒绝其订货。

2) 通过订购货品资料进行查询

若客户此次的订购金额加上以前累计的应收账款，超过信用额度时，系统应将此笔订单资料锁定，以便主管审核，审核通过，此笔订单资料才能进入下一个处理步骤。

3. 订单形态确认

在接受订货业务上，有多种订单交易形态，配送中心在处理不同的客户或不同的商品时有不同的订货处理方式，因而接单后必须再对客户订单或订单上的订货品种的交易形态加以确认，以便让系统针对不同形态的订单提供不同的处理功能。

配送中心虽有整合传统批发商的功能以及有效率的物流、资讯处理功能，但在面对众多的交易对象时，似乎仍因客户的不同需求而有不同的做法，这反映到接受订货业务上，可看出其具有多种订单交易形态，亦即配送中心因不同的客户或不同的商品有不同交易及处理方式。现将各订单交易形态及相对处理方式整理如下。

1) 一般交易订单

交易形态：正常、一般的交易订单。接单后按正常的作业程序拣货、出货、配送、收款发货的订单。

处理方式：接单后，将资料输入订单处理系统，按正常的订单处理程序处理，资料处理完后进行拣货、出货、配送、收款发货等作业。

2) 现销式交易订单

交易形态：与客户当场直接交易、直接给货的交易订单。例如，业务员至客户处巡货、铺销所得的交易订单或客户直接至配送中心取货的交易订单。

处理方式：订单资料输入后，因其货品已交予客户，故订单资料不再参与拣货、出货、配送等作业，只需记录交易资料，以便收取应收款项。

3)　间接交易订单

交易形态：客户向配送中心订货，但由供应商直接配送给客户的交易订单。

处理方式：接单后，将客户的出货资料传给供应商由其代配送。此方式应注意客户的送货单是自行制作还是委托供应商制作，以及出货资料(送货单回联)的核对确认。

4)　合约式交易订单

交易形态：与客户签订配送契约的交易，如签订某期间内定时配送某数量商品。

处理方式：约定的送货日来临时，将该配送的资料输入系统处理以便出货配送；或一开始便输入合约内容的订货资料并设定各批次送货时间，以便在约定日期来临时系统自动产生送货的订单资料。

5)　寄库式交易

交易形态：客户因促销、降价等市场因素而先行订购某数量商品，随后视需要再要求出货的交易。

处理方式：当客户要求配送寄库商品时，系统应检查客户是否确实有此项寄库商品，若有，则出此项商品，并且扣除此项商品的寄库量。注意此项商品的交易价格是依据客户当初订购时的单价计算。

6)　兑换券交易

交易形态：客户兑换券所兑换商品的配送出货。

处理方式：将客户兑换券所兑换的商品配送给客户时，系统应查核客户是否确实有此兑换券回收资料。若有，依据兑换券兑换的商品及兑换条件予以出货，并应扣除客户的兑换券回收资料。

不同的订单交易形态有不同的订货处理方式，因而接单后必须再对客户订单或订单上的订货品项加以确认，以便让系统针对不同形态的订单提供不同的处理功能。例如，提供不同的输入画面或不同的检查、查询功能，不同的储存档案等。

4. 订货价格确认

不同的客户(批发、零售)、不同的订购量，可能有不同的售价，输入价格时系统应加以核对。若输入的价格不符(如输入错误或因业务员降价强接单等)，系统应加以锁定，以便主管审核。

5. 加工包装确认

客户对于订购的商品是否有特殊的包装、分装或贴标签等要求，或是有关赠品的包装等资料都需要详细加以确认记录。

6. 设定订单号码

每一张订单都要有其单独的订单号码，此号码由控制单位或成本单位来指定，除了便于计算成本外，可用于制造、配送等一切有关工作，而且所有工作说明单及进度报告均应该附此号码。

【任务实施】

认真阅读案例，分析总结。

1. 如果该药品公司没有高效的订单处理系统，会导致什么样的结果？

订单处理周期较长，店铺补货不及时，造成缺货损失，甚至客户流失。

2. 如何处理订单，才能够提高订单处理的效率？

充实订单处理系统，处理日常订单。

(1) 店铺通过手持式电子订单录入器录入需求订单，发送至公司配送中心。

(2) 配送中心统一订单录入。

(3) 配送中心根据各店铺订单形成分拣清单，进行分拣。

(4) 安全库存监控，科学订货、补货。

【任务总结】

在“订单确认”的任务中，通过一个具体学习任务认识到什么是订单确认，订单确认的内容和原则有哪些。通过对这些资讯的学习，掌握了订单确认的一般流程，锻炼学生订单确认过程中分析问题、解决问题的能力。

【任务实训】

订 单 确 认

2014 年 12 月 10 日，城市物流中心接到客户乐福超市订单，如表 2-1 所示。假设，你是城市物流中心仓库客服人员，将如何进行该订单的确认。

表 2-1　乐福超市订单

序　号	货品名称	单　位	数　量	条　码
1	拉芳洗发露	瓶	18	6903148047804
2	舒肤佳沐浴露	瓶	10	6903148091654
3	舒肤佳香皂	盒	50	6903148097625

考核标准：

思路清晰(20 分)	要点准确(40 分)	方案实施正确、快速(40 分)	总分(100 分)

任务二　订单处理作业

【任务描述】

城市物流中心接到客户万乐福超市、佳美超市的采购订单，具体明细如表 2-2、表 2-3 所示。城市物流中心客服主管对该订单进行分析，得出如下结论。

(1) 万乐福超市应收账款为 125 万元，信用额度为 150 万元，本次订单额为 4550 元，则有 1 250 000+4550=1 254 550(元)小于 1 500 000×(1+15%)=172 500(元)，所以此订单有效。

(2) 佳美超市应收账款为 11 万元，信用额度为 10 万元，本次订单额为 6480 元，则有 110 000+6480=116 480(元)，大于 100 000×(1+15%)=115 000(元)，所以此订单无效。

思考：城市物流中心订单有效性的判定是依据的什么呢？

表 2-2　万乐福超市采购订单

序　号	商品名称	单　位	单价(元)	订购数量	金　额	备　注
1	小师傅方便面	箱	160	4	640	
2	大厨方便面	箱	110	5	550	
3	大王牌大豆酶解蛋白粉	箱	420	8	3360	
	合计			17	4550	

表 2-3　佳美超市采购订单

序　号	商品名称	单　位	单价(元)	订购数量	金　额	备　注
1	脆香饼干	箱	260	12	3120	
2	鹏泽海鲜锅底	箱	420	8	3360	
	合计			20	6480	

【任务驱动】

完成此任务，需要明确以下两个问题。

(1) 影响订单有效性的因素有哪些？

(2) 影响订单优先权的因素有哪些？

【任务资讯】

一、订单接收作业

订单接收为订单处理作业的第一个步骤，配送中心接收客户订货的方式主要有传统订货方式和电子订货方式两种。随着流通环境和科技的发展，接收客户订货的方式也逐渐由传统的人工下单、接单，演变为计算机间直接送收订货信息的电子订货方式。

(一)客户订单接收

1. 传统订货方式

1) 厂商补货

供应商直接将商品放在车上，逐家去送货，缺多少补多少。此种方式于周转率较快的商品或新上市商品较常使用。

2) 厂商巡货、隔日送货

供应商派巡货人员前一天先至各客户处寻查应补充的货品，隔天再予以补货的方式。厂商可利用巡货人员为店头整理货架、贴标或提供经营管理意见、市场资讯等，亦可促销新品或将自己的商品放在最占优势的货架上。此种方式的缺点是厂商可能会将巡货人员的成本加入商品的进价中，而且厂商乱塞货将造成零售业者难以管理、分析自己所卖的商品。

3) 电话口头订货

订货人员将商品名称及数量，以电话口述方式向厂商订货。但因客户每天订货的品项可能达数十项，而且这些商品常由不同的供应商供货，因此利用电话订货所费时间太长，且错误率高。

4) 传真订货

客户将缺货资料整理成书面资料，利用传真机传给厂商。利用传真机虽可快速地传送订货资料，但其传送资料品质不良，常增加事后确认作业。

5) 邮寄订单

客户将订货表单，或订货磁片、磁带邮寄给供应商。

6)　客户自行取货

客户自行到供应商处看货、补货，此种方式多为以往传统杂货店因地缘近所采行。客户自行取货虽可省却物流中心配送作业，但个别取货可能影响物流作业的连贯性。

7)　业务员跑单接单

业务员至各客户处推销产品，而后将订单携回或紧急时以电话先联络公司通知客户订单。

不管利用何种方式订货，上述这些订货方式皆需人工输入资料而且经常重复输入、传票重复填写，并且在输入输出间经常会耽误时间及产生错误，这些都是无谓的浪费。尤其现今客户更趋向高频度的订货，且要求快速配送，传统订货方式已无法应付客户的需求，这使得新的订货方式——电子订货应运而生。

2. 电子订货方式

电子订货，顾名思义即由电子传递方式，取代传统人工书写、输入、传送的订货方式。也就是将订货资料转为电子资料形式，再由通信网络传送，此系统即称电子订货系统(EOS-Electronic Order System)，即采用电子资料交换方式取代传统商业下单、接单运作的自动化订货系统。其做法可分为以下三种。

1)　订货簿或货架标签配合手持终端机(H.T-Handy Terminal)及扫描器

订货人员携带订货簿及手持终端机巡视货架，若发现商品缺货则用扫描器扫描订货簿或货架上的商品标签，再输入订货数量，当所有订货资料皆输入完毕后，利用计算机将订货资料传给供应商或总公司。

2)　POS(Point of Sale 销售时点管理系统)

客户若有 POS 收款机则可在商品库存管理系统里设定安全存量，每当销售一笔商品时，计算机自动扣除该商品库存，当库存低于安全存量时，即自动产生订货资料，将此订货资料确认后即可通过信息网络传给总公司或供应商。亦有客户将每日的 POS 资料传给总公司，总公司将 POS 销售资料与库存资料比对后，根据采购计划向供应商下单。

3)　订货应用系统

客户信息系统里若有订单处理系统，可将应用系统产生的订货资料，经由特定软件转换功能转成与供应商约定的共同格式，在约定时间里将资料传送出去。

一般而言，通过计算机直接连线的方式最快也最准确，而邮寄、电话或销售员携回的方式较慢。由于订单传递时间是订货前置时间内的一个因素，其可经由存货水准的调整来影响客户服务及存货成本，因而是传递速度快、可靠性及正确性高的订单处理方式，不仅可大幅提升客户服务水准，对于存货相关的成本费用亦能有效地缩减。但另一方面，通过计算机直接传递往往较为昂贵，因而究竟要选择哪一种订单传递方式，应比较成本与效益之间的差异来决定。

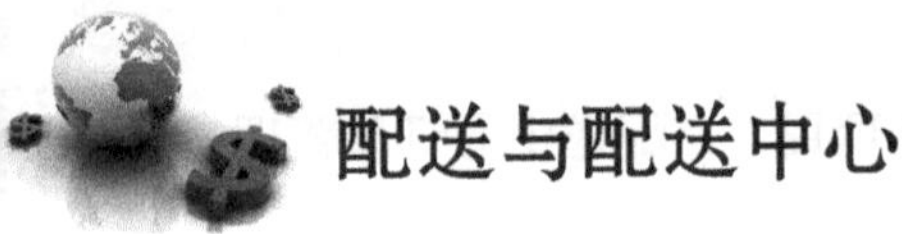

(二)订单有效性分析

1. 影响订单有效性的因素

订单的有效性主要受订单本身和需求商的状况影响，影响订单有效性的因素主要有以下几种。

1) 订单时间

订单时间是影响订单有效性的首要因素。订单时间必须在有效期之内，配送中心接收到订单的时间必须在客户所要求的货物送达时间之前，同时两者之间的时间差也不能太短，也就是必须给配送中心留出合理的备货时间。

2) 订单的准确性

在接受订单之后要检查订单的准确性，如订单编号、数量、品种、价格等，如果出现明显的订单错误，就可以认为是无效订单。在现代电子订货方式下，尤其是采用电子邮件发送的订单，有时候会出现订单接收对象错误的现象，也就是业务员把订单下给了错误的供应商，尤其是订购产品与配送中心所经营的产品类型完全不一致，这种订单配送中心就可以认为是无效订单。例如，食品配送中心接到药品类的订单，这种订单就是无效订单。

3) 客户的信用状况

客户的信用状况直接影响到其订单所涉及产品的金额总量及其应收账款量，也就是客户所订购产品总额不能够超过其信用额度与其应收账款之差。另外，对于信用额度有一定期限的客户也应该注意，在其信用有效期之外所发送的订单是无效的。

4) 客户的金融状况

客户的金融状况主要体现在客户的资金状况和付款态度上。资金状况可以通过与客户有联系的银行方面获得，如果客户资金短缺甚至是危险的而他又订购了金额比较大的订单，就可以认为该客户的订单无效。付款态度可以从与该客户以往的合作上得到信息。

2. 建立客户档案

将客户状况详细记录，不但能让此次交易更易进行，且有益于往后合作机会的增加。客户档案应包含订单处理需用到的及与配送作业相关的资料，如表2-4所示。

表2-4　客户档案内容

序　号	项　目	细　则
1	基本信息	客户姓名、代号、等级形态(产业交易性质)
2	客户信用状况	银行信用、客户信用额度
3	销售优惠	客户销售付款及折扣率的条件
4	业务员	开发或负责此客户的业务员

续表

序 号	项 目	细 则
5	客户配送区域	地区、省、市、县及城市各区域等，明确地理位置或相关特性将有助于提升管理及配送的效率
6	客户收账地址	征收客户账款的地址
7	配送路径顺序	按照区域、街道、客户位置为客户分配适当的配送路径
8	车辆形态	有时客户所在地点的街道对车辆大小有所限制，因此需将适合该客户的车辆形态记录于资料档案中
9	卸货特征	客户所在地点和客户卸货位置，由于建筑物本身或周围环境的特性(地下室有限高或高层楼)，可能造成卸货有不同的需求及难易程度，在车辆及工具的调度上需加以考虑
10	客户配送要求	客户对于送货时间有特定要求或有协助上架、贴标签等要求也应将其存于资料档案中
11	过期订单处理指示	按客户同意决定每次延迟订单的处理方式，则可事先将其存于资料档案，以省去临时询问或须紧急处理的不便

二、库存查询与存货分配

(一)存货查询

存货查询在于确认是否有库存能够满足客户需求，通常称为“事先拣货”(Prepicking the order)。存货档案的资料一般包括货品名称、SKU代码、产品描述、库存量、已分配存货、有效存货及期望进货时间。

因而输入客户订货商品的名称、代码时，系统即开始查对存货档案的相关资料，看此商品是否缺货，若缺货则可提供商品资料或是此缺货商品的已采购未入库信息，便于接单人员与客户协调是否改订替代品或是允许延后出货等权宜办法，以提高人员的接单率及接单处理效率。

(二)分配存货

订单资料输入系统，确认无误后，最主要的处理作业在于如何将大量的订货资料，做最有效的汇总分类、调拨库存，以便后续的物流作业能有效的进行。存货的分配模式可分为单一订单分配及批次分配两种。

1. 单一订单分配

此种情形多为线上即时分配，亦即在输入订单资料时，就将存货分配给该订单。

2. 批次分配

累积汇总数笔已输入订单资料后，再一次分配库存。配送中心因订单数量多、客户类型等级多，且多为每天固定配送次数，因此通常采行批次分配以确保库存能做最佳的分配。

采用批次分配时，要注意订单的分批原则，即批次的划分方法。随着作业的不同，各配送中心的分批原则亦可能不同，总体来说有下面几种。

按接单顺序：将整个接单时段划分成几个区段，若一天有多个配送梯次，可配合配送梯次将订单按接单先后分为几个批次处理。

按配送区域路径：将同一配送区域路径的订单汇总一起处理。

按流通加工要求：将有加工需求的订单汇总一起处理。

按车辆需求：若配送商品要用特殊的配送车辆(如低温车、冷冻车、冷藏车)或客户所在地、订货有特殊要求可汇总合并处理。

如果以批次分配选定参与分配的订单后，若这些订单的某商品总出货量大于可分配的库存量，则应如何来分配这有限的库存？可依以下几项原则来决定客户订购的优先性。

具有特殊优先权者先分配：对于一些例外的订单如缺货补货订单、延迟交货订单、紧急订单或远期订单，这些在前次即应允诺交货的订单，或客户提前预约或紧急需求的订单，应有优先取得存货的权利。因此当存货已补充或交货期限到时，应确定这些订单的优先分配权。

依客户等级来取舍：将客户重要性程度高的做优先分配。

依订单交易量或交易金额来取舍：将对公司贡献度大的订单做优先处理。

依客户信用状况：将信用较好的客户订单做优先处理。

此外，也可依上述原则在接受客户订单时即将优先顺序性键入(以 A、B、C 或 1、2、3 来表示)，而后在做分配时即可依此顺序自动做取舍，也就是建立一套订单处理优先系统。

(三)存货分配不足的异动处理

若现有存货数量无法满足客户需求，且客户又不愿以替代品替代时，则应依客户意愿与公司政策来决定对应方式。

1. 依客户意愿而定

(1) 客户不允许过期交货(Back-Order)，则删除订单上不足额的订货，或取消订单。

(2) 客户允许不足额的订货，等待有货时再予以补送。

(3) 客户允许不足额的订货，留待下一次订单一同配送。

(4) 客户希望所有订货一同送达。

2. 依公司政策而定

一些公司允许过期分批补货，但一些公司由于成本原因，不愿意分批补货，则可能宁愿客户取消订单，或要求客户延迟交货日期。

配合上述客户意愿与公司政策，对于缺货订单的处理方式归纳如下。

1) 重新调拨

若客户不允许过期交货，而公司也不愿失去此客户订单时，则有必要重新调拨分配订单。

2) 补送

若客户允许不足额的订货等待有货时再予以补送，且公司政策亦允许，则采取“补送”方式。

若客户允许不足额的订货或整张订单留待下一次订单一同配送，则也采取“补送”处理。但需注意，对这些待补送的缺货品项要先记录存档。

3) 删除不足额订单

若客户允许不足额订单可等待有货时再予以补送，但公司政策并不希望分批出货，则只好删除订单上不足额的订单。

若客户不允许过期交货，且公司也无法重新调拨，则可考虑删除订单上不足额的订单。

4) 延迟交货

有时限延迟交货：客户允许一段时间的过期交货，且希望所有订单一同配送。

无时限延迟交货：不论需等多久客户皆允许过期交货，且希望所有订货一同送达，则等待所有订货到达再出货。

对于此种将整张订单延后配送的交货，亦需要将这些顺延的订单记录存档。

5) 取消订单

若客户希望所有订单一同配达，且不允许过期交货，而公司也无法重新调拨时，则只有将整张订单取消。

三、订单优先权分析

订单处理的先后顺序就是订单的优先权，对于缺货商品应该先满足优先权高的客户的需求。要进行订单优先权分析，首先要明确哪些因素会影响到订单处理的先后顺序，其次确定订单优先权的方法有哪些。

(一)影响订单优先权的因素

订单履行的先后次序可能会影响到所有订单的处理速度，也可能影响到较重要订单的处理速度。很多企业就因为订单处理人员在忙得不可开交时会先处理不太复杂的订单，致

使公司重要客户的订单在履行时拖延过久。因而需要首先明确影响订单优先权的因素有哪些，具体来说主要有订单本身因素和客户因素两大类。

1. 订单接收的先后顺序

大多数配送中心在处理客户因素相对类似的订单时，往往会根据订单接收的先后顺序来确定订单处理的先后顺序，也就是先收到的订单先处理。

2. 订单紧急程度

按时交货是客户考察供应商的一个重要指标，因此对于配送中心来说，应该尽量保证大多数订单能够按时交货，以降低订单延迟率。因此在确定订单处理的先后顺序时，距离交货日期越近的订单，其紧急性程度越高，越应该优先处理，其优先权也应该越高。

3. 订货量和订货品种

从配送中心操作人员的角度来说，操作人员倾向于首先处理订货量较小或订货品种较少的订单，主要因为这类订单处理较简单，操作时间上受其他因素影响较小。

4. 订单金额和利润

金额较大的订单给企业带来的营业额较高，其优先权较高；利润较大的订单给企业带来的收益较大，其优先权也较高。

5. 客户的重要性程度

配送中心在对客户进行管理时，往往会根据客户对企业盈利的贡献度，将企业分为不同的等级进行管理。客户的级别越高，其对于企业的盈利贡献越大，对于这类客户订单要优先处理，在库存商品不能满足所有客户的需求时要优先满足这类客户。

6. 客户的信用和金融状况

信誉好、付款及时、资金充足的客户往往会被配送中心划分为较高等级的客户类型，因此这一类客户的优先权也会比较高。

7. 合作年限和累计交易金额

合作年限长的客户属于企业的稳定客户，其订单优先权高；累计交易金额高的客户，能够为企业提供稳定的交易量，其订单优先权也较高。

综上所述，以下是一些可供选择的优先权法则。

(1) 先收到先处理。

(2) 使处理时间最短。

(3) 预先确定顺序号。

(4) 优先处理订货量小、相对简单的订单。
(5) 优先处理承诺交货日期最早的订单。
(6) 优先处理距离约定交货日期最近的订单。
(7) 优先处理级别较高客户的订单。

(二)订单优先权的确定方法

订单优先权的确定方法有很多，总体来说可以分为定性分析法和定量分析法两种。

1. 定性分析

定性分析主要通过对比分析几个差别比较明显的定性指标，确定客户优先权的顺序。这种方法在客户较少，并且不同客户的几个定性的指标之间差别比较明显时使用比较方便。但是在客户数量多，指标差别不明显或是指标等级有交叉时，定性分析就较难使用了。例如，对表 2-5 中的客户指标使用定性分析来确定就比较容易。

表 2-5　定性分析指标

客户名称	考核指标	等　级
乐家超市	实力强	一
	货款到位及时	
	信誉好	
	为企业创造的利润是总利润的 20%以上	
	是企业的战略合作伙伴，签有长期合作协议	
乐福超市	实力良好	二
	货款较为及时	
	信誉良好	
乐乐超市	实力一般	三
	货款到位一般，偶有拖欠货款行为	
	信誉一般	

2. 定量分析

定量分析由于可以采用数据进行分析，能够清楚地说明每一项指标对于结果的影响程度，因此对于每一个对象的各个指标之间差别不明显或影响有交叉的指标进行评价时，使用效果比较好。

在对受到多因素影响的问题进行决策时，经常采用综合价值系数法来分析多因素对于决策结果的影响，这就是多目标决策问题。这种情况下，评价配送的标准是每个客户的综合价值，一般可用综合价值系数来进行。某客户的综合评价系数越大，说明该客户的综合价值越大，其优先权就越靠前，只要按照综合价值系数进行排序，就可以得到客户的优先权排序。综合价值系数可用方程式 $V=\pounds MF$(V 为价值系数，M 为分数，F 为权数)来计算，这种方法在使用前需要先给每一个影响因素赋予权重。表 2-6 所示为某物料供应商上期统计资料表。

表 2-6　某物料供应商上期统计资料表

供 应 商	收到的商品量/个	验收合格量/个	单价/元	合同完成率/%
甲	3000	2920	88	98
乙	3400	3200	86	92
丙	600	480	93	95
丁	1300	1200	90	100

需求商按照如下分配比例来评价本地的供应商：产品质量占 40 分，价格占 35 分，合同完成率占 25 分。请根据上期资料，对供应商进行评价，按照优劣排序。

以上各指标可以分为三个：商品合格率、单价、合同完成率。其中商品合格率和合同完成率对于供应商的排序影响是正相关(指标价越高越好)的，与单价是负相关(指标值越低越好)。商品合格率和合同完成率都是百分化，无相关单位；单价是实际价格，有单位，因此不能够适用公式 $V=\pounds MF$ 进行加和。因此此处使用最小价格比率，就是用最小的价格除以每一个价格达到去除单位的目的：如果单价是正相关影响就是用最大价格比率，即用每一个价格除以最大价格。在使用公式 $V=\pounds MF$ 进行综合价值系数的计算。计算方法如下：

甲：$(2920\div3000)\times40+(86\div88)\times35+0.98\times25=97.64$

乙：$(3200\div3000)\times40+(86\div86)\times35+0.92\times25=95.65$

丙：$(480\div600)\times40+(86\div93)\times35+0.95\times25=88.12$

丁：$(1200\div1300)\times40+(86\div90)\times35+1\times25=95.37$

从计算结果很容易得到四家供应商的优劣排序：即甲>乙>丁>丙。

四、订单录入与资料输出

(一)订单录入

订单录入是指将客户订货信息转变为公司订单的过程，包括以下步骤。

(1) 检查订货信息的准确性，如订货编号、数量、品种、价格等。

(2) 检查库存状况，是否有货，是否能满足客户订货条件等。

(3) 准备延期订货单据或取消订单，如果不能满足客户的订货条件，则需同客户商议，是改变订货条件，还是延期订货，或者取消订单。

(4) 检查客户信用等级。

(5) 规范客户订单，把客户的订货信息按照公司所要求的格式规范化。

(6) 开单，准备发货单据等。

进行上述工作是必需的，因为订货请求所包含的信息往往与要求的格式不符，无法做进一步处理，要么表述不够准确，要么在交给订单履行部门执行之前还需要做一些额外的准备工作。

订单录入可以由人工完成，也可以进行全自动处理。与传统的手工处理相比，自动化订单录入所需要的时间减少了 60%以上。

(二)订单资料处理输出

订单资料经由上述处理后，即可开始打印一些出货单据，以展开订单处理作业。

1. 拣货单(出库单)的制作

拣货单据的产生，是为了提供商品出库指示资料，作为拣货的依据。拣货资料的形式需配合配送中心的拣货策略及拣货作业方式来加以设计，以提供详细且有效率的拣货信息，便于拣货的进行。

拣货单的打印应考虑商品储位，依据储位前后相关顺序打印，以减少人员重复往返取货，同时拣货数量、单位也要详细标示。随着拣货、储存设备的自动化，传统的拣货单据形式已不符合需求，利用计算机、通信等方式处理显示拣货资料的方式已取代部分传统的拣货表单，如配有电子标签的货架、拣货台车以及自动存取的自动化立体仓库等。采用这些自动化设备进行拣货作业，需注意拣货资料的格式与设备显示器的配合以及系统与设备间的资料传送及回收处理。

拣货单格式如表 2-7 所示。

表 2-7 拣货单

拣货单号码：					拣货时间：			
客户名称：					拣货人员：			
审核员：					出货日期： 年 月 日			
序号	储位号码	商品名称	商品编号	包装单位			拣取数量	备注
				整托盘	箱	单件		

2. 送货单的制作

物品交货配送时，通常需附上送货单据给客户清点签收。因为送货单主要是给客户签收、确认出货资料，其正确性及明确性很重要。要确保送货单上的资料与实际送货资料相符，除了出货前的清点外，出货单据的打印时间及修改也必须注意。

(1) 单据打印时间。最能保证送货单上的资料与实际出货资料一样的方法是在出车前，一切清点动作皆完毕，而且不符合的资料也在计算机上修改完毕，再打印出货单。但此时

再打印出货单，常因单据数量多，耗费时间多，影响出车时间。若提早打印，则对于因为拣货、分类作业后发现实际存货不足，或是客户临时更改订单等原因，造成原出货单上的资料与实际不符时，须重新打印送货单。

(2) 送货单资料。送货单据上的资料除了基本的出货资料外，对于一些订单异动情形如缺货品项或缺货数量等也必须打印注明。

3. 缺货资料

库存分配后，对于缺货的商品或缺货的订单资料，系统应提供查询或报表打印功能，以便人员处理。

(1) 库存缺货商品。提供依商品类别或供应商类别进行查询的缺货商品资料，以提醒采购人员紧急采购。

(2) 缺货订单。提供依客户类别查询的缺货订单资料，以便相关人员处理。

【任务实施】

通过对任务的分析，可以看出城市物流中心对两家客户订单有效性评价的依据是客户的信用额度。

【任务总结】

完成订单处理作业应理解订单处理内涵，了解接收订货的方式；理解订单处理过程要素，掌握存货分配模式；学会按订单作业流程进行订单处理作业操作。

【任务实训】

配送中心订单处理作业操作

将学生分组，以小组为单位，根据所给资料进行订单处理作业操作，完成实训报告。根据所给订货信息实施订单处理作业，如表2-8所示。

表2-8 配送订货单

客户名称：美美超市　　订单号：Y20160412006　　送货日期：2016-4-12

序号	商品名称	单位	规格	数量	单价	备注
1	六神清爽去屑洗发露	箱	200mL	6		
2	六神清爽去屑洗发露	箱	200mL	4		
3	六神清凉柔顺洗发露	箱	450mL	3		
4	六神清爽去屑洗发露	箱	450mL	5		
	合计			18		

考核标准：

核实订单确认内容(20 分)	查询存货、录入配送订单、生成拣货单(20 分)	完成订单处理作业操作 (30 分)	实训报告完整(30 分)	总分(100)

项 目 总 结

在“订单处理作业”的任务中，通过学习一个具体任务认识订单处理作业的含义，配送中心订单处理过程应遵循的原则以及订单处理作业流程、相应的订单处理方法。通过对这些资讯的学习，能正确利用订单管理要素，对整个订单处理过程进行管理，熟练进行订单处理作业操作。

项 目 测 试

一、填空题

1. ___________对客户对于订购的商品是否有特殊的包装、分装或贴标签等要求，或是有关赠品的包装等资料都需要详细加以确认记录。

2. 订单处理的手段主要有__________和以计算机网络为基础的__________两种形式。

3. 供应商直接将商品放在车上，逐家去送货，缺多少补多少。这种补货方式为________________。

4. 存货查询在于确认是否有库存能够满足客户需求，通常称为__________ 。

5. 订单优先权的确定方法有很多，总体来说可以分为__________和__________两种。

二、单项选择题

1. (　　)不属于配送订单处理程序。
   A. 订单补货　　B. 订单数据处理　　C. 接受订单　　D. 订单状态管理

2. 配送中心的业务活动是以(　　)发出的订货信息作为驱动源。
   A. 客户订单　　B. 采购订单　　C. 内部订单　　D. 生产订单

3. (　　)是备货、拣货、组织配送活动的前提和依据，是其他各项作业的基础。
   A. 分货　　B. 保管　　C. 流通加工　　D. 订单处理

4. 下列不属于传统订货方式的是(　　)。
   A. 厂商补货　　B. 电话口头订货
   C. 传真订货　　D. 订货簿或货架标签配合手持终端机及扫描器

5. 下列哪项不是订单处理作业的基本作业？(　　)

A. 接收订单　　B. 确认订单　　C. 装车　　D. 查询存货

三、简答题

1. 简述订单处理要素的内容。
2. 简述订单确认的内容。
3. 影响订单有效性的因素有哪些？
4. 存货查询内容有哪些？
5. 订单处理的基本原则。

四、综合题

某公司主要经营儿童玩具，在华北地区占有相当多的市场份额。为了更好地服务该区域客户，公司专门在河北省廊坊市成立了一个配送中心。配送中心为三层楼结构建筑，第一层为收、发货区域，第二、三层用于储存玩具。公司的服务承诺，收到客户下单后，本市24小时内，省内客户48小时内，外省市客户60小时内可以收到货物。该配送中心的作业流程是这样的：客户订单分配给每个楼层的拣货员；拣货员拣选完该订单存储在本层的各类物品以后，将其送至一层；一层的发货员收集到两个楼层的拣货后，合并到一起装箱、发货。拣选货物在两个楼层之间搬运，上下依靠一部货梯。

该公司的配送中心成立后，极大地提高了客户服务水平，销售规模一直保持增长。但近期客户的投诉增加，经常反反映送货的品种、数量和订单不符。公司专门开会讨论这个问题。配送中心的经理苦恼地说：现在订单量是原来的几倍，而且客户知道我公司的品种全，所以每张订单上都有十几个品种。配送中心就一部货梯，虽然拣货员增加了一倍，但还是天天加班，配送中心已经是超负荷运转了。

根据以上案例，回答问题。

(1) 简要描述该公司的配送中心目前存在的问题。

(2) 该公司准备提高拣选效率，你认为在订单处理环节可以采取哪些措施？

项目三　配送中心拣选与补货、退货作业管理

【项目导入】

客户的每张订单中都至少包含一项以上的商品，如何将这些不同种类、数量的商品由配送中心中取出集中在一起，即拣选作业。拣选作业在配送作业环节中不仅工作量大，工艺复杂，要求作业时间短，准确度高，而且拣选成本占物流搬运成本的绝大部分，是配送业务活动中极其重要的一个环节。补货作业与拣选作业息息相关。配送中心在分拣货物时，一旦发现拣货区所剩余的存货量过低时，则必须由储存保管区向拣货区拣选补货。通过学习本项目相关内容，充分认识拣选、补货作业的意义，掌握拣选与补货作业的流程和策略，并能够根据货物特征选择适当的拣选方法完成拣选与补货作业。

【项目目标】

1. 知识目标

(1) 掌握拣选作业的基本流程。
(2) 掌握拣选的方法和策略。
(3) 理解补货作业的重要性，掌握补货作业基本流程。
(4) 掌握不同的补货方式、确定补货时机的方法。
(5) 了解退货产生的原因。
(6) 掌握退货作业的流程。
(7) 理解退货管理的政策。

2. 技能目标

(1) 能够根据订单信息和货物储位情况设计拣选单。
(2) 能够熟练运用各种拣货方法。
(3) 能够准确、高效地进行月台码货，并绘制月台货物码放示意图。
(4) 缺货时能够准确判断补货时机。
(5) 能够选择合理的补货方式完成补货作业。
(6) 能够分析退货产生的原因。
(7) 能够妥善处理客户退货。
(8) 能够正确填写退货单。
(9) 能掌握补货作业流程，有效选择补货方式。
(10) 能根据实际需求制定补货策略，确定补货时机，进行补货操作。

【项目展开】

为了系统而直观地实现以上项目目标，现将该项目按照以下三个工作任务序化展开。

(1) 配送中心拣选作业管理。

(2) 配送中心补货作业管理。

(3) 配送中心退货作业管理。

任务一 拣 选 作 业

【任务描述】

城市物流配送中心接到乐乐超市的货物需求信息(如表 3-1 所示)，要求城市物流配送中心为其提供货物配送服务。假设，你是城市物流配送中心的分拣人员，请根据乐乐超市的订单信息制订分拣方案。

表 3-1 订单信息

货物名称	外包装种类	数 量	外包装尺寸	批 次
美加净护手霜	箱	32	300×250×200	07041198885488
大宝 SOD 蜜	箱	50	300×250×200	07041115487844
康师傅红烧牛肉面	箱	50	500×320×200	07060530311614
达能闲趣饼干	箱	20	450×250×200	07061722334533
奥利奥牛奶饼干	箱	36	450×250×200	07061179844154
五谷道场香辣牛肉面	箱	20	500×300×200	07060454878477

【任务驱动】

(1) 拣货作业的基本流程是什么？

(2) 常用的拣货方法有哪些？

(3) 如何确定拣选方式才能保证快速、准确地分拣出客户需要的货物？

【任务资讯】

一、拣选作业流程

(一)拣选作业的含义

1. 拣选作业

拣选作业又称拣货作业、分拣作业，是配送中心依据顾客的订货要求或配送中心的送

货计划，尽可能迅速、准确地将商品从其储位或其他区域拣取出来，并按一定的方式进行分类、集中、等待配装送货的作业流程。

在配送中心搬运成本中，拣货作业的搬运成本约占 90%；在劳动密集型的配送中心，与拣货作业直接相关的人力占 50%；拣货作业时间约占整个配送中心作业时间的 30%～40%。因此，在配送作业的各环节中，拣货作业是整个配送中心作业系统的核心。合理规划与管理拣货作业，对配送中心作业效率的提高具有决定性的影响。

配送多为多品种、小体积、小批量的物流作业，而且工艺复杂，特别是对于客户多、需求频率高、送货时间要求高的配送服务，拣货作业的速度和质量不仅对配送中心的作业效率起决定性的作用，而且直接影响到整个配送中心的信誉和服务水平。因此，迅速、准确地将顾客要求的商品集合起来，并通过分类、配装及时送交顾客，是拣货作业最终的目的及功能。

2. 拣选单位

一般而言，拣选单位可分成托盘、箱、单品及特殊货物四种，以托盘为拣选单位的体积和重量最大，其次为箱，最小为单品。

1)　托盘

由箱堆叠而成，无法用人手直接搬运，拣货时以整个托盘为拣取单位搬运，必须利用堆高机、叉车或拖车等机械设备。

2)　箱

箱由单品组成，可由托盘上取出，人必须用双手拣取。

3)　单品

单品是拣货的最小单位，可由箱中取出，人可以单手拣取。

4)　特殊品

体积大、形状特殊，无法按栈板、箱归类或必须在特殊条件下作业。例如，大型家具、桶装油料、长杆形货物、冷却货品等，都属于特殊的商品，其拣货系统的设计将更为严格。

拣货单位是根据订单分析的结果来做决定的，如果订货的最小单位是箱，则不需要单品拣选单位，库存的每一种商品都需要通过以上的分拣判断出拣选单位。

3. 拣选作业流程

制定科学合理的拣选作业流程，对于提高配送中心运作效率及提高商品服务具有重要的意义。拣选作业流程如图 3-1 所示。

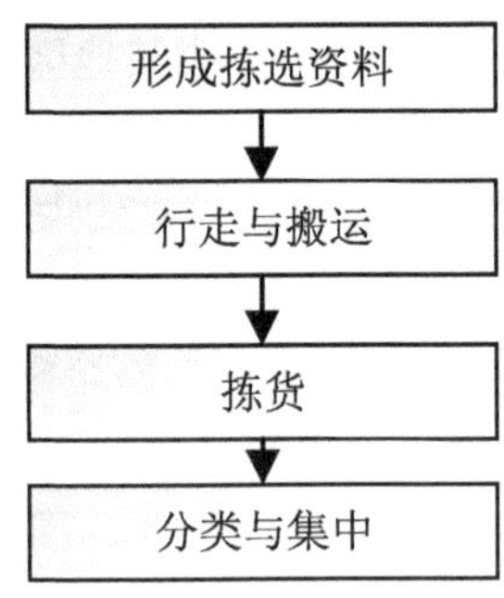

图 3-1　拣选作业流程图

(二)拣选作业的基本内容

拣选作业的基本内容包括如下四个环节。

1. 形成拣选资料

拣选作业开始前，指示拣选作业的单据或信息必须先行处理完成。虽然一些配送中心直接利用顾客订单或公司交货单作为拣选指示，但此类传票容易在拣货过程中受到污损而产生错误，所以多数拣选方式仍需将原始传票转换成拣货单或电子信号，使拣货员或自动拣取设备进行更有效的拣货作业。

2. 行走与搬运

拣货时，拣货作业人员或机器必须直接接触并拿取货物，这样就形成了拣选过程中的行走与货物的搬运。这一过程有以下两种完成方式。

人—物方式，即拣选人员以步行或搭乘拣货车辆方式到达货物储位。这一方式的特点是物静而人动，拣取者包括拣货人员、自动拣货机或拣货机器人。

物—人方式，与第一种方式相反，拣取人员在固定位置作业，而货物保持动态的储存方式。这种方式的特点是物动而人静，如轻负载自动仓储、旋转自动仓储等。

3. 拣货

无论是人工或机械拣取货物都必须首先确认被拣货物的品名、规格、数量等内容是否与拣货信息传递的指示一致。这种确认既可以通过人工目视读取信息，也可以利用无线传输终端机读取条码，由计算机进行对比。后一种方式可以大幅度降低拣货的错误率。拣货信息被确认后，拣取的过程可以由人工或自动化设备完成。

4. 分类与集中

配送中心在收到多个客户的订单后，可以形成批量拣取。然后，再根据不同的客户或送货路线分类集中，有些需要进行流通加工的商品还需根据加工方法进行分类，加工完毕

再按一定方式分类出货。多品种分货的工艺过程较复杂，难度也大，容易发生错误，必须在统筹安排形成规模效应的基础上提高作业的精确性。分类完成后，经过查对、包装便可以出货了。

拣选作业消耗的时间主要包括四大部分：订单或送货单经过信息处理过程，形成拣货指示的时间；行走与搬运货物的时间；准确找到货物的储位并确认所拣货物及数量的时间；拣取完毕，将货物分类集中的时间。提高拣货作业效率主要是缩短以上四个作业时间。

二、拣选方式与策略

(一)拣货作业形式

实施拣货作业首先面临的问题就是要依据各配送中心内部环境确定拣货形式，通常根据手段的不同拣选作业分为以下几种形式。

1. 人工拣选

由人一次巡回或分段巡回于各货架之间，按订单拣货，直至配齐。

2. 人工+手工作业车拣选

拣货作业人员推着手推车一次巡回或分散巡回于货架之间，按订单进行拣货，直到配齐。它与人工拣选基本相同，区别在于借助半机械化的手推车作业。

3. 机动作业车拣选

拣货作业人员乘车辆或台车为一个用户或多个用户拣选，在拣选过程中开始进行货物装箱或装托盘的处理。

4. 传动运输带拣选

拣货作业人员只在附近几个货位进行拣选作业，传送带不停地运转；或拣货作业人员按照电子标签的指令将货物取出放在传送带上，或放入传送运输带上的容器内。传送运输带转到末端时把货物卸下来，放在已划分好的货位上，待装车发货。每个作业人员仅负责几种货物的拣选。

5. 拣选机械拣选

自动分拣机或由人工操作的叉车、分拣台车巡回于高层货架间进行拣选，或者在高层重力式货架一端进行拣选。这种方式可以人随机械或车操作，也可以通过计算机控制使拣选机械自动寻址，自动取货。

6. 回转式货架拣选

拣货作业人员固定在拣货的位置，按用户的订单操纵回转货架作业。

对于重量和体积都较大且易形成集装单元的货物，可选择拣选机械拣选或机动作业车拣选；对于拣选作业区域窄小的作业，可选用回转式货架拣选；对于货物数量少、重量和体积较小的货品，可采用人工拣选或人工加手工作业车拣选。

(二)拣货作业主要方法

配送中心常用的拣货作业主要有两种，单一拣取和批量拣取。

1. 单一拣取

(1) 结合分区策略单一拣取方式又可以分为单人拣取、分区接力拣取和分区汇总拣取几种方式。

单人拣取时可以一张订单由一个人从头到尾负责到底。此种拣货方式的拣货单，只需将订单资料转为拣货需求资料即可。

分区接力拣取是将存储或拣货区划分成几个区域，一张订单由各区人员采取前后接力方式合力完成。

分区汇总拣取是将存储区或拣货区划分成几个区域，将一张订单拆成各区域所需的拣货单，再将各区域所拣取的商品汇集在一起。

(2) 一般来讲，单一拣取的准确度较高，很少发生货差，并且机动灵活。这种方法可以根据用户要求调整拣货的先后次序；对于紧急需求，可以集中力量快速拣取；对机械化、自动化没有严格要求；一张货单拣取完毕后，货物便配置齐备，配货作业与拣货作业同时完成，简化了作业程序，有利于提高作业效率。

(3) 在以下情况下，单一拣取方式比较适用。

① 用户不稳定，波动较大。

② 用户需求种类不多。

③ 用户之间需求差异较大，配送时间要求不一。

2. 批量拣取

批量拣取是将数张订单汇总成一批，再将各订单相同的商品订购数量加总起来，一起拣取处理。

(1) 批量拣取的分批方式主要有下述几种。

① 按拣货单位分批，也就是将同一种拣货单位的品种汇总一起处理。

② 按配送区域路径分批，也就是将同一配送区域路径的订单汇总一起处理。

③ 按流通加工需求分批，将需加工处理或需相同流通加工处理的订单汇总一起处理。

④ 按车辆需求分批，也就是如果配送商品需特殊的配送车辆(如低温车、冷冻、冷藏车)，或客户所在地需特殊类型车辆者可汇总合并处理。

(2) 与单一拣取相比，批量拣取由于将用户的需求集中起来进行拣取，所以有利于进行拣取路线规划，减少不必要的重复行走。但其计划性较强，规划难度较大，容易发生错误。

(3) 批量拣取比较适合用户稳定、用户数量较多的专业性配送中心，需求数量可以有差异，配送时间要求也不太严格，但品种共性要求相同。

3. 两种常用的拣货作业方法

根据物品特性常采用以下两种方法进行拣选。

1) 摘果式拣选作业

(1) 摘果式拣选作业的流程。

① 摘果式拣选作业又称作“拣取式”“按单分拣”或“人到货前式”拣取作业，即针对每一张订单，拣选人员或拣选工具巡回于各个储存点将所需的货物取出，完成货物配备，是较传统的拣货方法。

② 摘果式拣选是针对每一份订单，分拣人员按照订单所列商品及数量，将商品从储存区域或分拣区域拣取出来，然后集中在一起的拣货方式。储物货位相对固定，而拣选人员或工具相对运动。一般是一次只为一个客户进行配货作业，在搬运车容积许可而且配送商品不太复杂的情况下，也可以同时为两个以上的客户配货。摘果式拣选作业可以按照客户要求的时间确定配货的先后次序，而且配好的商品可以直接配载到运送车辆上。当商品的数量较少时，应用这种方式可以减少下一步分拣作业的过程，既简化了作业环节，提高了作业效率，又有利于提高配货作业的准确性，是提高配货效率的有效方法。有人将这种方式称为“人就货”的拣选作业方式，即拣选作业人员依靠各种设备往来于不同货架、不同货位之间，到所需要商品的储存货位拣取商品。

(2) 摘果式拣选作业的特点。

一般来讲，摘果式拣选的准确度高，机动灵活。这种方法可以根据客户要求调整拣货顺序，对于紧急需求，可集中力量快速拣取。一张订单拣取完毕，货物便配置齐全，配货作业与拣货作业同时完成，简化了作业程序，有利于提高效率。但当商品品种较多时，拣货行走路径加长，拣取效率较低。

(3) 摘果式拣选作业的应用范围。

① 储存的商品不易移动。

② 如果客户需要的商品品种较多，每种商品的数量却较小，肯定会增加统计和共同取货的难度，采取其他方式配货时间太长，而利用该分拣方式能起到简化作用。

③ 按单拣选适合订单大小差异较大、订单数量变化频繁、商品差异较大的情况，如化妆品、家具、电器、百货、高级服饰等。

④ 用户不稳定，波动较大，不能建立相对稳定的用户分货货位，难以建立稳定的分货路线。在这种情况下，宜采用灵活机动的拣选方式，用户少时或用户很多时都可以采取这种拣选方式。

⑤ 在用户之间共同需求差异较大的情况下，统计用户共同需求，将共同需求一次取出再分给各用户的办法无法实行。在有共同需求，又有很多特殊需求的情况下，采取其他配货方式容易出现差错，而采取一票一拣方式便有利得多。

⑥ 在有紧急的、有限定时间的情况下，采用拣选式工艺可有效地调整拣选配货顺序，满足不同的时间需求，尤其对于紧急的即时需求更为有效。因此，即使是以其他工艺路线为主，仍然需要辅以拣选式路线。

传统的仓库改造为配送中心，或新建的配送中心初期运营时，拣选式配货工艺可作为一种过渡性的办法。

2) 播种式拣选作业

播种式拣选作业又称为“分货式”“批量分拣”，是把多张订单集合成一批，按照商品品种将数量汇总后进行拣取，之后按照客户订单做分类处理的拣选作业方法。

(1) 播种式拣选作业的流程。

播种式类似于田野中的播种操作。将多张订单集合成一批，先将需要配送数量较多的同种商品从储存货位取出，集中搬运到发货区，然后组配机械在各个客户的发货位间移动，并依次将各个客户需要的该类商品按照要求的数量分出来。这样，每巡回一次，就将某一种商品分到若干个需要该类商品的客户发货位上。如此反复，直到将每个客户需要的各种商品都配齐，就完成了一次配货作业任务。用户货位固定，分货人员和工具相对运动，又称为“分货式”“批量分拣”。

与摘果式拣选作业方式相比，播种式拣选作业方式可以提高配货速度，节约配货的劳动消耗，提高作业效率。尤其是当需要配送的客户数量很多时，采用播种式作业能够取得更好的效果。

(2) 播种式拣选作业的特点。

播种式拣选作业由于将客户订单集中起来进行拣取，所以有利于进行拣取路径规划，减少不必要的重复行走。但其计划性较强、规划难度较大，容易发生错误。

(3) 播种式拣选作业的应用范围。

客户需要的商品种类较少、每种商品的需要量不大。

批量拣取适合订单变动较小，订单数量稳定，外形较规则、固定的商品出货。

需进行流通加工的商品也适合批量拣取，再批量进行加工，然后分类配送，采取此种方式有利于提高拣货效率及加工效率。

连锁企业内部的配送中心，用户都是自营的门店，用户稳定，且用户数量较多。各用户需求具有很强的共同性，差异较小，在需求数量上有一定的差异，但需求的种类差异很小。为了配合批次作业，可以要求门店按品类和货架商品群定期向配送中心补货。

所有货物分放完毕后，需要对每个用户的货物进行统计，因此适用于用户需求种类有限，易于统计和不至于分货时间太长的情况。

用户配送时间要求没有严格限制或轻重缓急的情况。

(三)拣选作业策略

拣选策略是影响拣选作业效率的关键，主要包括分区、订单分割、订单分批、分类四个因素，这四个因素相互作用可产生多个拣选策略。

1. 分区

分区是指将拣货作业场地进行区域划分，主要的分区原则有以下三种。

(1) 按拣货单位分区。如将拣货区分为箱装拣货区、单品拣货区等，基本上这一分区与存储单位分区是相对应的，其目的在于将存储与拣货单位分类统一，以便拣取与搬运单元化。

(2) 按物流量分区。这种方法是按各种货物出货量的大小以及拣取次数的多少进行分类，再根据各组群的特征，决定合适的拣货设备及拣货方式。这种分区方法可以减少不必要的重复行走，提高拣货效率。

(3) 按工作分区。这种方法是指将拣货场地划分为几个区域，由专人负责各个区域的货物拣选。这种分区方法有利于拣货人员记忆货物存放的位置，熟悉货物品种，缩短拣货所需时间。

2. 订单分割

当订单所订购的商品种类较多，或设计一个要求及时快速处理的拣货系统时，为了能在短时间内完成拣货处理，需要将一份订单分割成多份订单，交给不同的拣货人员同时进行拣货。要注意的是：订单分割要与分区原则结合起来，才能取得较好的效果。

3. 订单分批

订单分批是将多张订单集中起来进行批次拣取的作业。订单分批的方法有多种。

(1) 按照总合计量分批。在拣货作业前将所有订单中订货量按品种进行累计，然后按累计的总量进行拣取，其好处在于可以缩短拣取路径。

(2) 按时窗分批。在存在紧急订单的情况下可以开启短暂而固定的5或10分钟的时窗，然后将这一时窗的订单集中起来进行拣取。这一方式非常适合到达间隔时间短而平均的订单，常与分区以及订单分割联合运用，不适宜订购量大以及品种过多的订单。

(3) 固定订单量分批。在这种分批方法下，订单按照先到先处理的原则，积累到一定量后即开始拣货作业。这种分批方法可以维持较稳定的作业效率。

(4) 智能型分批。订单输入计算机后，将拣取路径相近的各订单集合成一批。这种方法可以有效减少重复行走的距离。

4. 分类

如果采用分批拣货策略，还必须明确相应的分类策略。

分类的方法主要有两种：一是在拣取货物的同时将其分类到各订单中；二是集中分类。先批量拣取，然后再分类，可以用人工集中分类，也可以用自动分类机进行分类。

三、形成拣选资料

(一)处理拣选信息

拣选信息是指根据客户订单的相关资料，及时准确地为拣货人员提供拣货作业所需要的信息，以保证拣货人员在既定拣货方式下正确而迅速地进行拣货作业。拣货信息是拣货作业规划设计中极为重要的一环，是拣货人员的指示依据，也是拣选作业的源动力。

拣货信息是拣货作业的指令。拣货信息的作用在于指导拣货作业的进行，使拣货人员正确而迅速地完成拣货工作。拣货作业的依据是顾客的订单或其他送货指令，因此，拣货信息最终来源于顾客的订单。拣货信息既可以通过手工单据来传递，也可以通过其他电子设备和自动拣货控制系统传输。

1. 订单传票

订单传票即直接利用客户的订单，或以配送中心送货单来作为拣货指示凭据。这种方法适合订单订购品种比较少、批量较小的情况，经常配合单一订单拣取方式。订单在传递和拣货过程中易受到污损，可能导致作业过程发生错误，而且订单上未标明货物储放的位置，靠作业人员的记忆拣货，影响拣货效率。

2. 拣货单传递

拣货单传递是目前最常用的拣选方式。拣货单传递拣货信息，是将原始的客户订单输入计算机，进行拣货信息处理后，生成并打印出拣货单，作业人员据此拣货。产品的储位编号显示在拣货单上，同时可按路径先后次序排列储位编号，引导拣货员按最短路径拣货。采用拣货单传递拣货信息，其优势在于：经过处理后形成的拣货单上所标明的信息能更直接、更具体地指导拣货作业，提高拣货作业效率和准确性。但处理、打印拣货单需要一定成本，而且必须尽可能防止拣货单据出现误差。

3. 贴标签

标签可以取代拣货单。标签上印有物品的名称、位置、数量和价格等信息。标签的数量等于拣取量，在拣取的同时贴标签于货物上，以作为确认数量的方式。因货物和标签同步前进，利用扫描器读取货品的条码，错误率极小。

4. 显示器传递

显示器传递是在货架上安装液晶显示器，通过计算机控制，显示该货位应该拣取货物的数量。这种方式可以安装在重力式货架、托盘货架、一般货物棚架上。显示器传递方式可以配合人工拣货，防止拣货错误，加快拣货人员的反应速度，提高拣货效率。

5. 条码

条码被贴附在物品或货箱表面上，经过扫描器阅读，计算机解码，把“线条符号”转变成“数字符号”，便于计算机进行信息处理。

条码是商品从制造、批发到销售过程中自动化管理的符号。通过条码扫描器自动读取，不但能准确、快速地掌握商品信息，而且可提高库存管理精度，是一种实现商品管理现代化、提高物流效率的有效方法。例如，通过条码扫描器读取表示货架位置号码的条码后，什么货物放在何处保管的信息就可立即得到。

6. 无线通信传递

把无线电识别器安装在移动设备(叉车或堆垛机等)上，同时把接收和发射电波的 ID 卡或电子标签等信息的反应器安装在货物或储位上，当无线电识别器接近货物时，就会立即读取货物或储位上的信息，通过识别电路传给计算机。

例如，若将 ID 卡安装在托盘上，而把无线电识别器安装在堆垛机上。当堆垛机接近托盘时，托盘上的信息就会被无线电识别器读取并传递给计算机。

7. 计算机随行指示

在堆垛机或台车上安装辅助拣货的计算机终端，在拣货之前把拣货信息输入计算机，拣货人员根据计算机显示和引导，能迅速而正确地拣取货物。

8. 自动拣货系统信息输入

拣取的动作由自动机械负责，当电子信息输入自动拣货系统后，自动完成拣货工作，无须人工介入。这是世界上最先进的拣货系统，是物流拣货设备研究发展的方向。

(二)输出拣选清单

拣选清单是配送中心将客户订单资料进行计算机处理，生成并打印出拣选单。拣选单上标明储位，并按储位顺序来排列货物编号，作业人员据此拣货可以缩短拣货路径，提高拣货作业效率。拣选单格式如表 3-2 所示。

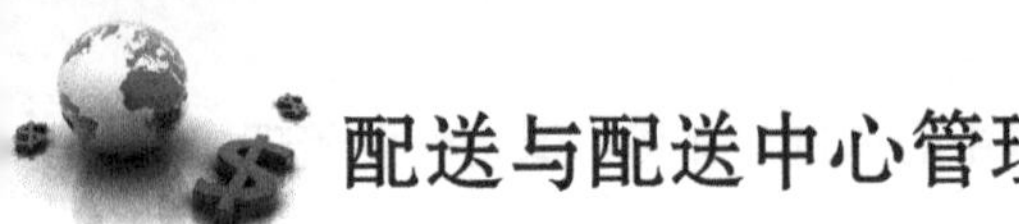

表 3-2 拣货单

拣货单编号________________

订货单位		联系人			联系电话	
拣货日期					拣货人	
核查时间					核查人	
储位号	货品编号	货品名称	规格型号	单 位	数 量	备 注
备注						

四、确定拣选路径、拣取商品

配送中心根据拣选单所指示的商品编码、储位编号等信息，能够明确商品所处的位置，确定合理的拣货路线，安排拣货人员进行拣选作业。

顺序拣货路径是一种最为常见的拣货路径，是指按商品所在货位号的大小从储存区域的入口顺序来确定拣货路径。按这种拣货路径，拣货人员首先拣取储存区域内某一通道上所有的产品，拣货人员从通道的一端向另一端行进时，下一个要拣出的产品的货位离上一个最近，这样走完全程就能一次性地把所有商品拣出。按这种拣货路径拣货的优点是缩短拣货员的拣货时间和拣货路程，减少疲劳和拣货误差，提高拣货效率，如图 3-2 所示。

经过拣取的商品根据不同的客户或送货路线分类集中，有些需要进行流通加工的商品还需根据加工方法进行分类，加工完毕再按一定方式出货。多品种分货的工艺过程较复杂，难度也大，容易发生错误，必须在统筹安排形成规模效应的基础上，提高作业的精确性。在物品体积小、重量轻的情况下，可以采取人工分拣，也可以采取机械辅助作业，或利用自动分拣机自动将拣取出来的货物进行分类与集中。

拣选作业是一项非常繁重的工作，尤其是面对零售业多品种、少批量的订货，配送中心的劳动量大大增加，若无新技术的支撑将会导致作业效率下降。理想的拣货作业应该具有以下七个要点。

(1) 不要等待——零闲置时间。

(2) 不要拿取——零搬运(多利用输送带、无人搬运车)。

(3) 不要走动——动线的缩短。

(4) 不要思考——零判断业务(不依赖熟练工)。

(5) 不要寻找——储位管理。

(6) 不要书写——免纸张(paper-less)。

(7) 不要检查——利用条码由计算机检查。

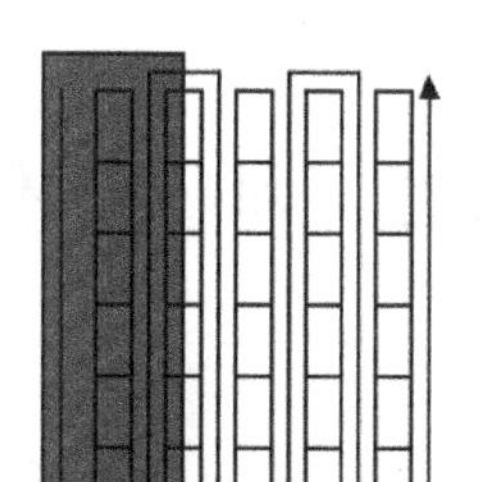

图 3-2　顺序拣货路径示意图

【任务实施】

如何制订分拣方案？

(1) 明确分拣对象的特性和储存位置。

(2) 确定合适的分拣方法。

(3) 确定成员在实施分拣过程中的责任。

(4) 制定分拣单。

(5) 制订详细的分拣方案。

(6) 实施分拣。

【任务总结】

通过完成“制订分拣方案”任务，让同学们深入了解分拣作业的基本流程及主要的分拣方法；并认真讨论与总结，培养学生分析问题、解决问题的能力。

【任务实训】

不同分拣方法运用调研

请对现实生活中的超市、配送中心等实体的分拣活动调研，选定某一实例，分析总结其分拣方法，完成 PPT 制作与汇报。

考核标准：

分拣方法分析正确 (10 分)	资料搜集翔实 (50 分)	汇报表达 (40 分)	总分 (100 分)

任务二　补 货 作 业

【任务描述】

智能补货消除库存隐患

A 公司是国内一家著名的大型连锁超市，在全国各大城市有不少门店。A 公司多年前花费巨资建设的以 POS 管理系统为中心的信息系统在公司规模扩展的过程中发挥了重要作用。但近年来，随着各国零售巨头纷纷在国内开展大型超市业务，A 公司面临巨大的市场竞争压力。

1. 仅有 POS 系统太局限

随着市场竞争的加剧，以 POS 管理系统为中心的信息系统，虽然具备了进销存管理的功能，但应用范围仅局限于企业的内部，不能和供应商之间共享信息。信息系统内部大量的商业数据没有得到有效应用，有价值的信息不能及时传递给供应商，形成一个个信息“孤岛”。公司内部信息系统的功能远远没有发挥出来。

以前，A 公司订货补货采取的是传统的电话传真方式，费用高、效率低。这种方法采用人工手段传递信息，信息传递速度慢，过程长，有时会出现人为的信息“贪污”的情况，满足不了企业规模发展和外部市场竞争的需要。此外，订货过程中打印的单据太多，非常浪费。而与供应商的电话和传真的沟通成本也非常高，订单流转不流畅。随着 A 公司规模的扩大，门店越来越多，而且分布分散，内部沟通不畅、人员工作效率低下；物流周转慢，供应商、客户、员工，怨声载道……这一系列问题严重地影响了 A 公司的发展。

A 公司的高层逐渐地认识到必须改变现有的经营模式才能突破窘境。然而，现有信息系统已经不能满足公司的发展和市场竞争的需要。为了适应新模式的改变，支撑新的业务模式，公司决定改造现有系统，建立和供应商的信息共享机制。智能补货系统就成了此次系统改造的重点。

2. 实时共享，补货任务前移

智能补货系统的基本思想是在销售门店和供应商及配送中心之间，通过无线网络建立实时的库存信息共享机制。当销售门店的商品库存低于最低库存量时，立即自动向供应商或配送中心发出订货补货信息。

智能补货系统改变了 A 公司的现有补货模式，解决了诸多难题。首先，通过快速的消费者需求响应、信息的实时传递和实时处理，改变了以前的工作模式。通过连续性的补货方法，降低了库存量，从而彻底解决了 A 公司以前高库存和高缺货率的难题，使原有的信息系统的大量数据得到充分应用。智能补货系统使得各成员在供应链中互享信息，可以维持长久稳定的战略合作伙伴关系。

其次，智能补货系统能够帮助供应商更好地安排计划，使供应商对其所供应的所有门类的货物及在其销售门店的库存情况了如指掌，从而自动跟踪补充各个销售门点的货源，提高了供应商供货的灵活性和预见性。

智能补货系统使得A公司和供应商之间建立起一种良好的互动关系，形成互助的商业生态系统。一种商品一旦被大量采购，就会促使该商品的制造商大量生产此种商品，也会使该商品在供应链中快速流动起来。随着供应链管理的进一步完善，补货到销售门店的责任如今已从A公司逐步转移到了供应商的身上。对于供应商来说，掌握了销售门店的销售量和库存，可以更好地安排生产计划、采购计划和供货计划，这是一个互助的商业生态系统。

为了快速反映客户降低库存的要求，供应商通过与A公司缔结伙伴关系，主动向A公司频繁交货，并缩短从订货到交货之间的时间间隔。这样就可以降低整个货物补充过程(从工厂到门店)的存货，尽量切合客户的要求，同时减少存货和生产波动。

思考：A公司智能补货系统有哪些好处呢?

【任务驱动】

(1) 补货作业的目的是什么?

(2) 如何确定补货的时机?

(3) 确定补货时机的方式有哪些?

【任务资讯】

一、补货作业的目的与类型

(一)补货作业的目的

补货作业是指在配送中心的存货低于设定标准时而发出存货再订购指令的作业活动，或者是拣货区的存货低于设定标准的情况下，将货物从仓库保管区域运到拣货区的作业活动。

补货作业的目的是确保存货中的每一种商品都在目标服务水平下达到最优库存水平，或是为了将正确的商品在正确的时间、正确的地点，以正确的数量和最有效的方式送到指定的拣货区，确保拣货区随时有货可拣，是保证充足货源的基础，能够及时满足客户订货出货的需要，提高拣货的效率。

(二)补货类型

在配送中心所有作业中，补货作业和拣货作业前后相连，紧密结合。提高补货作业的运作效率对改善配送中心的物流运作效率发挥着越来越重要的作用。根据配送中心的物理配置，和储存策略的不同，补货作业可分为多种类型。

1. 流动补货

将货物从保管区移至流动式货架，由流动货架向商品拣选作业区进行补货。

2. 移动补货

将货架的上层作为储存区，下层作为拣货区，商品由上层货架向下层货架补货。

二、选择补货方式

补货的目的是拣货，为拣货提供货源，拣货作业的效率与补货作业密切相关，所以补货是为支持拣货。支持拣货的补货主要有以下方式。

(一)按每次补货量划分

按每次补货量区分，补货方式有整箱补货、整托盘补货和货架上层向货架下层补货三种方式。

1. 整箱补货

由货架保管区补货到流动货架的拣货区。在这种补货方式下，保管区为货架储放，拣货区为两面开放式的流动拣选货架。拣货时拣货人员在流动货架拣取单品放入周转箱后，由输送机将货品运至出货区。当拣货区的存货低于标准时，即开始补货。作业人员到货架保管区取货箱，使用手推车或电动堆高机载至拣货区，从流动货架的后方(非拣取面)补货。这种补货方式适合体积小且少量多样出货的货品。

2. 整托盘补货

(1) 由地板堆叠保管区补货至地板堆叠拣货区。在这种补货方式下，保管区以托盘为单位地板平置堆叠储放，拣货区也以托盘为单位地板平置堆叠储放，不同之处在于保管区的面积较大，储放货品量较多，而拣货区的面积较小，储放货品量较少。拣取时拣货人员于拣货区拣取托盘上的货箱，放至中央输送机出货；或者使用堆高机将托盘整个送至出货区。当拣货区的存货低于标准时，即开始补货。作业人员使用堆高机由托盘平置堆叠的保管区搬运托盘至同样平置堆叠的拣货区。这种补货方式适合体积大或出货量多的货品。

(2) 由地板堆叠保管区补货至托盘货架拣货区。这种补货方式下，保管区以托盘为单位地板平置堆叠储放，拣货区则以托盘货架储放。拣取时拣货人员在拣货区搭乘牵引车拉着笼车移动拣货，拣取后再将推车送至输送机轨道出货。一旦拣货区的库存低于标准，即开始补货。作业人员使用堆高机从保管区搬运托盘货物，送至拣货区托盘货架上储放。这

种补货方式适合体积中等或中量(以箱为单位)出货的货品。

3. 货架上层向货架下层的补货

这种补货方式下，保管区与拣货区属于同一货架，也就是将货架上两手方便拿取的地方(中下层)作为拣货区，不容易拿取的地方(上层)作为保管区。进货时将拣货区放不下的多余货箱放至上层保管区。当拣货区的库存低于标准时，即开始补货。可以利用堆高机将上层保管区的货品搬至下层拣货区补货。这种补货方式适合体积不大且出货多属中小批量(以箱为单位)的货物。

(二)按照补货周期划分

按照补货周期分，补货方式有批组补货、定时补货和随机补货三种方式。

1. 批组补货

批组补货是通过计算机查询每天需要的总补货量以及存货区存货量的情况，将补货量一次性补足的方式。比较适合一天内作业量变化不大、紧急插单少或是每批次拣货量大的情况。

2. 定时补货

定时补货是每天规定几个时点，补货人员在这几个时段内检查拣货区的存货情况，若货架上的存货已经降到规定水平以下，则立即进行补货。这种方式适合于拣货时间固定且紧急情况较多的配送中心。

3. 随机补货

随机补货是配送中心设定专门的补货人员，随机检查拣货区存货状况，发现不足则立即补货。这种方式适合每批次补货量不大但紧急插单多、不确定性大的情况。

(三)其他补货方式

其他补货方式有直接补货、复合式补货及自动补货。

1. 直接补货

直接补货是补货人员直接在进货时将货物运至拣货区，货物不再进入保管区的补货方式。对于一些货物周转非常快的中转性配送中心，直接补货方式是常用的补货方式。

2. 复合式补货

复合式补货是拣货区的货物采取同类货物相邻放置，保管区采取两阶段的补货方式。第一保管区为高层货架；第二保管区位于拣货区旁，是一个临时保管区。补货时货物先从

第一保管区移至第二保管区。等拣货区存货降到设定标准以下时，再将货物从第二保管区移到拣货区，由拣货人员在拣货区将货物拣走。

3. 自动补货

自动补货是在一些自动仓库中，通过计算机发出指令，货物被自动从保管区送出，经过扫描商品及容器条码后，将商品装入相应的容器，然后容器经输送机被运到旋转货架进行补货。

三、选择补货时机

补货主要是为拣货做准备，因此补货作业的发生与否主要看动管拣货区的货物存量是否符合需求。究竟何时补货要看动管拣货区的存量，以避免出现在拣货中才发现动管区货量不足需要补货，而影响整个拣货作业。

(一)确定补货时机

1. 确定现有存货水平

对现有存货水平的检测是配送中心补货系统工作的起点。因为只有准确地知道现有存货的水平，才能确定需要补充多少存货。对现有存货的监测主要有两种方法：定期和连续检测方法。定期检测是按照一定的周期对存货进行检查的方法，周期的具体确定可以依据实际情况而定，可以是几天、一周或一个月检测一次。连续检测要求存货管理者要连续记录存货的进出，每次存货处理后都要检测各产品的数量。

2. 确定订购点

订购点是补货系统的启动机制。在订购点补货系统中，只要现有库存水平低于指定的订购点，就立即发出补货指令。订购点的确定要考虑前置期库存需求以及安全库存的需要。订购点存货水平=前置期内预计需求+安全库存。换言之，订购点存货水平由两部分相加组成，一是在等待存货补充订购到达(前置期)期间满足预计顾客需求所需的足够存货；二是应付供需变化的保守存货(安全库存)数量。

3. 确定订货数量

订购点确定下来以后，补货系统还要决定订购的数量。订购数量的确定有多种方法，可以根据以往经验确定或按经济订货批量模型(EOQ)得出。在不同的补货系统中，订货数量可以是固定的，也可以是变动的。一般来讲，在固定周期订货条件下，订货周期是不变的，但订购点的现有存货水平可能是变动的，每次订货的数量也可能是变动的。固定批量订货则正好相反，订购点的现有存货水平是固定的，即都处于订购点存货水平，每次订货量是

固定的，订货周期却是变化的。另外，固定订货周期法由于按期订货，所以在订货间隔期和前置期内可能发生缺货现象；固定批量订货由于随时监控库存水平，库存水平一旦达到订购点即发出订单，所以一般不会缺货。

4. 发出采购订单和进行补货作业

订购点和订货数量确定下来以后，补货系统的最后一个程序就是对需要补充库存的存货种类发出采购订单，进行补充库存的订货。另外还要根据拣货作业的要求，对于拣货区需要补充的存货进行补充，也就是将存放在储存区的存货转移到拣货区。

(二)选择补货时机

补货作业的时机要考虑拣货区的货物数量是否符合需求，以避免拣货途中才发觉拣货区的货量不够，同时还要考虑临时补货对整个出货作业的影响。对于补货时机的掌握有批次补货、定时补货、随机补货三种方式，企业应结合自身实际做出决策。

1. 批次补货

在每天或每一批次拣取前，经由计算机计算所需货物总拣取量，检查拣选的库存量，计算差额并在拣货开始前补足货物。这是一次补足的补货原则，比较适合一日内作业量变化不大，紧急订单不多，或是每次拣取量大，要事先掌握情况的公司。

2. 定时补货

将每天划分为若干个时段，补货人员于时段内检查拣货区的货物存量，若不足即马上将货架补满。这是定时补足的补货原则，比较适合分批拣货时间固定，且紧急处理时间也固定的公司。

3. 随机补货

随机补货是一种指定专人从事补货作业的方式，即指定专门的补货人员，随时巡视拣货区的货物存量，有不足随时补货。这是不定时补货的原则，比较适合每批次拣取量不大，紧急订单多，一日内作业量不易事前掌握的公司。

四、补货作业流程

补货作业是将货物从仓库保管区域搬运到拣货区的工作。一般以托盘为单位的补货，即使是以箱为保管单位，补货流程亦大致相同，如图 3-3 所示。

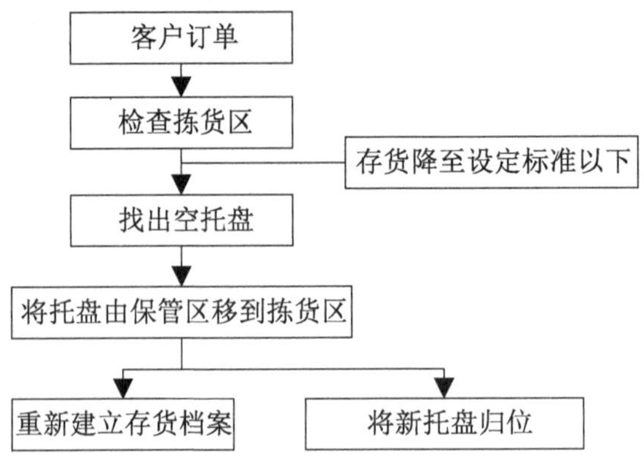

图 3-3　补货作业流程图

五、几种常用的补货技术

(一)人工视觉检测补货技术

人工视觉检测补货技术相对简单，它通过直接检查现有存货的数量来决定是否补货。使用这种方法，只要对存货进行定期的视觉检查并事先确定补货的规则，就可以进行补货了。如补货规则规定存货箱半空或只有两盘存货时就应补货，那么巡视人员在定期检查中首先应将符合补货规则的存货种类挑出来，然后填制补充订货购置单，交给采购部门审核采购就可以了。一般来讲，对数量小、价格低、前置期短的产品，使用人工视觉检测补货系统非常有效。这种系统的基本优势是存货记录和雇员培训的成本最小；其劣势在于没有办法确保产品得到适当的定期检测，不能及时反映由当前供给、需求和前置期的变化造成的过度存货或缺货，随机反应比较迟钝。

(二)双箱补货系统

双箱补货系统技术是一种固定数量的补货系统。存货放到两个箱子(或其他形式的容器)里，其中一个放在分拣区，另一个放到库房存储区保存起来。当分拣区的箱子空了，库存区的箱子就被提到前面来满足顾客需求。空箱子起到了补货驱动器的作用。每箱所要求的数量是在等待补货到达期间服务于需求所必需的最小库存。当新的采购量到达后，先放进箱子，存到存储区，等到分拣区的箱子空了，再将其移到分拣区，这样循环往复。双向系统原来是为控制流转速度快的低质商品(如螺丝)而设计的订货和补货方法，其优势是处理简便，其劣势在于不能及时地对市场的变化做出适当的反应。

(三)定期检测补货系统

在定期检测订购系统中，每一种产品都确定有一个固定的检测周期，检测结束时做出下一步的产品补货订购决策。只要能够满足产品需求，检测周期可以按天、周、月或季度来确定。这种方法也叫作固定周期/可变订购量系统。使用这种方法有许多优势，它不需要连续做存货记录，成本也不高。另外，这种系统还可保持人工操作，不必使用计算机。定期检测适用于一些总数巨大、种类繁多的存货，如一些零配件配送中心。

(四)订购点补货系统

订购点补货系统是系统事先为每一种存货确定一个固定的存货水平，这个固定的存货水平就是订购点存货水平。当产品的存货数量降至订购点存货水平时，由系统产生订货推荐值，使订货水平上升到订购点以上。订单推荐值可以人工确定，也可以使用经济订购量(EOQ)，但订货推荐值一般是固定不变的，订货间隔可以变化，因此这种方法也被称作固定订购量/可变周期系统。订购点补货技术需要严格的、连续的库存交易控制。对产品进行接受、调整、报废、装运、转移等操作时，为了向规划者提供当前的存货结余，企业的存货控制部门必须做详细的记录。

(五)配送需求计划 DRP 系统

与上述方法或经验方法不同，DRP 是计算机化的管理工具，它以优先序列、时间阶段的方法，通过接触顾客并预测需求来对存货进行规划。这种技术也被称为时间阶段订购法。DRP 方法的最大优势在于能及时地将供给与预期需求相匹配，以此决定订购行为。当需求超过供给的时候，系统会提醒规划者根据预先确定的批量规模订购产品，并使之在预期发生缺货的时候能保证供应。此外，DRP 系统运行过程中，系统将不断重新调整供给与需求的关系，为订购者提出一套新的需求订购方案。

【任务实施】

A 公司的智能补货系统是如何改变 A 公司的现有补货模式的？

(1) 认真分析 A 公司原有补货模式。

(2) 认真分析 A 公司智能补货系统运作模式。

(3) 讨论与总结 A 公司智能补货系统的好处。

实时共享，补货任务前移。智能补货系统的基本思想是在销售门店和供应商及配送中心之间，通过无线网络建立实时的库存信息共享机制。当销售门店的商品库存低于最低库存量时，立即自动向供应商或配送中心发出订货补货信息。

【任务总结】

在“补货作业”的任务中，通过一个具体学习任务认识到什么是补货作业，配送中心为什么会有补货作业存在以及具体的补货作业流程是什么。通过对这些资讯的学习，掌握配送中心常用的补货方式和补货时机的选择，熟练进行补货作业操作。

【任务实训】

超市货架补货

请对现实生活中超市补货行为进行调研，选定某一实例，分析总结超市是如何进行补货作业的，并完成PPT制作与汇报。

考核标准：

流程分析正确 (10分)	资料搜集翔实 (50分)	汇报表达 (40分)	总分 (100分)

任务三　退 货 作 业

【任务描述】

城市物流中心为美美化妆品公司提供仓储服务。2015年12月8日，城市物流中心第二库房向美美化妆品公司以送货的方式发出一批货品，其中具体内容为：香水JQ-WM120和JQ-WM80各20箱。美美在接收货品时，发现货品(型号为JQ-MH120)与自己订单内容不符，要求将货品退回。作为城市物流中心的一名仓管员，请完成客户货品退货入库作业。

【任务驱动】

完成此任务，需要明确以下几个问题。

(1) 配送中心发生退货的原因主要有哪些？

(2) 退货作业处理的原则与方法有哪些？

(3) 退货作业需要哪几个环节？

【任务资讯】

一、物品退货作业的含义和原因

(一)物品退货的含义

退货作业是指在完成物流配送活动中，由于配送方或用户方关于配送物品的有关影响因素存在异议而进行的逆向物流活动。退货管理不仅包括需要快速地再储存和再销售的产品，还包括需要修理、整修的产品，以及根据环保要求需要安全处理的产品，这些产品往往有保修卡，所有的退货不能以同样的方式处理。

(二)物品退货的原因

配送中心在配送过程中，遇到交货中或交付后，由于货物包装破损、质量状况、保质期问题、配送商品与订购商品数量、质量不符等情况时，会产生退货。退货会对配送中心造成不良影响，增加配送中心的成本，降低顾客的信誉度和忠诚度，因此在接到退货时应认真分析原因，妥善处理退货的问题。

物品发生退货或换货的原因通常主要有以下几种。

1. 协议退货

与配送中心订有特别协议的季节性商品、试销商品、代销商品等，协议期满后，剩余商品仓库给予退回。

2. 有质量问题的退货

对于不符合质量要求的物品，接收单位提出退货，配送中心应给予退换。

3. 搬运途中损坏退货

物品在搬运过程中造成产品包装破损或污染，配送中心应给予退换。

4. 商品过期退回

食品及有保质期的物品在送达接收单位时或销售过程中超过商品的有效保质期，配送中心予以退回。

5. 物品送错退回

送达客户的物品不是订单所要求的物品，如物品条码、品项、规格、重量、数量等与订单不符，都必须退回。

无论哪种原因造成的退货业务，都应该及时填写退货单，见表3-3。

表 3-3　退货单

客户名称：　　　　　　　　　传真单：　　　　　　　　　退货日期：

序　号	货　号	品　名	规　格	数　量	出货单号	退货原因

二、退货作业处理的原则与方法

退货对配送中心最直接的影响就是增加了大量退货，造成货品积压，增加了配送中心的退货成本，影响配送中心的正常运转，降低顾客的忠诚度和信誉度。对退货进行合理的退货管理，制定良好的退货政策，有利于降低退货成本，提高客户的服务水平。同时通过政策的制定，对退货进行严格检验，避免不必要的因退货产生而增加的过多退货成本；通过退货产品的管理，发现产品生产和配送管理过程中的问题，不断改进产品质量和服务水平；通过对不同退货采取不同的处理方式，尽量减少退货。最后，还应积极重新利用退货商品，对于包装问题造成的退货，重新包装；对于质量问题造成的退货，如果质量没有问题，可以重新进入流通市场，降低退货积压，增加流通效率。做好物品的退货管理工作可以建立良好的企业形象，可以提高资源的利用率。

(一)退货作业处理的原则

1. 责任原则

物品发生退货问题，首先要明确产生问题的责任方是谁，是配送中心配送产生的问题，还是客户使用产生的问题。

2. 费用原则

退货的物品在退货过程中会耗费一定的人力、物力、财力，因此除非是配送中心的原因造成的费用，其他若是客户的原因造成的费用应该由客户承担。

3. 条件原则

为了更好地做好退货管理，配送中心应该决定接受哪种程度的退货，或者在何种情况下接受退货，并要有时间规定，如“七天内，退换货”。

4. 凭证原则

配送中心应规定客户凭何种凭证作为退货商品的证明，并说明该凭证得以有效使用的方法。

5. 计价原则

退换货的计价原则与购物价格不同。配送中心应对退换货的作价方法进行说明，通常是按客户购进价与现行价的最低价进行结算。

(二)退货作业处理方法

1. 无条件重新发货

对于因为配送中心造成的发货错误造成的退货，应该由配送中心重新调整后发货，中间造成的费用应该由配送中心承担。

2. 运输单位赔偿

对于运输单位造成的退货，如果运输单位是配送中心内部部门，由内部按照相应政策处理；如果运输单位不是内部部门，则要运输单位承担所有损失。

3. 收取费用，重新发货

对于客户原因造成的退货，如客户申请，配送中心可以重新发货，但产生的费用应该由客户承担。

三、退货处理政策及物品退货的清点

(一)退货处理政策

(1) 配送中心应该制定退货处理规定，建立一定的程序对退货进行处理、检查。

(2) 高层管理部门和人员应该共同参与回收产品的一切活动。

(3) 配送中心应该选派人员专门负责退货事件的处理，专人管理，更好地应对退货事件。

(4) 配送中心应制定一些预防措施。一旦发生退货事件造成法律诉讼事件，则应积极挽救。

(5) 一旦退货，应该立即重新发货，减少客户抱怨，降低损失。

(6) 立即修改会计账目，以免收款或付款错误，造成不必要损失。

(7) 如果有保险公司理赔，应该保留现场证据，立刻通知保险公司，尽量减少损失。

(8) 分析退货原因，为以后改进留下参考。

(二)物品退货的清点

1. 数量清点

一般采取“先卸后验”的办法进行数量的清点。注意清点商品的数量，货品有无损伤等。

2. 质量检验

对于退回的商品可以首先进行初验，如在验收流质商品时，检查包装外表有无污渍，若有污渍，开箱检查；在验收香水、花露水等商品时，可以闻一闻，判断商品气味是否正常；在验收针织品等怕湿物品时，可检查外包装是否有水渍；注意商品的出厂日期和有效期；在验收易碎商品时，摇动一下，若发现破碎声音，应开箱检查，明确责任。商品初验后，可以再通过物理、化学、微生物检验等办法进一步明确商品的质量。

3. 包装检验

包装检验主要是检验商品的内外包装是否完好、标识是否清晰、条码是否清楚等。

四、物品退货作业处理操作

1. 接受退货

仓库接受退货要有规范的程序与标准，如什么样的货品可以退，由哪个部门来决定，信息如何传递等。仓库的业务部门接到客户传来的退货信息后，要尽快将退货信息传递给相关部门，运输部门安排取回货品的时间和路线，仓库人员做好接收准备，质量管理部门人员确认退货的原因。一般情况下，退货由送货车带回，直接入库。批量较大的退货，要经过审批程序。

2. 重新入库

对于客户退回的物品，仓库的业务部门要进行初步的审核。由于质量原因产生的退货，要放在为堆放不良品而准备的区域，以免和正常物品混淆。退货物品要进行严格的重新入库登记，及时输入企业的信息系统，核销客户应收账款，并通知物品的供应商退货信息。

3. 财务结算

退货发生后，给整个供应系统造成的影响是非常大的。例如，对客户端的影响、仓库在退货过程中发生的各种费用、物品供应商要承担相应货品的成本等。如果客户已经支付了物品费用，财务要将相应的费用退给客户。同时，由于销货和退货的时间不同，同一货物价格可能出现差异，同质不同价、同款不同价的问题时有发生，故仓库的财务部门在退

货发生时要进行退回物品货款的估价，将退货物品的数量、销货时的物品单价以及退货时的物品单价信息输入企业的信息系统，并依据销货退回单办理扣款业务。

4. 跟踪处理

退货发生时，要跟踪处理客户提出的意见，还要统计退货发生的各种费用。应通知供应商退货的原因并退回生产地或履行销毁程序。退货发生后，首先要处理客户端提出的意见。由于退货所产生的物品短缺、对质量不满意等客户端的问题是业务部门要重点解决的。退货所产生的物流费用比正常送货高得多，所以要认真统计，及时总结，将此信息反馈给相应的管理部门，以便指定改进措施。退货仓库的物品以及退货的所有信息要传递给供应商，如退货原因、时间、数量、批号、费用、存放地点等，以便供应商能将退货物品取回，并采取改进措施。

五、退货单的缮制与填写

退货单的缮制与填写如表 3-4 所示。

表 3-4　退货单

客户名称：　　　　　　　　传真单：　　　　　　　　退货日期：

序　号	货　号	品　名	规　格	数　量	出货单号	退货原因

登账：　　　　　　点收：　　　　　　　　主管：　　　　　　　　退货人：

【任务实施】

完成美美化妆品公司 20 箱香水(JQ-WH120)(订单号：LY0090003)的退货作业。

(1) 认真核对商品及订单信息，分析退货原因。

(2) 按照退货处理原则，确定退货方法。

(3) 填制退货单据。

(4) 完成退货作业，并跟踪相关信息。

【任务总结】

在“退货作业”的任务中，通过一个具体学习任务认识到物品退货的原因及物品退货的处理原则，以及退货处理政策。通过对这些资讯的学习，掌握退货、补货作业的流程，熟练进行退货作业操作。

【任务实训】

制订退货方案

2015 年 12 月 20 日，城市物流中心在进行库存检查时，发现美美化妆品有限公司存贮的 200 箱 JQ-MH220 型号的香水已经过期。城市物流中心在发现问题后以传真的形式通知了美美公司，并提出退货请求。请为该批货物制订退货方案。

考核标准:

计划制订思路清晰 (20 分)	要点准确 (40 分)	方案实施正确、快速 (40 分)	总分 (100 分)

项 目 总 结

本项目介绍了配送中心的拣选、补货及退货作业的相关知识，通过三个任务的组织和实施，使学生能够熟练地掌握拣选、补货及退货作业技能，初步具备配送中心相关操作能力，培养学生的知识应用与问题解决能力。

项 目 测 试

一、填空题

1. 拣选作业就是______________________________。

2. 摘果法适用于________、________订单的处理及订单大小差异较大、订单数量变化频繁、商品差异较大的情况。

3. 一般而言，拣选单位可分成________、________、________、________四种。

4. 补货作业的目的是保证拣货区________，确保配货区________。

5. 补货作业是指以________为单位，货物从货物保管区被移到另一个作为按订单拣取用的动管拣货区，然后将此移库作业做库存信息处理。

二、单项选择题

1. 为使拣货员有效进行作业，必须首先将(　　)。
   A. 客户分类　　B. 原始传票转换成拣货单
   C. 物品分类　　D. 送货单输入成拣货单
2. 货物在货位上，拣货员将每个客户的货物从货位上取走的取货方式是(　　)。
   A. 分类拣取　　B. 复合拣取　　C. 播种式拣取　　D. 摘果式拣取
3. (　　)比较适合一个工作日内作业量变化不大、紧急插单较少或是每批次拣取量大的情况。
   A. 批次补货　　B. 定时补货　　C. 定量补货　　D. 随机补货
4. 按订单或出库单的要求，从储存场所选出物品，并放置在指定地点的作业是(　　)。
   A. 补货　　B. 拣选　　C. 流通加工　　D. 保管
5. (　　)作业是将货物从保管区运至拣货区的工作。
   A. 理货　　B. 补货　　C. 分货　　D. 配装

三、简答题

1. 简述拣货作业的基本内容。
2. 什么是摘果式拣货？
3. 简述拣货策略的内容。
4. 试述补货时应该注意的问题。
5. 简述补货作业方式及补货时机的选择。

四、综合题

康达公司的订单处理

康达公司是滨海市一家专业从事医药产品批发、零售的大型医药公司。其服务对象为滨海市及周边地区近千家医院、药品零售店。同时，公司拥有注册会员10余万人。公司经营范围覆盖全国600家医药厂商，近6000种医药产品。

公司大胆创新，采用国际先进的配送方式进行产品销售，并为此建立了统一的客户订单处理和仓储配送系统，以达到快速准确处理客户订单，快速配送的服务目标。

对于各类订单，公司采用统一的订单处理流程，将来自各地的购买订单，集中到订单中心进行处理，并由公司配送中心统一进行发货。公司建有一大型药品配送中心，是一个4层的建筑物，每层2000平方米。在配送中心一层，分别设有收货平台和发货平台，以及订单处理中心、管理部等。二层以上为药品存储区。配送中心在一层设有发货组，在存储区

分别有仓库保管员及拣货员。配送中心使用一部货运电梯完成各楼层间的货物的转运、传递工作。

公司目前的订单处理流程是：客户订单生成以后，由订单中心统一进行处理，在订单系统中生成发货单。配送中心接收到系统中的客户发货单后，在仓储系统中生成拣货单。拣货员按照拣货单在各楼层进行拣货，拣货完成后，将拣货单及拣货后的药品，送到一楼的发货组，进行包装发货。拣货员穿梭在各个楼层库位，平均每张订单的拣货时间为 10～20 分钟，工作量非常大。

由于公司销售规模快速扩大，这种订单处理方式也暴露出越来越多的缺点。拣货人员面对大量的客户订单，要一次次穿梭于各层的存储区；由于工作量大，出错的订单增加不少，电梯这时也成为一个制约拣货效率的瓶颈，拣货员和发货组不得不靠加班来处理日益增长的订单。

面对困境，公司的物流管理部门在经过多次考察分析以后，决定采取适当的改进措施，提高拣货效率，减少差错和工作量。

根据以上案例，分析解决以下问题。

1. 请说明订单拣货法和批量拣货法两种拣货方式的具体操作方法。

2. 请比较上述两种拣货法的优缺点。

3. 请结合案例背景，描述并分析案例中配送中心所面临的问题，请运用有关仓储管理的知识，针对问题提出解决方案。

项目四　配送中心流通加工作业

【项目导入】

流通加工是物流活动七个基本功能之一，也是配送中心的重要作业之一，其目的是提高物流速度和物品利用率，增加商品附加价值，更好地满足客户需求。通过对流通加工的认知以及对配送中心流通加工作业的分析，使同学们充分认识流通加工在物流及配送中的重要意义，并能合理利用流通加工，使其真正成为配送中心的重要利润源。

【项目目标】

1. 知识目标

(1) 了解流通加工的概念。
(2) 了解流通加工与生产加工的区别。
(3) 掌握流通加工合理化的途径。
(4) 掌握流通加工在配送中的作用。
(5) 掌握典型流通加工作业的特点。
(6) 掌握包装的基本技术。

2. 技能目标

(1) 能够区分流通加工与生产加工。
(2) 能够进行简单的流通加工作业。
(3) 能够根据企业实际情况制订流通加工合理化的途径。

【项目展开】

为了系统而直观地实现以上项目目标，现将该项目按照以下三个工作任务序化展开。
(1) 流通加工作业认知。
(2) 典型的流通加工作业分析。
(3) 包装认知。

任务一　流通加工作业认知

【任务描述】

建筑工地上，供货商送来了剪切好的钢筋和搅拌好的混凝土。电子城里，我们可以根据自己的需求选择各种配件组装计算机。走进超市，我们可以买到清洗干净的蔬菜、不同等级的肉类以及各种生鲜食品。钢筋是钢厂剪切好的吗？混凝土是水泥厂搅拌好的吗？电子城里的销售商是如何满足消费者的不同需求的？超市里的肉类等级是怎么划分的？蔬菜是何时洗净的？生鲜食品是如何保存的？

流通加工将告诉你这一切是如何实现的。

【任务驱动】

(1) 流通加工是什么？

(2) 通过流通加工可以为企业带来哪些利益？

(3) 如何区分流通加工与生产加工？

(4) 什么样的流通加工才是合理的流通加工？

【任务资讯】

一、流通加工的概念及功能

(一)流通加工的概念

中华人民共和国国家标准《物流术语》(修订版 GB/T 8354—2006)中，关于流通加工的定义是：物品在从生产地到使用地的过程中，根据需要施加包装、分割、计量、分拣、刷标志、拴标签、组装等简单作业的总称。流通加工的目的是提高物流速度和物品的利用率。在物品进入流通领域后，按客户的要求进行的加工活动，即在物品从生产者向消费者流动的过程中，为了促进销售、维护商品质量和提高物流效率，对物品进行一定程度的加工。流通加工通过改变或完善流通对象的形态来实现“桥梁和纽带”的作用。

(二)流通加工的功能

1. 更有效地满足消费需求

现代化生产方式使得生产规模大型化、专业化优势越来越明显。企业通过单品种大批量的生产方式降低成本获取规模经济效益，但同时使得生产过于集中，生产的高度集中化进一步加剧了生产与消费相分离的矛盾。这种分离体现在消费的时间、空间、人以及生产及需求在产品功能上分离四个方面，即生产和消费在不同的时间、空间及群体中，生产与消费的功能不能完全统一。传统的运输、储存和交换只能解决前三个方面的分离，而第四种分离只能通过流通加工来实现。随着网络经济的不断发展，需求个性化的问题越来越突出。因此，单品种大批量的生产模式必须与流通加工结合才能不断满足消费者日益多样化的个性需求。

2. 提高加工效率和材料利用率

流通加工是一种低投入高产出的加工方式，往往以简单加工解决大问题。集中进行流通加工，可以采用技术先进、加工量大、效率高的设备，不但提高了加工质量，而且提高了使用率和加工效率。集中进行加工还可以将生产企业生产的简单规格产品，按照客户的不同要求，进行集中下料，做到量材使用，合理套裁，减少剩余料。同时，可以对剩余料进行综合利用，提高原材料的利用率，使资源得到充分合理的利用。例如，将钢板进行剪板、切裁；钢筋或圆钢裁制成毛坯；木材加工成各种长度及大小的板、方等。集中下料可以优材优用、小材大用、合理套裁，有很好的技术经济效果。实践证明，有的流通加工通过改变装潢使商品档次跃升而充分实现其价值，有的流通加工将产品利用率一下子提高20%～50%，这是采取一般方法提高生产率所难以企及的。

3. 提高物流效率

产品的形态、尺寸、重量有其自身的特性，而每种产品的不同状态对物流效率能产生很大影响。比如，自行车在运输过程中一般是以零件的形态存在的，在进行销售时才进行组装。自行车零件状态比整车状态更便于运输和储存，所以这种流通加工(组装)就可以大大提高物流的效率。因此，对产品进行适当流通加工，可以方便装卸搬运、储存、运输和配送，从而提高物流效率。

4. 促进产品销售

流通加工可以促进产品的销售。在市场竞争日益激烈的条件下，流通加工成为重要的促销手段。例如，将蔬菜、肉类洗净并分出等级以满足消费者的需求。对初级产品和原材料进行加工以满足客户的需要，如将水泥加工成混凝土、将原木或板材加工成门窗、冷拉钢筋及冲制异型零件、钢板预处理、整形、打孔等加工。通过流通加工可以赢得客户信赖，为产品增加附加价值，从而促进销售。

二、流通加工与生产加工的区别

流通加工是流通中的加工，与生产加工既有联系也有区别。流通加工和一般的生产型

加工在加工方法、加工组织、生产管理方面是相似的，区别在于加工的对象及加工程度等不同，其差别体现在五个方面，如表4-1所示。

表4-1 流通加工与生产加工的区别

项　目	生产加工	流通加工
加工目的	交换、消费	流通、消费
加工对象	原材料、零配件、半成品	商品
加工程度	复杂加工、大部分加工	简单、辅助、补充加工
加工附加值	创造价值和使用价值	完善使用价值并提高价值
加工责任人	生产企业	流通企业

(一)加工目的不同

生产加工是为交换和消费而进行的，流通加工是为消费(或再生产)和流通而进行的。这种为流通所进行的加工与直接为消费进行的加工从目的来讲是有区别的，这是流通加工不同于一般生产的特殊之处。

(二)加工对象不同

生产加工的对象是原材料、零配件、半成品。流通加工的对象是进入流通过程的商品，具有商品的属性，以此来区别多环节加工中的一环。因此流通加工的对象是商品。

(三)加工程度不同

生产加工创造的是产品的价值和使用价值，因此加工的复杂程度一般较高。流通加工的程度大多是简单加工，而不是复杂加工。一般来说，生产过程理应完成大部分加工活动，流通加工对生产是一种辅助及补充。

(四)加工附加价值不同

从价值观点看，生产加工的目的在于创造价值和使用价值，而流通加工则在于完善其使用价值，并在不做大改变情况下提高价值。

(五)加工责任人不同

流通加工的组织者是从事流通工作的人，能密切结合流通的需要进行各种加工活动。从加工单位来看，流通加工由商业或物资流通企业完成，而生产加工则由生产企业完成。

三、流通加工类型

根据不同的目的，流通加工具有不同的类型。

(一)为适应多样化需要的流通加工

生产部门为了实现高效率、大批量的生产，其产品往往不能完全满足用户的要求。这样，为了满足用户对产品多样化的需要，同时又要保证高效率的大生产，可将生产出来的单一化、标准化的产品进行多样化的改制加工。例如，对钢材卷板的舒展、剪切加工；平板玻璃按需要规格的开片加工；木材改制成枕木、板材、方材等加工。

(二)为方便消费、省力的流通加工

根据下游生产的需要将商品加工成生产直接可用的状态。例如，根据需要将钢材定尺、定型，按要求下料；将木材制成可直接投入使用的各种型材；将水泥制成混凝土拌和料，使用时只需稍加搅拌即可使用等。

(三)为保护产品所进行的流通加工

在物流过程中，为了保护商品的使用价值，延长商品在生产和使用期间的寿命，防止商品在运输、储存、装卸搬运、包装等过程中遭受损失，可以采取稳固、改装、保鲜、冷冻、涂油等方式。例如，水产品、肉类、蛋类的保鲜、保质的冷冻加工、防腐加工等；丝、麻、棉织品的防虫、防霉加工等。还有，为防止金属材料的锈蚀而进行的喷漆、涂防锈油等措施，运用手工、机械或化学方法除锈；木材的防腐朽、防干裂加工；煤炭的防高温自燃加工；水泥的防潮、防湿加工等。

(四)为弥补生产领域加工不足的流通加工

由于受到各种因素的限制，许多产品在生产领域的加工只能达到一定程度，而不能完全实现终极的加工。例如，木材如果在产地完成成材加工或制成木制品的话，就会给运输带来极大的困难，所以，在生产领域只能加工到圆木、板、方材这个程度，进一步的下料、切裁、处理等加工则由流通加工完成；钢铁厂大规模的生产只能按规格生产，以使产品有较强的通用性，从而使生产能有较高的效率，取得较好的效益。

(五)为促进销售的流通加工

流通加工也可以起到促进销售的作用。比如，将过大包装或散装物分装成适合依次销售的小包装的分装加工；将以保护商品为主的运输包装改换成以促进销售为主的销售包装，

以起到吸引消费者、促进销售的作用；将蔬菜、肉类洗净切块以满足消费者要求等。

(六)为提高加工效率的流通加工

许多生产企业的初级加工由于数量有限，加工效率不高。而流通加工以集中加工的形式，解决了单个企业加工效率不高的弊病。它以一家流通加工企业的集中加工代替了若干家生产企业的初级加工，促使生产水平有一定的提高。

(七)为提高物流效率、降低物流损失的流通加工

有些商品本身的形态使之难以进行物流操作，而且商品在运输、装卸搬运过程中极易受损，因此需要进行适当的流通加工加以弥补，从而使物流各环节易于操作，提高物流效率，降低物流损失。例如，造纸用的木材磨成木屑的流通加工，可以极大地提高运输工具的装载效率；自行车在消费地区的装配加工可以提高运输效率，降低损失；石油气的液化加工，使很难输送的气态物转变为容易输送的液态物，也可以提高物流效率。

(八)为衔接不同运输方式、使物流更加合理的流通加工

在干线运输和支线运输的节点设置流通加工环节，可以有效解决大批量、低成本、长距离的干线运输与多品种、少批量、多批次的末端运输和集货运输之间的衔接问题。在流通加工点与大生产企业间形成大批量、定点运输的渠道，以流通加工中心为核心，组织对多个用户的配送，也可以在流通加工点将运输包装转换为销售包装，从而有效衔接不同目的的运输方式。比如，散装水泥中转仓库把散装水泥装袋、将大规模散装水泥转化为小规模散装水泥的流通加工，就衔接了水泥厂大批量运输和工地小批量装运的需要。

(九)生产—流通一体化的流通加工

依靠生产企业和流通企业的联合，或者生产企业涉足流通，或者流通企业涉足生产，形成对生产与流通加工进行合理分工、合理规划、合理组织，统筹进行生产与流通加工的安排，这就是生产—流通一体化的流通加工形式。这种形式可以促成产品结构及产业结构的调整，充分发挥企业集团的经济技术优势，是目前流通加工领域的新形式。

(十)为实施配送进行的流通加工

这种流通加工形式是配送中心为了实现配送活动，满足客户的需要而对物资进行的加工。例如，混凝土搅拌车可以根据客户的要求，把沙子、水泥、石子、水等各种不同材料按比例要求装入可旋转的罐中。在配送路途中，汽车边行驶边搅拌，到达施工现场后，混凝土已经均匀搅拌好，可以直接投入使用。

四、流通加工的合理化

流通加工是生产加工在流通领域的延续和补充，合理的流通加工可以对生产本身或生产工艺起到补充完善的作用。但是，不合理的流通加工则对整个过程产生抵销效益的负效应。

流通加工合理化的含义是实现流通加工的最优配置，不仅做到避免各种不合理加工，使流通加工有存在的价值，而且做到最优的选择。为避免各种不合理加工现象，对是否设置流通加工环节，在什么地点设置，选择什么类型的加工方式，采用什么样的技术装备等，都需要做出正确抉择。

(一)流通加工环节选择的合理化

流通加工应带有明确的目的性。合理的流通加工可以适应多样化的客户的需求，提高商品的附加值等，过于简单或盲目的流通加工不仅不能解决品种、规格、质量、包装等问题，相反会实际增加了不必要的环节，使其服务水平降低。流通加工环节的合理化应与其加工目的相结合，以配送为目的的流通加工是将流通加工设置在配送点中，一方面按配送的需要进行加工，另一方面加工又是配送业务流程中分货、拣货、配货的环节之一。例如，加工后的产品直接投入配货作业，这就无须单独设置一个加工的中间环节，使流通加工有别于独立的生产，而使流通加工与中转流通巧妙结合在一起。同时，由于配送之前有加工，可使配送服务水平大大提高。在对配套要求较高的流通中，虽然配套的主体来自各个生产单位，但是，完全配套有时无法全部依靠现有的生产单位。进行适当流通加工，可以有效促成配套，大大提高流通的桥梁与纽带的作用。

(二)流通加工地点设置的合理化

流通加工地点设置即布局状况是使整个流通加工过程有效进行的重要因素。

为满足需求多样化，流通加工地点应设置在需求地区。如果将多品种、小批量产品的流通加工地设置在生产地区，则会使得产品由产地向需求地的长距离运输成本增加、效率降低。流通加工设置在生产地还会增加生产加工环节，同时增加近距离运输、装卸、储存等一系列物流活动。 因此，为衔接单品种大批量生产与多样化需求的流通加工，加工地设置在需求地区，才能实现大批量的干线运输与多品种末端配送的物流优势。 利用流通加工，在支线运输转干线运输或干线运输转支线运输这本来就必须停顿的环节，不进行一般的支转干或干转支，而是按干线或支线运输合理的要求进行适当加工，从而大大提高运输及运输转载水平。

为方便物流的流通，加工环节应设在产出地，设置在进入社会物流之前。如果将其设置在物流之后，即设置在消费地，则不但不能解决物流问题，又在流通中增加了一个中转

环节，因而是不合理的。

即使在产地或需求地设置流通加工的选择是正确的，还有流通加工在小地域范围的正确选址问题，如果处理不善，仍然会出现不合理。因此，流通加工地点还应满足交通便利，加工点周围社会、环境状况良好，流通加工与生产企业或用户之间距离较近，流通加工点的投资较低等要求。

(三)流通加工方式合理化

流通加工方式包括流通加工对象、流通加工工艺、流通加工技术、流通加工程度等。流通加工方式的确定实际上是与生产加工的合理分工。流通加工不是对生产加工的代替，而是一种补充和完善。所以，一般而言，如果工艺复杂，技术装备要求较高，或加工可以由生产过程延续或轻易解决者都不宜再设置流通加工。

(四)流通加工成本合理化

流通加工之所以能够有生命力，重要优势之一是有较大的产出投入比。如果流通加工成本过高，则不能实现以较低投入实现更高使用价值的目的。除了一些必需的、按政策要求即使亏损也应进行的加工外，都应看成是不合理的。节约能源、节约设备、节约人力、节约耗费是流通加工成本合理化的重要考虑因素，也是目前我国设置流通加工、考虑其合理化的较普遍形式。

综上所述，对于流通加工合理化的最终判断，是看其是否能实现社会和企业本身的两个效益，而且是否取得了最优效益。对流通加工企业而言，与一般生产企业不同之处是，流通加工企业更应树立社会效益第一的观念，只有在补充完善为己任的前提下才有生存的价值。如果只是追求企业的微观效益，不适当地进行加工，甚至与生产企业争利，这就有违流通加工的初衷，或者其本身已不属于流通加工范畴了。

五、绿色流通加工

从绿色产品到绿色科技、从绿色经济到绿色生活、从绿色物流到绿色营销等，绿色越来越受到人们的重视。中华人民共和国 2001 年出版的《物流术语》(GB/T 18354—2001) 中为：“绿色物流是指在物流过程中抑制物流对环境造成危害的同时，实现对物流环境的净化，使物流资源得到充分利用。”

根据绿色物流的定义，我们可以将绿色流通加工定义为以减少流通加工活动造成的环境污染和降低资源消耗为目标，利用先进加工技术，规划和实施包装、分割、计量、分拣、刷标志、拴标签、组装等简单作业活动。下面从绿色流通加工的目标、行为主体、基本作业活动三个方面来剖析绿色流通加工的内涵。

(一)绿色流通加工的最终目标

绿色流通加工是为了实现可持续发展、保护人类的生存环境和节约资源， 不仅使经济效益最大化，还应该使经济效益和社会效益、环境利益相统一、协调发展。我们通常说的流通加工活动主要是为了满足顾客的需求，扩大市场占有率，实现企业的盈利，最终是为了实现企业或经济主体的物质利益、经济效益最大化。而绿色流通加工在追求经济效益的同时，还必须注重节约资源、保护环境，将经济属性和社会属性这双重属性的和谐统一作为追求目标。因此，对于绿色流通加工而言，追求社会效益、环境效益与追求经济效益的目标是一致的。但这是从国家、整个社会的宏观角度和长远的观点来看的，对于微观的企业和短期目标来看，它们经常是相互矛盾和冲突的，并不总是一致的。按照绿色流通加工的最终目标，企业在创造物质财富、提高经济效益的同时，都必须坚持促进经济、社会和生态的可持续发展。

(二)绿色流通加工的行为主体

行为主体包括专业的物流企业、供应链的上下游企业(制造企业和分销企业)以及各级政府部门和物流行政管理部门等。流通加工包括很多环节，它们都与环境相互影响并相互作用。绿色流通加工策略是连接绿色制造和绿色消费之间的桥梁，也是使企业获得持续竞争优势的战略手段，因此作为供应链上游的制造企业，既要设计和制造绿色产品，还要注意与供应链上其他企业合作，改变传统的物流模式，制定绿色流通加工策略。由于流通加工的跨地域、跨企业、跨行业特性，绿色流通加工的实施不是仅靠某个企业或者某个地区单独完成，它需要政府政策的支持和制度法规的约束。而且，绿色流通加工制度的制定和实施、绿色流通加工的推广也都离不开各级政府部门和物流行政主管部门，它们对绿色流通加工的发展具有举足轻重的作用。

(三)绿色流通加工的作业活动

绿色流通加工作业活动包括各个加工环节的绿色化和流通加工管理全过程的绿色化。绿色流通加工基本作业活动包括在库物品的初始绿色加工、在库物品的终极绿色加工、为配送物品贴标签、发货物品的绿色集包、分装绿色加工和货物绿色分拣等。有的物品不方便仓储、运输、装卸，为了满足客户需要，须对其进行解体和切割等加工活动。例如在流通节点，一方面将原木锯裁成各种各样的锯材，另一方面将碎木、碎屑集中加工成各种各样规格的板材等。这些节点的初级加工大大方便了物品的仓储、运输和装卸，这就是在库物品的初始绿色加工；有许多生产企业在生产出成品后，将成品存放在物流企业的仓库里，成品的终极加工整理工作则委托物流企业在出库前完成。例如物流公司为服装厂承运出口服装，为满足顾客需求，服装厂的终极加工的烫熨整理可由物流公司来完成。这样做能极

大地减轻服装厂的生产压力，这就是在库物品的终极绿色加工；根据客户需求印制条码文字标签并贴附在物品外部的工作简称为贴标签。贴标签是一项业务量非常大的流水式作业，目前主要有三种形式，一是手工贴标签；二是半自动化贴标签，其作业方法是：一边计算机打印标签，一边把计算机打印的标签手工贴在物品上；三是全自动机器贴标签。贴标签业务既减少了客户的额外工作量，同时又可以给流通加工企业带来丰厚的利润，因此最近几年贴标签在很多物流、外贸等企业里发展非常迅速。例如某些外贸公司在做转口贸易时，在保税区仓库内利用国内外市场间的地区差、时间差、价格差和汇率差等，实现货物国际转运流通加工，如贴标签、再包装和打膜等，最终再运输到目的国，以赚取转口贸易差额，这就是为配送物品贴标签。发货物品的绿色集包是根据客户需求将数件物品集成小包装或赠品包装，目的是方便顾客对不同商品的一次性收货。目前配送中心对物品的集包主要采用自动化的捆包设备，效率比以往大大提高，目前常用的有托盘自动捆包机。发货物品的集包还常用在买一送一促销包装、根据顾客需要进行商品组合包装等方面。分装绿色加工包括大包装改小包装、适合运输的包装改成适合销售的包装等，例如将原来分散的商品进行重新包装后再投放到市场，大大方便了商品的销售。分装加工还广泛应用于酒类行业的物流中心内。例如，啤酒运到销售地后灌装成罐、瓶、袋再进行销售，这样既减少了物流运输成本，同时又大大方便了市场销售，这就是分装绿色加工。货物绿色分拣是指根据不同客户的订单需求，对货物进行分区、装包、称重、制作货物清单等业务活动，目的是保证货物准时发运。货物绿色分拣在物流活动中具有重要的衔接作用，它是衔接仓库和顾客需求的环节，这就是货物绿色分拣。绿色流通加工要求对以上各流通加工基本作业活动要从供应链的角度进行全面综合考虑，本着全局最优的原则，在设计、材料、操作等方面实施绿色化。从流通加工管理过程来看，要改进传统的单向流通加工体系，除了加强对正向流通加工绿色化的管理，还要管理好供应链上的逆向流通加工体系，密切供应链上下游企业的合作，实现循环经济。

【任务实施】

去超市参观一下，试分析几种商品的流通加工过程，要求能够找到生产加工和流通加工的分界点。

【任务总结】

通过学习“流通加工作业认知”任务，可以让同学们了解流通加工相关概念，理解流通加工对配送中心的重要意义，掌握流通加工合理化的途径。

【任务实训】

天津某公司是具有多年历史的玻璃加工制造企业，主要生产钢化玻璃、中空玻璃、夹层玻璃、Low-E 玻璃、彩釉丝网印玻璃等。由于受技术设备的限制，该公司生产的某些产品并不是最终产品，而是半成品。该公司擅长玻璃制品生产加工，在物流方面投入较小，加之产品品种繁多，近年来出现了一些问题。

1. 原材料利用率不高

该公司产品不是统一套裁，产品的尺寸差别比较大。因此，原材料的利用率就不高，只有 60%左右。

2. 浪费包装资源

该公司没有形成固定的运输渠道，难以进行大规模的集装，对流通加工包装的需求很大，从而浪费包装资源。

针对以上问题，该公司与北京某玻璃深加工公司合作，利用他们的厂房和设备来加工那些半成品或者还需要进行深加工的物品。两个公司采用“集中套裁，开片供应”流通加工方式，逐渐形成从工厂到套裁中心稳定、高效、大规模的平板玻璃“干线输送”和从套裁中心到用户的小批量、多品种的“二次输送”的现代物流模式。

通过流通加工，玻璃的平均利用率由 62%～65%提高到 90%以上；从工厂向套裁中心运输平板玻璃，可以进行大规模集装，节约了大量包装材料，同时减少了流通中的破损；套裁中心按需裁制，有利于该公司简化产品规格，进行单品种大批量生产，从而提高了效率、降低了成本。

请根据以上资料，通过网络或实地调研编制流通加工案例。

考核标准：

流通加工案例 (60 分)	课堂交流 (20 分)	同学互评 (20 分)	总分 (100 分)

任务二　典型的流通加工作业分析

【任务描述】

在客户和消费者对服务要求越来越高、物流企业竞争日趋激烈、成本上升、利润下降的情况下，物流企业为了生存和发展，不得不追求更多的附加价值，大范围、更深层次地承揽业务。原来物流企业进行流通加工时，一般只限于拴价签、贴条形码等简单作业，现在流通加工业务的范围已大大拓宽，出现了各种各样的流通加工作业形式。目的是通过加强管理来追求更高附加价值收入。这一变化，大大增加了物流企业的收入。本次任务将重点学习典型流通加工作业是如何开展的。

【任务驱动】

(1) 典型的流通加工作业形式有哪些？
(2) 食品流通加工具体项目有哪些？常用设备有哪些？
(3) 水泥流通加工具体项目有哪些？常用设备有哪些？
(4) 煤炭流通加工具体项目有哪些？常用设备有哪些？
(5) 木材流通加工具体项目有哪些？常用设备有哪些？

【任务资讯】

一、食品的流通加工

食品的流通加工类型种类很多。只要我们留意超市里的货柜就可以看出，那里摆放的各类蔬菜、水果、肉末、鸡翅、香肠、咸菜等都是流通加工的结果。这些商品的分类、清洗、贴商标和条形码、包装、装袋等是在摆进货柜之前就已进行了加工作业，这些流通加工都不是在产地进行的，已经脱离了生产领域，进入了流通领域。食品流通加工的具体项目主要有如下几种。

(一)冷冻加工

为了保鲜而进行的流通加工，是为了解决鲜肉、鲜鱼在流通中保鲜及装卸搬运的问题，采取低温冻结方式的加工。这种方式也用于某些液体商品、药品等。

(二)分选加工

为了提高物流效率而进行的对蔬菜和水果的加工，如去除多余的根叶等。农副产品规格、质量离散情况较大，为获得一定规格的产品，采取人工或机械分选的方式加工称为分选加工。这种方式广泛用于果类、瓜类、谷物、棉毛原料等。

(三)精制加工

农、牧、副、渔等产品的精制加工是在产地或销售地设置加工点，去除无用部分，甚至可以进行切分、洗净、分装等加工，可以分类销售。这种加工不但大大方便了购买者，而且还可以对加工过程中的淘汰物进行综合利用。比如，鱼类的精制加工所剔除的内脏可

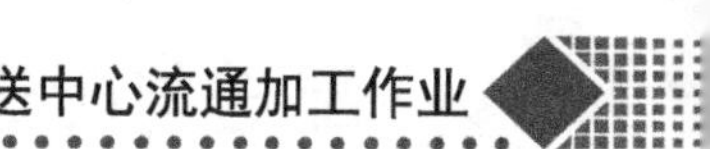

以制成某些药物或用作饲料，鱼鳞可以制高级黏合剂，头尾可以制鱼粉等；蔬菜的加工剩余物可以制饲料、肥料等。

(四)分装加工

许多生鲜食品零售起点较少，为了保证高效输送出厂，包装一般比较大，也有一些是采用集装运输方式运达销售地区。为了便于销售，在销售地区按所要求的零售起点进行新的包装，即大包装改小包装、散装改小包装、运输包装改销售包装，以满足消费者对不同包装规格的需求，从而达到促销的目的。

此外，半成品加工、快餐食品加工也成为流通加工的组成部分。这种加工形式，节约了运输等物流成本，保护了商品质量，增加了商品的附加价值。例如，葡萄酒是液体，从产地批量地将原液运至消费地配制、装瓶、贴商标，包装后出售，既可以节约运费，又安全保险，以较低的成本，卖出较高的价格，附加值大幅度增加。

常见的食品流通加工设备有冷藏柜、冷藏库、锯骨机、绞肉机、蔬菜清洗机、罐装机、封口机等。

二、水泥的流通加工

(一)水泥熟料的流通加工

在需要长途调入水泥的地区，变调入成品水泥为调进熟料半成品，在该地区的流通加工据点(粉碎工厂)粉碎，并根据当地资源和需要掺入混合材料及外加剂，制成不同品种及标号的水泥，供应当地用户，这是水泥流通加工的重要形式之一。在需要经过长距离输送供应的情况下，以熟料形态代替传统的粉状水泥，有很多优点。

1. 可以降低运费、节省运力

调运普通水泥和矿渣水泥约有 30%以上的运力都消耗在运输矿渣及其他各种加入物上。在我国水泥需用量较大的地区，工业基础大都较好，当地又有大量工业废渣，如果在使用地区对熟料进行粉碎，可以根据当地的资源条件选择混合材料的种类，这样就节约了消耗在混合材料上的运力和运费。

2. 可避免资源浪费

按当地实际需要掺加混合材料，生产廉价的低标号水泥，发展低标号水泥的品种，在现有生产能力的基础上，最大限度地满足需要。目前我国使用水泥的部门大量需要的是较低标号的水泥，而大、中型水泥厂生产的水泥平均标号较高，大部分施工部门不得已使用标号较高的水泥而造成资源浪费。如果以熟料为长距离输送的形态，在使用地区加工粉碎，按实际需要掺加混合材料生产各种标号的水泥，可以有效减少资源浪费。

3. 以较低的成本实现大批量、高效率的输送

从国家的整体利益来看，利用率比较低的输送方式显然不是发展方向。如果采用输送熟料的形式，可以充分利用站、场、仓库现有的装卸设备，又可以利用普通车皮装运，比之以散装水泥方式，更能获取较好的技术、经济效果。

4. 可以降低水泥的输送损失

水泥的水硬性在充分磨细之后才表现出来，而未磨细的熟料，抗潮湿的稳定性很强。输送熟料，可以基本防止由于受潮而造成的损失。此外，颗粒状熟料不像粉状水泥那样易于散失。

5. 能更好地衔接产需

采用长途输送熟料的方式，水泥厂就可以和有限的熟料粉碎工厂之间形成固定的直达渠道，能实现经济效果较好的物流。用户也可以不出本地区，直接向当地的熟料粉碎工厂订货，因而更容易沟通产需关系，方便用户。

(二)集中搅拌混凝土

水泥的运输与使用，以往习惯上以粉状水泥供给用户，由用户在建筑工地现制现拌混凝土使用。现在是将粉状水泥输送到使用地区的流通加工据点(集中搅拌混凝土工厂或称生混凝土工厂)，在那里搅拌成生混凝土，然后供给各个工地或小型构件厂使用。这是水泥流通加工的另一种重要方式。它具有很好的技术经济效果，因此受到许多工业发达国家的重视。这种流通加工的形式有以下优点。

1. 提高生产效率和质量

把水泥的使用从小规模的分散形态，改变为大规模的集中加工形态，可充分应用现代化的科学技术，组织现代化的大生产；可以发挥现代设备和现代管理方法的优势，大幅度地提高生产效率和混凝土质量。

2. 降低生产成本、保护环境

在相等的生产能力下，集中搅拌的设备较分散搅拌在吨位、设备投资、管理费用、人力及电力消耗等方面都能得到大幅度降低。由于生产量大，可以采取措施回收使用废水，防止各分散搅拌点排放洗机废水的污染，有利于环境保护。由于设备固定不动，还可以避免因经常拆建所造成的设备损坏，延长设备的寿命。

3. 使物流合理化

在集中搅拌站(厂)与水泥厂(或水泥库)之间，可以形成固定的供应渠道，这些渠道的数

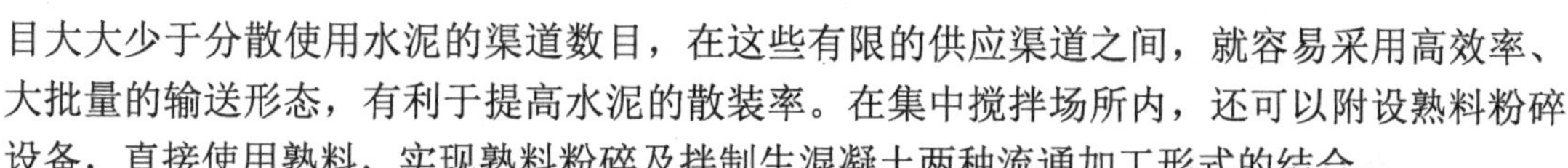

目大大少于分散使用水泥的渠道数目，在这些有限的供应渠道之间，就容易采用高效率、大批量的输送形态，有利于提高水泥的散装率。在集中搅拌场所内，还可以附设熟料粉碎设备，直接使用熟料，实现熟料粉碎及拌制生混凝土两种流通加工形式的结合。

另外，采用集中搅拌混凝土的方式，也有利于新技术的推广应用。可以大大简化工地材料的管理，节约施工用地等。

水泥流通加工设备是制备混凝土，将水泥、骨料、砂和水均匀搅拌的专用机械，主要包括混凝土搅拌机、混凝土搅拌站(楼)、混凝土搅拌输送车、混凝土输送泵、混凝土输送泵车、配料机及散装水泥输送车等。

三、煤炭的流通加工

煤炭流通加工有多种形式：包括除矸加工、煤浆加工、配煤加工等。

(一)除矸加工

除矸加工是以提高煤炭纯度为目的的加工形式。一般煤炭中混入的矸石有一定发热量，混入一些矸石是允许的，也是较经济的。但是，有时则不允许煤炭中混入矸石，在运力十分紧张的地区要求充分利用运力、降低成本，应多运“纯物质”，少运矸石。在这种情况下，可以采用除矸的流通加工方法排除矸石。除矸加工可提高煤炭运输效益和经济效益，减少运输能力浪费。

(二)煤浆加工

用运输工具载运煤炭，运输中损失浪费比较大，又容易发生火灾。采用管道运输是近代兴起的一种先进技术。管道运输方式运输煤浆，可减少煤炭消耗、提高煤炭利用率。目前，某些发达国家已经开始投入运行，有些企业内部也采用这一方法进行燃料输送。

煤浆加工是在流通的起始环节将煤炭磨成细粉，本身便有了一定的流动性，再用水调和成浆状，则具备了流动性，可以像其他液体一样进行管道输送。将煤炭制成煤浆采用管道输送是一种新兴的加工技术。这种方式不和现有运输系统争夺运力，输送连续、稳定、快速，是一种经济的运输方法。

(三)配煤加工

在使用地区设置集中加工点，将各种煤及一些其他发热物质，按不同配方进行掺配加工，生产出各种不同发热量的燃料，称为配煤加工。配煤加工可以按需要发热量生产和供应燃料，防止热能浪费和“大材小用”，也防止发热量过小，不能满足使用要求。工业用煤经过配煤加工还可以起到便于计量控制、稳定生产过程的作用，具有很好的经济和技术价值。

煤炭消耗量非常大，进行煤炭流通加工潜力也很大，可以大大节约运输能源，降低运输费用，具有很好的技术和经济价值。

煤炭流通加工机械设备主要包括除矸加工机械、管道输送煤浆加工机械、配煤加工机械等。

四、钢材的流通加工

热连轧钢板和钢带、热轧厚钢板等板材最大交货长度可达 7～12 米，有的是成卷交货。对于使用钢板的用户来说，大、中型企业由于消耗量大，可设专门的剪板机构及购置下料加工设备，按生产需要剪板、下料。但对于使用量不大的企业和多数中、小型企业来讲，单独设置剪板、下料的设备，设备闲置时间长、人员浪费大、不容易采用先进方法。钢板的剪板及下料加工可以有效地解决上述弊病。

剪板加工是在固定地点设置剪板机，下料加工是设置各种切割设备，将大规格钢板裁小或切裁成毛坯，方便用户使用。

钢板剪板及下料的流通加工有如下几项优点。

(1) 由于可以选择加工方式，加工后钢材的晶相组织较少发生变化，可保证原来的交货状态，有效保证加工对象的质量。

(2) 加工精度高，可减少废料、边角料，也可减少再进行精加工的切削量，既可提高再加工效率，又有利于减少消耗。

(3) 保证生产的批量及作业的连续性，可以使用专门的技术或先进的设备，大幅度提高加工的效率和效益。

(4) 简化用户的生产环节，使其将精力集中于关键的加工过程，提高企业的生产技术和管理水平。

圆钢、型钢、线材的集中下料和线材冷拉加工与钢板的流通加工类似。

常见的钢材流通加工设备有成型设备和切割加工设备等。

五、木材的流通加工

(一)磨制木屑压缩输送

这是一种为了提高流通(运输)效益的加工方法。木材容量小，往往使车船满装不能满载，同时，装车、捆扎也比较困难。从林区外送的原木中，有相当一部分是造纸材料，美国采取在林木生产地就地将原木磨成木屑，然后采取压缩方法，使之成为容重较大、容易装运的形状，然后运至靠近消费地的造纸厂，取得了较好的效果。采取这种办法比直接运送原木可以节约一半的运费。

(二)集中开木下料

集中开木下料是指在流通加工点将原木锯裁成各种规格的锯材，同时将碎木、碎屑集中加工成各种规格板，甚至还可进行打眼、凿孔等初级加工。用户直接使用原木，不但加工复杂、加工场地大、设备多，更严重的是资源浪费大，木材平均利用率不到 50%，平均出材率不到 40%。实行集中下料，按用户要求供应规格下料，可以使原木利用率提高到 95%，出材率提高到 72%左右，有相当大的经济效果。

常见的木材流通加工设备有带锯机、框锯机、圆锯机、锯板机、打孔机等。

六、机电产品的流通加工

多年来，机电产品的储运困难较大，主要原因是不易进行包装。例如，进行防护包装，包装成本过大，并且运输装载困难，装载效率低，流通损失严重。但是这些货物有一个共同的特点，即装配比较简单，装配技术要求不高，主要功能已在生产中形成，装配后不需要进行复杂的检测及调试。所以，为了解决储运问题，降低储运费用，可以采用半成品大容量包装出厂，在消费地拆箱组装的方式。组装一般由流通部门在所设置的流通加工点进行，组装之后随即进行销售，这种流通加工方式近年来已在我国广泛采用。

【任务实施】

请实地调研或上网搜集相关资料，写出几种流通加工的具体作业形式。重点阐述该种流通加工是如何提升企业效益的。

【任务总结】

通过学习“典型流通加工作业分析”任务，让同学们更好地理解流通加工在配送中的重要作用以及流通加工是如何为企业创造效益的。

【任务实训】

流通加工作业形式实训

由学生利用课余时间自行组织调研(加强安全教育)，实地参观当地的大型超市，通过对超市生鲜食品区域的实地考察，了解超市生鲜食品流通加工的具体形式，并结合课堂所学知识及网络资源撰写实训报告。

要求：分组进行，每组 4～5 人，每组撰写一份实习报告。每组选派一名代表在课堂上交流实习心得。

考核标准：

实训报告 (60 分)	课堂交流 (20 分)	同学互评 (20 分)	总分 (100 分)

任务三　包 装 认 知

【任务描述】

包装是生产加工的终点，也是物流的起点。包装在物流过程中更多的是增加成本的功能要素，它的存在对于完善物流系统、完善物流活动必不可少。但是也增加了成本支出，是影响物流成本的功能要素。同时，包装与流通加工的关系密不可分。本任务将重点介绍包装材料、包装技术及包装机械。

【任务驱动】

(1) 什么是包装？包装有哪些功能？
(2) 包装材料有哪些？
(3) 包装容器有哪些？
(4) 常用包装技术有哪些？
(5) 包装设备有哪些？

【任务资讯】

一、包装的含义

包装是指在物流过程中为保护商品、方便运输、促进销售，按照一定技术方法而采用的容器、材料和辅助物等的总称。

二、包装的功能

(一)保护功能

1. 防止内装物破损变形

包装必须具有一定的强度，防止内装物在装卸、运输、仓储等过程中受到各种冲击、

振动、颠簸、压缩、摩擦等外力的作用而破损变形。

2. 防止内装物发生化学变化和内装物的渗漏或泄漏

包装制品必须能够在一定程度上起到阻隔作用，一方面，阻隔水分、潮气、光线以及流通环境中各种有害物质侵入，防止内装物发生受潮、发霉、变质、生锈等化学变化；另一方面，阻隔内装物的泄漏或渗出，造成其重量或容量损失，失信于消费者。

(二)便利功能

1. 便利运输

包装起来的物品便于装载，运输途中不容易碰撞、散失和损坏。包装的规格、形状、重量与物品运输关系密切，包装尺寸与运输车辆、船、飞机等运输工具箱的吻合性，方便了运输，提高了运输的效率。

2. 便利装卸

物品的包装便于各种装卸、搬运机械的使用，有利于提高装卸搬运的效率，包装的规格尺寸标准化为集合包装提供了条件，从而能极大地提高装载效率。

3. 便于储存

包装为仓库的搬运、装卸作业提供了方便；包装物本身也为物品的保管提供了条件。

(三)标识的信息功能

标识指在包装上印刷图文、贴标签、贴条形码等。

通过这些标识，商品的信息(包括制造厂、商品名称、容器类型、个数、商品代码等)容易被识别，能够方便物流作业，提高物流效率。

通过包装上的标识能够有效地对包装内产品进行跟踪，有效控制产品损失和失窃情况的发生。

包装上关于物流作业中需注意问题说明的标识使得产品的作业能够合理化，减少潜在的危险性和由于操作不慎而可能导致的货损等。

(四)环保功能

对于特定的商品，如农药、化工产品、带毒物品以及易燃商品等，通过适当的密封包装，可以防止造成对人类生存环境的污染。

三、包装材料及容器

(一)包装材料

1. 金属包装材料

用于包装材料的金属材料有以下几种。

(1) 镀锡薄板：饮料罐、食品罐。

(2) 涂料铁：食品罐。

(3) 铝合金：牙膏皮、饮料罐、食品罐、航空集装箱。

2. 玻璃、陶瓷

玻璃、陶瓷的主要特点是有很强的耐腐蚀性，强度较高，装潢、装饰性能好。因此广泛用于商业包装，较多用于个装，有宣传、美化的推销作用。

3. 木材

木材是一种优良的结构材料，长期以来，一直用于制作运输包装。近年来，虽然有逐步被其他材料替代的趋势，但仍在一定范围内使用，在包装材料中占有一定的比重。

4. 纸及纸制品

常用的包装纸类制品有以下几种。

(1) 牛皮纸。

(2) 玻璃纸。

(3) 植物羊皮纸：经硫酸处理的半透明纸，也称硫酸纸，用于包装食品、茶叶、药品，在长时间存放中可防止受潮湿、干硬、走味。

(4) 沥青纸、油纸及蜡纸：工业品包装常用。

(5) 板纸：纸箱、纸盒、纸桶。

(6) 瓦楞纸板。

(二)包装容器

1. 包装袋

包装袋广泛适用于运输包装、商业包装、内装、外装，一般分为三种类型。

(1) 集装袋。

(2) 一般运输包装袋(麻袋、草袋、水泥袋)。

(3) 小型包装袋(普通包装袋)。

2. 包装盒

包装盒是介于刚性和柔性包装两者之间的包装技术。

包装盒特点：包装材料有一定挠性，不易变形，有较高的抗压强度，刚性高于袋装材料。不适合运输包装，适合商业包装和内包装。

3. 包装箱

包装箱是刚性包装技术中的重要一类。

包装箱特点：包装材料为刚性或半刚性材料，有较高强度且不易变形。适合做运输包装、外包装，主要用于固体杂货包装。包装箱主要有以下几种。

(1) 瓦楞纸箱。

(2) 木箱。

(3) 塑料箱。

(4) 集装箱。

4. 包装瓶

包装瓶是瓶颈尺寸有较大差别的小型容器，是刚性包装中的一种。

包装瓶特点：包装材料有较强的抗变形能力，刚性、韧性要求一般也较高，个别包装瓶介于刚性与柔性材料之间，瓶的形状在受外力时虽可发生一定程度变形，外力一旦撤除，仍可恢复原来瓶形。

5. 包装罐(桶)

包装罐是罐身各处横截面形状大致相同、罐颈短、罐颈内径比罐身内径稍小或无罐颈的一种包装容器，是刚性包装的一种。

包装罐特点：包装材料强度较高，罐体抗变形能力强。包装罐主要有以下几种。

(1) 小型包装罐：一般是做销售包装、内包装，罐体可采用各种方式装饰美化。

(2) 中型包装罐：一般做化工原材料、土特产的外包装，起运输包装作用。

(3) 集装罐：集装罐是典型的运输包装，适合包装液状、粉状及颗粒状货物。

四、包装技术

(一)防震保护技术

防震包装又称缓冲包装，在各种包装方法中占有重要的地位。防震包装的包装方法有：全面防震包装方法、部分防震包装方法、悬浮式防震包装方法。

(二)破损保护技术

缓冲包装有较强的防破损能力，因而是防破损包装技术中有效的一类。此外还可以采取以下几种防破损技术：捆扎机裹紧技术、采集技术、选择高强保护材料。

(三)防锈包装技术

1. 防锈油防锈蚀包装技术

大气锈蚀是空气中的氧气、水蒸气及其他有害气体等作用于金属表面引起电化学作用的结果。用防锈油封装金属制品，要求油层要有一定厚度，油层的连续性好，涂层完整。不同类型的防锈油要采用不同的方法进行涂覆。

2. 气相防锈包装技术

气相防锈包装技术就是用气相缓蚀剂减慢或完全停止金属在侵蚀性介质中的破损过程的物质。它在常温下具有挥发性，在密封包装容器中，在很短时间内挥发或升华出的缓蚀气体就能充满整个包装容器内的每个角落和缝隙，同时吸附在金属制品的表面上，从而起到抑制大气对金属锈蚀的作用。

(四)防霉技术

运输包装内装运食品和其他有机碳水化合物货物时，货物表面可能生长霉菌，在流通过程中如遇潮湿，霉菌生长繁殖极快，甚至延伸至货物内部，使其腐烂、发霉、变质。

防霉措施：通常是采用冷冻包装、真空包装或高温灭菌方法。

(五)防虫包装技术

防虫包装技术，使用的是驱虫剂，即在包装中放入有一定毒性和臭味的药物，利用药物在包装中挥发气体来杀灭和驱除各种害虫。

(六)危险品包装技术

危险品有上千种，按其危害性质，交通运输及公安消防部门规定分为十大类，即爆炸性物品、氧化剂、压缩气体和液化气体、自燃物品、遇水燃烧物品、易燃液体、易燃固体、毒害品、腐蚀性物品、放射性物品。

对于不同的危险品应当采用相应的包装技术来实现它的安全性。

(七)特种包装技术

1. 充气包装

充气包装是采用二氧化碳气体或氮气等不活泼气体置换包装容器中空气的一种包装技术。

2. 真空包装

真空包装是将物品装入密封容器后，在密封容器封口之前抽取空气，使密封后的容器内基本没有空气的一种包装方法。

3. 收缩包装

收缩包装是用收缩薄膜裹包物品(或内包装件)，然后对薄膜进行适当加热处理，使薄膜收缩而紧贴于物品(或内包装件)的包装技术。

4. 拉伸包装

拉伸包装是依靠机械装置在常温下将弹性薄膜围绕被包装件拉伸、紧裹，并在其末端进行封合的一种包装方法。

5. 脱氧包装

脱氧包装是在密封的包装容器中，使用能与氧气起化学作用的脱氧剂与之反应，从而除去包装容器中的氧气，以达到保护内装物的目的。

五、包装机械设备

包装机械是指完成全部或部分包装过程的一类机器。根据包装机械的功能，可以分为填充、灌装、封口、裹包、捆扎、贴标等多种机械。

(一)填充机械

填充机械是将精确数量的产品填充到各种包装容器中的机械，适用于包装粉末、颗粒状的固态物品。其主要种类有：容积式充填机、称重式充填机、计数式充填机等。

(二)灌装机械

灌装机的主要作用是将定量的液体物料充填入包装容器中。主要用于食品领域中对啤酒、饮料、乳品、酒类、植物油和调味品的包装，还包括洗涤剂、矿物油和农药等化工类液体产品的包装。常见的灌装机有膏状灌装机、液体灌装机、颗粒灌装机、自动灌装机等。

(三)封口机械

封口机是将充填有包装物的容器进行封口的机械。封口机械的作用主要是在包装容器内盛装产品后，为了使产品得以密封保存，保持产品质量，避免产品流失，对容器进行封口。

封口机械的主要种类有：有封口材料封口机，包括旋合式、滚纹式、卷边式、压合式等封口机；有辅助封口材料封口机，包括胶带式、黏结式、钉合式、结扎式、缝合式等封口机；无封口材料封口机，包括热压式、冷压式、熔焊式、插合式、折叠式等封口机。

(四)裹包机械

裹包机是用柔性的包装材料，全部或部分地将包装物裹包起来的包装机。按包装成品的形态可分为全裹包机和半裹包机。裹包机械主要用于对块状物品进行包装，可包装单体物品，如糖果、雪糕、单块饼干、面包、方便面、香皂、旅行饼干、火柴等。排列组合后则为集合裹包，如装入浅盘中的各种散装物品，如口香糖、成条卷烟、成组化妆品等。同时还可对已包物品进行装饰性裹包，如各种已装盒的化妆品、药品、茶叶等透明纸包装。其主要种类有：折叠式裹包机、接缝式裹包机、覆盖式裹包机、缠绕式裹包机、拉伸式裹包机、贴体裹包机、收缩包装机等。

(五)捆扎机械

捆扎机俗称打包机，捆扎机械是利用带状或绳状捆扎材料将一个或多个包件紧扎在一起的机器，属于外包装设备。捆扎机的功用是使塑料带能紧贴于被捆扎包件表面，保证包件在运输、贮存中不因捆扎不牢而散落，同时还应捆扎整齐美观。

(六)贴标机械

贴标机是以黏合剂把纸或金属箔标签粘贴在规定的包装容器上的设备。贴标机主要有不干胶贴标机、套标机、圆瓶贴标机、啤酒贴标机、半自动贴标机、全自动贴标机及热熔胶贴标机等。

【任务实施】

生活中常见的包装材料有哪些？

能否根据所学知识从专业角度分析其功能、材料及包装技术等。

【任务总结】

通过学习“包装管理”任务，让同学们了解包装的功能，熟悉包装材料、包装容器、包装技术及包装机械，从而能够根据流通加工需要选择合适的包装。

【任务实训】

包装实训

请同学们搜集生活中的包装，并根据所学知识说明该包装的功能、包装的材料、包装容器、包装技术。

要求：制作电子文档，图文并茂，不少于10种包装。

考核标准：

电子文档 (60分)	说明准确 (30分)	排版美观 (10分)	总分 (100分)

项目总结

本项目介绍了流通加工认知、典型流通加工作业分析及包装管理的相关任务，通过三个任务的组织和实施，使学生们能够了解流通加工在配送中的重要作用，能够掌握典型流通加工的作业形式以及包装的相关知识。

项目测试

一、填空题

1. 流通加工是指物品在从生产地到使用地的过程中，根据需要施加包装、________、________、________、________、拴标签、组装等简单作业的总称。

2. 流通加工的目的是______________。

3. 生产加工对象是原材料、________、________。

4. 流通加工是________在流通领域的延续和补充，合理的流通加工可以对生产本身或生产工艺起到补充完善的作用。

5. 标识指在包装上________、________、________等。

二、单项选择题

1. (　　)创造的是产品的价值和使用价值。
   A. 生产加工　B. 流通加工　C. 配送　D. 仓储
2. (　　)一般是做销售包装、内包装，罐体可采用各种方式装饰美化。
   A. 大型包装罐　B. 中型包装罐　C. 小型包装罐　D. 集装罐
3. 为满足需求的多样化，流通加工地点应设置在(　　)。
   A. 生产地区　B. 消费地区
   C. 生产地区或销售地区　D. 以上都不对
4. 包装的功能不包括(　　)。
   A. 保护功能　B. 便利功能　C. 流通功能　D. 环保功能
5. 合理的(　　)可以对生产本身或生产工艺起到补充完善的作用。
   A. 流通加工　B. 生产加工　C. 包装　D. 运输

三、简答题

1. 流通加工的功能是什么?
2. 流通加工与生产加工有哪些区别?
3. 流通加工的类型有哪些?
4. 流通加工的合理化形式有哪些?
5. 包装的功能有哪些?

四、综合题

请阅读以下案例，试分析：流通加工的作用及其现实意义有哪些?

阿迪达斯公司在美国有一家超级市场，设立了组合式鞋店，摆放着不是做好了的鞋，而是做鞋用的半成品，款式多样，有6种鞋跟、8种鞋底，均为塑料制造，鞋面的颜色以黑、白为主，搭带的颜色有80种，款式有百余种，顾客进来可任意挑选自己所喜欢的各个部位，交给职员当场进行组合。只要10分钟，一双崭新的鞋便呈现在顾客面前。这家鞋店昼夜营业，职员技术熟练。鞋子的售价与成批制造的价格差不多，有的还稍便宜些。所以顾客络绎不绝，销售额比邻近的鞋店多十倍。

项目五　配送中心出货与送货作业管理

【项目导入】

出货与送货作业是继分拣作业之后的重要作业环节。出货作业是指完成拣取后的物品按订单或配送路线进行分类，做好出货检查，将物品装入适当的容器或捆包，并做好标识和贴印标签工作，然后根据客户和行车路线等指示将物品运至货物待发区的过程。而送货作业是利用配送车辆把用户订购的物品送到客户手上的过程。送货作业作为配送的最后一个环节，对于配送中心来说至关重要。配送车辆调度是否恰当，配送路线是否合理将直接影响着送货作业效率。因此，本项目将重点围绕出货作业、配送车辆调度、配送路线优化及送货作业四个任务来组织。

【项目目标】

1. 知识目标

(1) 掌握出货的概念及出货作业流程。

(2) 理解三种分货方式的区别。

(3) 掌握出货检查的方法。

(4) 理解车辆调度的概念与特点、车辆调度的基本原则与原理。

(5) 理解配送路线确定时应遵循的原则与约束条件。

(6) 掌握配送路线确定的方法。

(7) 掌握节约法的基本原理。

(8) 掌握送货作业流程。

2. 技能目标

(1) 能够独立进行出货作业。

(2) 能够根据任务完成分货、出货检查。

(3) 能够根据任务选择适当的方法完成车辆调度。

(4) 能够利用节约法确定配送路线与配送方案。

(5) 能够根据任务编制送货作业计划并完成送货作业。

(6) 能够区别配送中心送货与厂商送货。

【项目展开】

为了系统而直观地实现以上项目目标，现将该项目按照以下四个工作任务序化展开。

(1) 出货作业。

(2) 车辆调度。

(3) 配送路线优化。

(4) 送货作业。

任务一　出 货 作 业

【任务描述】

出货方案设计与实施

某超市配送中心已完成 9 个客户的分拣作业，在送货之前需要理货员完成出货作业。如何根据配送中心设备设计超市配送中心出货作业流程，并进一步完成出货作业。

【任务驱动】

(1) 什么是出货，出货作业的主要流程包括什么？

(2) 如何完成分货作业？

(3) 如何完成出货检查作业？

(4) 进行配放作业时有什么要求？

【任务资讯】

配送中心分拣作业完成后，其核心作业也就完成了。但是，分拣完毕之后的物品仍然没有送到客户手中，在配送中心的物品装车送达之前还需要做一些辅助性作业，这部分作业就是出货作业。因此，出货作业是衔接分拣作业和送货作业之间的作业环节。

一、出货作业的一般流程

出货作业是指完成拣取后的物品按订单或配送路线进行分类，做好出货检查，将物品装入适当的容器或捆包，并做好标识和贴印标签工作，然后根据客户和行车路线等指示将物品运至货物待发区的过程。配送中心出货作业一般流程如图 5-1 所示。

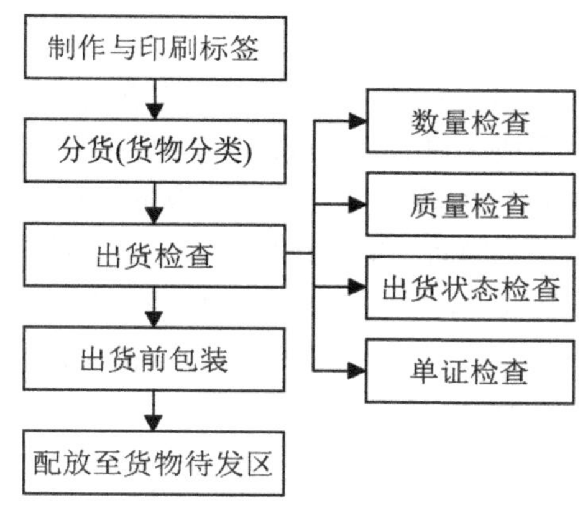

图 5-1　配送中心出货作业一般流程

二、分货

拣货作业完毕后，再将物品依客户或配送路线做分类的工作，这就是分货。分货方式一般包括下述三种。

(一)人工目视分货

人工目视分货又称人工分货，是指全由人工依订单或传票判断来进行分货，也就是不借助于任何电脑或自动化的辅助设备，拣取作业后依订单或传票资讯将各客户的订购货品放入已贴好各客户标签的货篮中。

人工目视分货是一种传统的分货方式，适用于品种单一、规模较小的配送中心。当进行多品种、小批量的分货时，这种分货方式不但效率较低，需要更多的人力，而且分货出错率较高。因此，随着信息技术的不断发展，人工目视分货逐渐被其他分货方式取代。

(二)自动分类机分货

为适应多品种、少批量订货的市场趋势，自动分类机应运而生并被广泛运用。自动分类机利用计算机及辨识系统来达成分类的目标，因而具有迅速且正确不费力的效果，尤其在拣取数量或分类数量众多时，更有效率。

通过自动分类机分货，主要过程如下：①必须将有关货物及分类信息通过自动分类机的信息输入装置，输入自动控制系统；②当货物通过搬运装置移至输送机上时，由输送系统运送至分类系统；③分类系统是自动分类机的主体，这部分的工作过程为先由自动识别装置识别货物，再由分类道口排出装置，按预先设置的分类要求将货物推出分类机。

分类排出方式有推出式、浮起送出式、倾斜滑下式、皮带送出式等，同时为尽早使各货物脱离自动分类机，避免发生碰撞而设置有缓冲装置。

(三)旋转架分货

旋转式货架，简称为旋转架。为节省成本，也有取代自动分类机而使用旋转架的分货方式，将旋转架的每一格位当成客户的出货篮，分类时只要在电脑上输入各客户的代号，旋转架即会自动将其货篮转至作业员面前，让其将批量拣取的物品放入进行分类。同样地，即使没有动力的小型旋转架，为节省空间也可作为人工目视处理的货篮，只不过作业员依每格位上的客户标签自行旋转找寻，以便将货品放入正确储位中。

旋转式货架系统由多台物品货架环列连接组成，依据储存货品的要求，可采用不同方向移动的货架连接组成，一般分为以下两种形式。

1. 水平旋转式货架

水平旋转式货架按货架移动方式可分为分层移动式和整体移动式，如图5-2(a)、图5-2(b)所示。整体移动式仅用一台马达带动。水平方向旋转时上下连在一起的各货架层整体水平式连动旋转；分层移动式货架每层各有一台马达，各单层能独立地水平运动旋转。

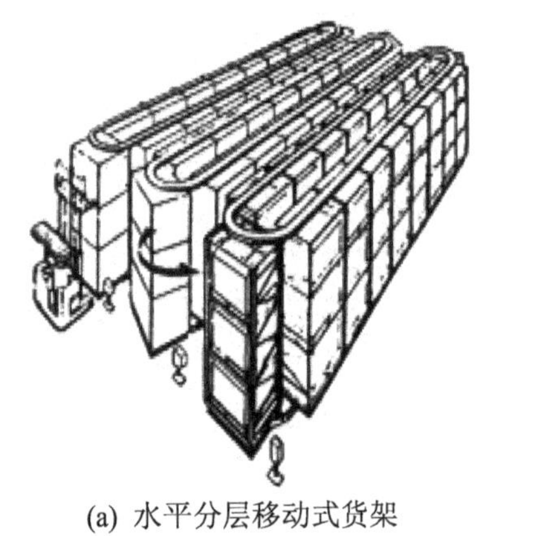

(a) 水平分层移动式货架

(b) 水平整体移动式货架

图5-2 移动式货架

2. 垂直旋转式货架

垂直旋转式货架，如图5-3所示，其原理与水平旋转式货架大致相同，只是旋转的方向是与地面垂直，充分利用仓库的上部空间，是一种空间节省型的仓储设备，其可比传统式子置轻型货架节省1/2以上的货架摆设面积，但其移动速度较水平旋转式货架慢，为5～10米/分钟。

垂直旋转式货架也有模块化设计，其以列为单位的独立构造，在需求增加时，可以再行购置模块，添加组合。该类货架具有强大扩充能力，在配置需要改变时，能够灵活地拆卸组合、调配位置。

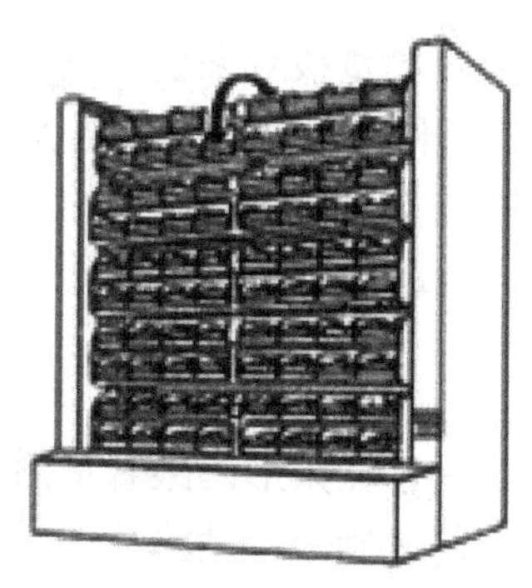

图 5-3　垂直旋转式货架

三、出货检查

(一)出货检查的意义

出货检查作业主要是根据客户订单、拣选单或电子指令等对拣取物品进行产品号码、数量的核对，以及产品质量和包装的检验。如图 5-4 所示，工作人员正利用手持终端(RF)和电子信息系统进行出货检查，实现无纸化作业。

图 5-4　RF 出货检查与电子信息系统出货检查

拣选作业完成后进行出货检查，不但可以提高配送的准确率，还可以大大提升客户服务满意度。但是，出货检查也耗费配送中心的时间及人力，在一定程度上也使作业效率降低。出货检查是确认拣货作业是否产生错误的处理作业，一方面可以先找出让拣货作业不会发生错误的方法，就能免除事后检查的必要；另一方面只对少数易出错的、贵重的物品进行检查，能够降低时间及人力的消耗，提高作业效率。

(二)出货检查的方法

出货检查最简单的做法就是以纯人工进行，将物品逐个点数并逐一核对出货单，再进而查验出货的质量水平和状态情况。以状态及质量检验而言，纯人工方式逐项或抽样检查的确有其必要性，但对于物品号码及数量核对来说，以纯人工方式就可能较无效率也较难将问题找出，即使是采取多次的检查作业，也可能是耗费了许多时间，而错误却依然存在。因此，以效率及效用来考虑，如今在数量及号码检查的方式上也有许多突破，主要包括商品条码检查法、声音输入检查法、重量计算检查法。

1. 商品条码检查法

此方法最大原则即是导入条形码，让条形码跟着货品跑。当进行出货检查时，只将拣出货品之条形码以扫描机读出，计算机则会自动将数据与出货单比对，来检查是否有数量或号码上的差异。

2. 声音输入检查法

此声音输入检查法是一项新技术，是由作业员发声读出货品的名称(或代号)及数量，之后计算机接收声音做自动判识，转成数据再与出货单进行比对。此方式的优点在于作业员只用嘴巴读取数据，手脚仍旧空着可做其他的工作，自由度较高。但应注意的是，此法声音的发音要准，且每次发音字数有限，否则计算机辨识困难，可能产生错误。

3. 重量计算检查法

此法是先利用自动加总出货单上的货品重量，而后将拣出货品以计重器称出总重，再将两者互相比对的检查方式。此检查法在拣货作业中，若能利用装有重量检核系统的拣货台车拣货，则在拣取过程中就能利用此法来做检查，拣货员每拣取一样货品，台车上的计重器则会自动显示其重量做查对，如此可完全省去事后的检查工作，在效率及正确性上的效果更好。这种方法仅适用于货品重量标准的货品，且自然损耗较小，否则会产生较大误差。

四、出货包装

出货作业中的包装主要是指物流包装。通常不求包装美观，只求坚固耐用，其主要作用是保护货物并将多个零散包装物品放入大小合适的箱子中，以实现整箱集中装卸、成组化搬运等，同时减少搬运次数，保护货物以降低货损，提高周转效率。

如图 5-5 所示，超市配送中心利用该周转箱作为包装容器，可以大大降低货损、货物丢失，提高作业效率。此外，与其他一次性包装容器相比，该周转箱坚固耐用，可以循环使用，降低配送中心成本。

另外，包装也是产品信息的载体，通过在外包装上印贴标签或书写产品名称、原料成分、重量、生产厂家、生产日期、产品条形码、储运说明、客户名称、订单号等，可以便于客户和配送人员识别产品，进行货物的正确装运与交接。通过扫描包装上的条形码，还可以跟踪货物运输状态。

图 5-5 物流周转箱

五、配放

配放是指根据发送货物数量、目的地、配送区域、配送线路等事先做出车辆装载安排，并将包装或打捆完毕的货物放于指定的货物待发区客户所代表的货位上。这样，配送中心将同一配送线路上的不同客户的货物、同一配送区域的多家客户的货物尽量放置在一起，为后续送货装车作业提供便利。

【任务实施】

出货是衔接分拣与送货的作业环节，为了完成任务，需要注意以下几个问题。

(1) 充分利用配送中心现有出货设备与技术。

(2) 熟练掌握出货作业流程。

(3) 方案实施过程中要不断完善与改进。

【任务总结】

通过完成“出货方案设计与实施”，让同学们深入理解和掌握出货作业的相关知识，掌握出货作业方法与技能，提升学生策划与管理能力。

【任务实训】

出货检查作业实训

如表 5-1 所示，以下是某客户所订货品，配送中心已进行订单处理、分拣作业，在将货品配放至货物待发区前请进行出货检查作业，并简要说明出货检查过程。

表 5-1 出货商品基本信息

货品名称	单 位	数 量	条 码
拉芳洗发露	瓶	8	6938902600049
清风纸手帕 10 包装	组	5	6922266440656
佳洁士防蛀修护牙膏	盒	15	6933383050340
舒肤佳沐浴露	瓶	9	6903148047804
舒肤佳香皂	盒	20	6903148091654

考核标准：

出货方案准确 (40 分)	方案实施较好 (40 分)	提出改进意见 (20 分)	总分 (100 分)

任务二 配送车辆调度

【任务描述】

配送车辆调度

某大型连锁零售公司在中国设有 A、B、C 三个配送中心，现有 a、b、c、d 四家门店订货，各配送中心的可供给量和各门店的需求量，以及各配送中心运送单位物品到各门店的运价(单位：百元/吨)如表 5-2 所示，求使总配送运费最小的车辆调度方案。

表 5-2 运价及供需量表

运价 门店 配送中心	a	b	c	d	供给量
A	7.5	19.5	7.5	18	27
B	4.5	16.5	6	15	18
C	13.5	9	18	10.5	33
订货量	15	24	21	18	78

【任务驱动】

(1) 什么是车辆调度？
(2) 车辆调度具有哪些特点？
(3) 车辆调度应遵循哪些基本原则？
(4) 车辆调度的方法有哪些？如何应用车辆调度方法完成车辆调度作业？

【任务资讯】

车辆调度是配送作业中一项十分重要的工作，是送货作业中的重要环节。科学合理的车辆调度，不但能够使配送中心及时了解配送任务的执行情况，促进配送作业及时有序进行，保证配送运输任务按期完成，还能够找到最短的配送路线，实现最小的运力投入，从而提高企业的经营效益和市场竞争力。

一、车辆调度的概念与特点

(一)车辆调度的概念

车辆调度是配送或运输领域非常关键的作业环节。目前，车辆调度尚无统一、标准的定义，不同的作者对车辆调度的理解也有所不同。归纳起来，配送领域车辆调度主要有两层含义，其一车辆调度是指为了以最低的运费或最短的距离满足客户的送货需求，在多个配送中心中所做出的车辆选择与送货安排；其二车辆调度是指某一配送中心所做出的车辆送货安排，车辆在满足一定的约束条件下，有序地通过一系列装货点和卸货点，达到诸如路程最短、费用最小、耗时最少等目标。具体而言，车辆调度第一层含义适用于区域配送，即某些大型企业在全国或全球范围内建立多个配送中心，面对众多配送网点，企业如何做出送货安排，每个配送中心的配送范围如何界定；车辆调度第二层含义适用于城市配送，即某些企业的市场活动范围仅限于一定的较小的区域，仅成立一家配送中心，或者上述第一层含义中每个配送中心配送范围确定后，面对一定区域内的配送网点，如何确定送货车辆及安排送货。

(二)车辆调度的特点

一般车辆调度具有以下四个方面的特点。

1. 计划性

计划性是调度工作的基础和依据。事先划分好配送区域，配送车辆按照已经划分好的区域线路执行每日的配送工作。

2. 机动性

机动性就是必须加强运输信息的反馈，及时了解运输状况，机动灵活地处理各种问题，准确及时地发布调度命令，保证运输计划的完成。当遇到门店要货量不均或要货属性(体积、重量等)差异大等情况时，对原划分好的相邻区域间可以进行微调。

3. 预防性

运输过程中的影响因素多，情况变化快，因此，调度人员应对生产中可能产生的问题有预见。这包括两个方面：一是采取预防措施，消除影响配送的不良因素，如车辆的定期检查与保养等；二是事先准备，制定有效的应急措施。当发生个别车辆故障或其他突发事件时，应有备用车辆替补完成当日的配送任务工作。

4. 及时性

调度工作的时间尤其重要，无论工时的利用、配送环节的衔接，还是装卸效率的提高、运输时间的缩短，无不体现了时间的观念。因此，调度部门发现问题要迅速，反馈信息要及时，解决问题要果断。

二、车辆调度的基本原则

影响配送中心车辆调度方案的因素很多，配送中心在进行车辆调度时应遵循如下基本原则。

1. 效益最高

配送中心在选择效益为目标时，一般是以配送中心当前的效益为主要考虑因素，同时兼顾长远的效益。效益是配送中心整体经营活动的综合体现，可以用利润来表示，计算时可以以利润的数值最大化为目标值。但是效益是综合的反映，在拟定数学模型时，很难建立完全反映配送中心效益的函数关系，因此很少采用这一目标。

2. 成本最低

计算成本比较困难，但成本和配送路线之间有密切关系，在成本对最终效益起决定作用时，选择成本最低为目标实际上就是选择了以效益为目标，比较实用，因此是可以采用的。

3. 路程最短

如果成本和路程相关性较强，而和其他因素关系不大，则可以采取路程最短为目标，这可以大大地简化计算，而且也可以避免许多不易计算的影响因素。需要注意的是，有时路程最短并不见得成本就最低，如果道路条件、道路收费影响了成本，单以最短路程为最

优解是不合适的。

4. 吨公里最小

吨公里最小通常是区域配送的目标选择，但在车辆调度、配送路线选择中，吨公里最小一般情况下是不适用的。

5. 准时性最高

准时性是配送服务质量的重要指标，以准时性为目标确定车辆调度方案就是要将各用户的时间要求和路线先后到达的安排协调起来，这样有时难以顾及成本问题，甚至需要牺牲成本来满足准时性要求。当然，在这种情况下成本也不能失控，应有一定限制。

6. 运力利用最合理

在运力非常紧张、运力和成本与效益又有一定关系时，配送中心为节约运力、充分运用现有运力，不外乎租车辆或新购车辆，也可以把运力安排为目标，进行车辆调度，确定配送路线。

7. 劳动消耗最低

配送中心以油耗最低、司机人数最少、司机工作时间最短等劳动消耗为目标确定配送路线也有所应用，这主要是在特殊情况下(如供油异常紧张、油价非常高、意外事故引起人员减员、某些因素限制了配送司机人数等)必须选择的目标。

三、车辆调度基本方法

车辆调度的方法有多种，可根据客户所需货物、配送中心站点及交通线路的布局不同而选用不同的方法。简单的运输可采用定向专车运行调度法、循环调度法、交叉调度法等。如果配送运输任务量大，交通网络复杂时，为合理调度车辆的运行，可运用运筹学中线性规划的方法，如表上作业法、图上作业法等。

(一)表上作业法

表上作业法是单纯形法在求解配送运输问题时的一种简化方法，适用于多个配送中心面向多个用户的配送车辆调度问题，且配送中心到用户的运价已知，求解运费最小的配送车辆调度方案。表上作业法具体实施步骤如图 5-6 所示。

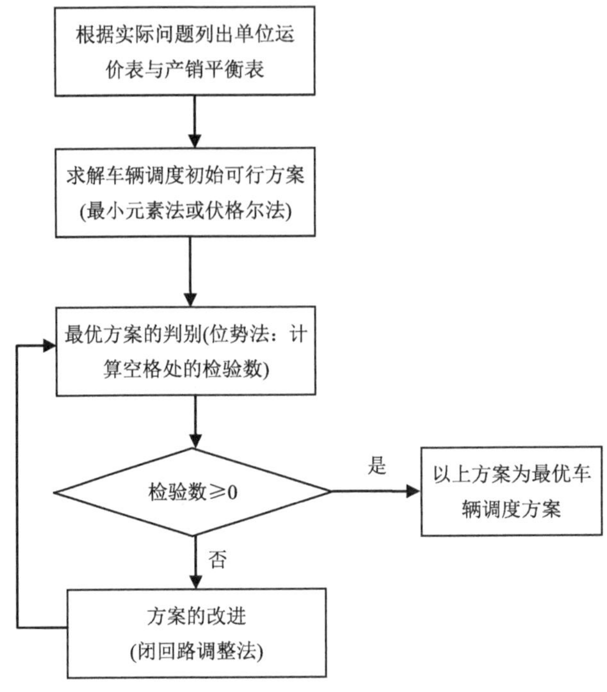

图 5-6　表上作业法实施步骤

1. 确定初始可行方案

确定初始可行方案的方法比较多，一般希望方法既简单，又尽可能接近最优解，常用最小元素法和伏格尔(Vogel)法两种方法。

1)　利用最小元素法求解初始可行方案

最小元素法的基本思想是就近供应，即从单位运价表中最小的运价开始确定供需关系，从而安排车辆，然后从次小运价再确定供需关系，直到用户需求得到全部满足或配送中心物资调配完毕，即可求解出初始可行方案。

【技能训练 1】

某化肥生产公司下设三个配送中心，每日的可供给量分别为 A1=70 吨，A2=40 吨，A3=90 吨，该公司把产品分别配送给四个销售点。各个销售点每日销量为 B1=30 吨，B2=60 吨，B3=50 吨，B4=60 吨，已知从各配送中心到各销售点的单位产品的运价如表 5-3 所示，问该公司应如何调运产品，在满足各销点的需要量的前提下，使总配送运费最少。试用最小元素法求出最优配送调度方案的初始方案。

表 5-3　配送中心到销售点的运价

销售点 配送中心	B1	B2	B3	B4
A1	3	11	3	10
A2	1	9	2	8
A3	7	4	10	5

解：(1)　根据已知条件，列出产销平衡表，如表 5-4 所示。

表 5-4　产销平衡表

销售点 配送中心	B1	B2	B3	B4	供 给 量
A1	3	11	3	10	70
A2	1	9	2	8	40
A3	7	4	10	5	90
需求量	30	60	50	60	200

(2)　从表 5-4 中找出最小运价为 1，运价 1 对应配送中心 A2 和销售点 B1，根据最小元素法，先将配送中心 A2 的化肥供应给销售点 B1，A2 能够供给 40 吨，B1 需求量为 30 吨，因此 B1 的需求可以全部得到满足，在(A2，B1)右侧填上 30，这时不需要其他配送中心再安排车辆给 B1 送货，用虚线把 B1 所在的列划掉，如表 5-4(1)所示。

表 5-4(1)　利用最小元素法求解初始可行方案过程表

销售点 配送中心	B1		B2	B3	B4	供给量
A1	3		11	3	10	70
A2	1	30	9	2	8	40
A3	7		4	10	5	90
需求量	30		60	50	60	

(3) 按照上述步骤，可以得到表 5-4(2)、表 5-4(3)、表 5-4(4)、表 5-4(5)、表 5-4(6)，最终得到初始可行方案如表 5-4(7)所示。

表 5-4(2)　利用最小元素法求解初始可行方案过程表

销售点 配送中心	B1		B2	B3		B4	供给量
A1	3		11	3		10	70
A2	1	30	~~9~~	~~2~~	~~10~~	~~8~~	~~40~~
A3	7		4	10		5	90
需求量	30		60	50		60	

表 5-4(3)　利用最小元素法求解初始可行方案过程表

销售点 配送中心	B1	B2	B3	B4	供给量
A1	3	11	3　40	10	70
A2	1　30	~~9~~	~~2~~　~~10~~	~~8~~	~~40~~
A3	7	4	10	5	90
需求量	30	60	50	60	

表 5-4(4)　利用最小元素法求解初始可行方案过程表

销售点 配送中心	B1	B2	B3	B4	供给量
A1	3	11	3　40	10	70
A2	1　30	~~9~~	~~2~~　~~10~~	~~8~~	~~40~~
A3	7	4　60	10	5	90
需求量	30	60	50	60	

表 5-4(5)　利用最小元素法求解初始可行方案过程表

销售点 配送中心	B1	B2	B3	B4	供给量
A1	3	11	3　40	10	70
A2	1　30	~~9~~	~~2~~　~~10~~	~~8~~	~~40~~
A3	7	~~4~~　~~60~~	~~10~~	~~5~~　~~30~~	~~90~~
需求量	30	60	50	60	

表 5-4(6) 利用最小元素法求解初始可行方案过程表

销售点 配送中心	B1		B2		B3		B4		供给量
A1	3		11		3	40	10	30	70
A2	1	30	9		2	10	8		40
A3	7		4	60	10		5	30	90
需求量	30		60		50		60		

表 5-4(7) 利用最小元素法求解初始可行方案过程表

销售点 配送中心	B1	B2	B3	B4
A1			40	30
A2	30		10	
A3		60		30

2) 利用伏格尔法求解初始可行方案

通过上述求解过程可知，最小元素法的缺点是：为了节省一处的费用，有时会造成在其他处要多花几倍的运费。伏格尔法考虑到，配送中心的产品假如不能按最小运费就近供应，就考虑次小运费，这就有一个差额，差额越大，说明不能按最小运费调运时，运费增加越多，因而对差额最大处，就应当采用最小运费调运。

【技能训练 2】

试用伏格尔法求解以技能训练 1 题目中的配送车辆调度最优方案的初始方案。

解：

(1) 在平衡表中分别增加一行和一列，计算单位运价的行差额和列差额，如表 5-5(1)所示。

表 5-5(1) 利用伏格尔法求解初始可行方案过程表

配送中心＼销售点	B1	B2	B3	B4	供给量	行差额
A1	3	11	3	10	70	0
A2	1	9	2	8	40	1
A3	7	4	10	5	90	1
需求量	30	60	50	60		
列差额	2	5	1	3		

(2) 根据伏格尔法，优先从单位运价差额最大的地方开始调运，找到列差额最大值 5，对应 B2 这一列，这一列最小单位运价为 4，因此从(A3，B2)处开始调运，配送中心 A3 可以供给化肥 90 吨，B2 的需求量为 60 吨，B2 的需求可以全部得到满足，划掉这一列，得到表 5-5(2)。

表 5-5(2) 利用伏格尔法求解初始可行方案过程表

配送中心＼销售点	B1	B2		B3	B4	供给量	行差额
A1	3	11		3	10	70	0
A2	1	9		2	8	40	1
A3	7	4	60	10	5	90	1
需求量	30	60		50	60		
列差额	2	5		1	3		

(3) 当 B2 这一列划掉后，影响的是行差额，因此重新计算行差额，得到表 5-5(3)。

表 5-5(3) 利用伏格尔法求解初始可行方案过程表

配送中心＼销售点	B1	B2	B3	B4	供 给 量	行 差 额
A1	3	11	3	10	70	0
A2	1	9	2	8	40	1
A3	7	4 60	10	5	90	2
需求量	30	60	50	60		
列差额	2	5	1	3		

(4) 按照第二步、第三步进行调运，分别得到表 5-5(4)～表 5-5(9)，最终结果如表 5-5(10)所示。

表 5-5(4) 利用伏格尔法求解初始可行方案过程表

配送中心＼销售点	B1	B2	B3	B4	供 给 量	行 差 额
A1	3	11	3	10	70	0
A2	1	9	2	8	40	1
A3	7	4 60	10	5 30	90	2
需求量	30	60	50	60		
列差额	2	5	1	3		

表 5-5(5)　利用伏格尔法求解初始可行方案过程表

销售点 配送中心	B1		B2		B3		B4		供给量	行差额
A1	3		11		3		10		70	0
A2	1		9		2		8		40	1
A3	7		4	60	10		5	30	90	2
需求量	30		60		50		60			
列差额	2		5		1		2			

表 5-5(6)　利用伏格尔法求解初始可行方案过程表

销售点 配送中心	B1		B2		B3		B4		供给量	行差额
A1	3		11		3		10		70	0
A2	1	30	9		2		8		40	1
A3	7		4	60	10		5	30	90	2
需求量	30		60		50		60			
列差额	2		5		1		2			

表 5-5(7) 利用伏格尔法求解初始可行方案过程表

销售点 配送中心	B1		B2		B3	B4		供给量	行差额
A1	3		11		3	10		70	7
A2	1	30	9		2	8		40	6
A3	7		4	60	10	5	30	90	2
需求量	30		60		50	60			
列差额	2		5		1	2			

表 5-5(8) 利用伏格尔法求解初始可行方案过程表

销售点 配送中心	B1		B2		B3	B4		供给量	行差额
A1	3		11		3 50	10		70	7
A2	1	30	9		2	8		40	6
A3	7		4	60	10	5	30	90	2
需求量	30		60		50	60			
列差额	2		5		1	2			

表 5-5(9)　利用伏格尔法求解初始可行方案过程表

配送中心＼销售点	B1		B2		B3		B4		供给量	行差额
A1	3		11		3	50	10	20	70	7
A2	1	30	9		2		8	10	40	6
A3	7		4	60	10		5	30	90	2
需求量	30		60		50		60			
列差额	2		5		1		2			

表 5-5(10)　初始可行方案

配送中心＼销售点	B1	B2	B3	B4	供给量
A1			50	20	70
A2	30			10	40
A3		60		30	90
需求量	30	60	50	60	

由此可见，伏格尔法同最小元素法除在确定供求关系的原则上不同外，其余步骤相同，但是伏格尔法给出的初始解比用最小元素法给出的初始解更接近最优解。

2. 最优方案的判别

当我们利用最小元素法或伏格尔法求出初始方案时，这时候就要判别初始方案是否为最优解，判别的方法是计算空格的检验数，常用闭回路法和位势法，这里主要介绍如何利用位势法判别方案是否为最优。

1) 判别标准

使用位势法求出检验数，若检验数都不为负数，则原方案为最优解，若有负检验数存在，则负检验数所在空格需进行调整。

注：只有没有运量的空格处需要计算检验数。

2) 检验数的计算方法

(1) 设有运量的格子数最多的行或列的位势=0。

(2) 有运量格子的运价=行位势+列位势。

(3) 空格的检验数=运价-(行位势+列位势)。

【技能训练 3】

表 5-6 是用最小元素法得出的配送运输车辆调度方案，试用位势法判断是否最优。

表 5-6 配送运输车辆调度方案

销售点 / 配送中心	B1	B2	B3	B4	供给量
A1	3	11	3　40	10　30	70
A2	1　30	9	2　10	8	40
A3	7	4　60	10	5　30	90
需求量	30	60	50	60	

解：

(1) 计算行位势和列位势。将有运量的格子用●作标记，经查找发现有运量格子数最多的行或列是 A1、A2、B3、B4，均为 2 个带运量的格子，可任选一行，设其位势为 0，这里设 A1 所对应的行位势等于 0，根据公式“有运量格子的运价=行位势+列位势”，可以计算出 B3、B4 所对应的列位势为 3 和 10，最终计算出所有的行位势和列位势，如表 5-6(1)所示。

表 5-6(1)　利用位势法判别方案是否为最优的过程表

配送中心＼销售点	B1	B2	B3	B4	行位势
A1	3	11	3 ●	10 ●	0
A2	1 ●	9	2 ●	8	−1
A3	7	4 ●	10	5 ●	−5
列位势	2	9	3	10	

(2) 计算空格处的检验数。根据公式“空格的检验数=运价−(行位势+列位势)”，在(A1，B1)处检验数=3−(0+2)=1，记于右下角。同理，可计算出其他空格处的检验数，如表 5-6(2)所示。

表 5-6(2)　利用位势法判别方案是否为最优的过程表

配送中心＼销售点	B1	B2	B3	B4	行位势
A1	3　1	11　2	3 ●	10 ●	0
A2	1 ●	9　1	2 ●	8　−1	−1
A3	7　10	4 ●	10　12	5 ●	−5
列位势	2	9	3	10	

(3) 最优方案的判断。由表 5-6(2)可见，(A2，B4)对应的检验数为−1，检验数出现负数，因此由最小元素法确定的初始可行方案不是最优方案。

3. 方案的改进

车辆调度改进方案常使用闭回路调整法进行调整，以得到最优的方案，具体步骤如下：

(1) 找出闭合回路：从负检验数所在格子出发找一条闭合回路，用水平或垂直线向前划，每碰到数字格转 90 度，然后继续前进，直到回到起始空格为止。

(2) 标正负号：从出发格开始依次标上正负号。

(3) 选择调整数：将所有标有负号的转角格中的最小运量作为调整数。

(4) 数据调整：各正号加上调整数，负号减去调整数。

【技能训练 4】

对由最小元素法确定的初始可行方案改进。

解：

(1) 找出闭合回路。从负检验数(A2，B4)处出发，找出闭合回路，如表 5-7(1)所示。

表 5-7(1) 利用闭合回路法求解最优方案过程表

销售点 配送中心	B1	B2	B3	B4	供给量
A1	3 1	11 2	3 ●	10 ●	70
A2	1 ●	9 1	2 ●	8 −1	40
A3	7 10	4 ●	10 12	5 ●	90
需求量	30	60	50	60	

(2) 标正负号。从负检验数(A2，B4)处开始，分别标上正负号，如表 5-7(2)所示。

表 5-7(2) 利用闭合回路法求解最优方案过程表

销售点 配送中心	B1	B2	B3	B4	供给量
A1	3 1	11 2	3 (+)●	10 (−)●	70
A2	1 ●	9 1	2 (−)●	8 (+)−1	40
A3	7 10	4 ●	10 12	5 ●	90
需求量	30	60	50	60	

(3) 选择调整数。将所有标有负号的转角格中的最小运量作为调整数，(A1，B4)处运量为 20，(A2，B3)处运量为 10，所以选择 10 作为调整数。

(4) 数据调整。所有标正号的格子处的运量加 10，所有标负号的格子处的运量减 10，调整后如表 5-7(3)所示，因此最后得到调整方案如表 5-7(4)所示。

表 5-7(3)　利用闭合回路法求解最优方案过程表

销售点 / 配送中心	B1	B2	B3	B4	供给量
A1	3 1	11 2	3 (50)●	10 (20)●	70
A2	1 ●	9 1	2 (0)●	8 (10) −1	40
A3	7 10	4 ●	10 12	5 ●	90
需求量	30	60	50	60	

表 5-7(4)　调整后方案

销售点 / 配送中心	B1	B2	B3	B4	供给量
A1			50	20	70
A2	30			10	40
A3		60		30	90
需求量	30	60	50	60	

(二)图上作业法

图上作业法是将配送运输量任务反映在交通图上，通过对交通图初始调运方案的调整，求出最优配送车辆运行的调度方法。图上作业法根据交通图点和线的关系，把各种路线归纳为道路不成圈(无圈)和道路成圈两类。

1. 道路不成圈图上作业法

道路不成圈，就是没有回路的“树”形路线，包括直线、丁字线、交叉线、分支线等；无圈的流向图只要消灭对流，就是最优流向图。对于不成圈的交通网络图，根据线性规划原理，物资调拨或空车调运线路的确定可依据“就近调空”原则进行，具体步骤如下。

第一步：根据配送中心、客户所在地画出“树”形图，用○表示配送中心(发货点)，用□表示客户(收货点)，并把配送中心的供给量、客户的订货量标识在上面。

第二步：用箭头线规划商品的运输方向。规划运输方向时，要按照“先端点，由外向里”就近调拨的原则，来平衡配送中心与客户之间的供需量。

【技能训练5】

某商品生产企业设有四个配送中心A、B、C、D，每天的供给量分别是80吨、140吨、60吨、120吨，供给客户a、b、c三地的数量分别为140吨、160吨、100吨，试用图上作业法选择该商品的合理车辆调度方案。

解：

(1) 编制该商品的供需平衡表，如表5-8所示。

表5-8 商品供需平衡表

配送中心＼客户	a	b	c	供给量
A				80
B				140
C				60
D				130
需求量	70	80	50	

(2) 根据配送中心与客户所处地理位置，绘制交通示意图，如图5-7所示。

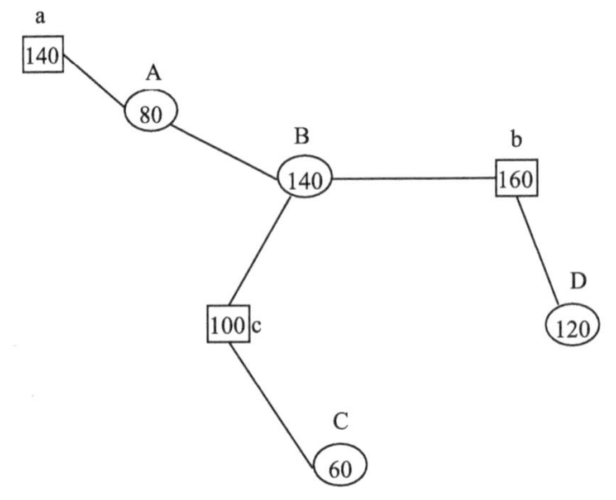

图5-7 配送中心与客户位置图

(3) 根据图上作业法“先端点，由外向里”就近调拨的原则，制订车辆调度方案，如图5-8所示。

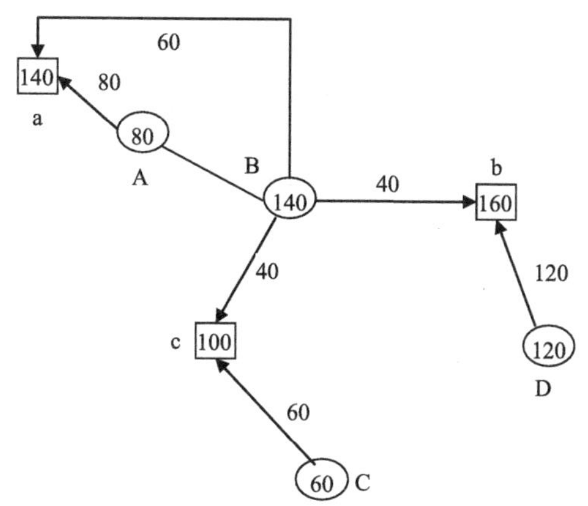

图 5-8　车辆调度方案图

(4)　将车辆调度结果填入供需平衡表，如表 5-9 所示。

表 5-9　车辆调度方案

配送中心＼客户	a	b	c	供给量
A	80			80
B	60	40	40	140
C			60	60
D		120		120
需求量	140	160	100	

2. 道路成圈图上作业法

道路成圈，就是形成闭合回路的“环”状路线，包括一个圈和多个圈。成圈的流向图要达到既没有对流，又没有迂回的要求才是最优流向图。

对于成圈的交通网络，假设某两点间线路“不通”，一般假设运距最长或相邻的两个送货点之间线路不通，将成圈问题化为不成圈问题考虑，这样就可得到一个初始的调运方案，然后进一步做优化处理，其原则是：里圈(顺时针方向)、外圈(逆时针方向)分别算，要求不过半圈长，如若超过半圈长，应用运量最小段，反复求算最优方案。

【技能训练 6】

某公司设有商品配送中心 A、B、C、D 四个，现有 a、b、c、d 四个大型客户订货，其距离及供需量如表 5-10 所示，试求最优车辆调度方案。

表 5-10　距离及供需量表

距离 配送中心 \ 客户	a	b	c	d	供给量
A	13			16	4
B	36	44			7.5
C		18	15		8.5
D			12	14	5
需求量	6.5	5	8	5.5	25

解：

(1) 根据配送中心与客户所处地理位置，绘制交通示意图，如图 5-9 所示。

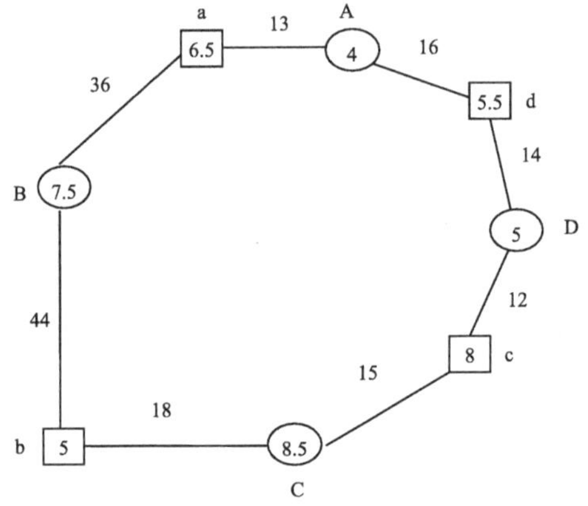

图 5-9　配送中心与客户位置图

(2) 破圈：假设运距最长的一段道路 B—b 不通，使道路成圈问题变成不成圈问题。

(3) 车辆调度：以顺时针送货方向为里圈，以逆时针送货方向为外圈，得到初始调度方案，如图 5-10 所示。

(4) 根据图中箭头将内外圈货流里程汇总，检查是否超过全圈长的一半。

$L/2$=(44+36+13+16+14+12+15+18)/2=84

$L_{内}$=36+13+16+12+18=95>$L/2$

$L_{外}$=14+15=29<$L/2$

$L_{内}$大于全圈长的一半，不是最优方案，应重新甩段破圈，甩内圈运量最小区段 a—A，寻找最优方案。

(5) 按照上述步骤重新安排商品配送，得到车辆调度方案如图 5-11 所示。

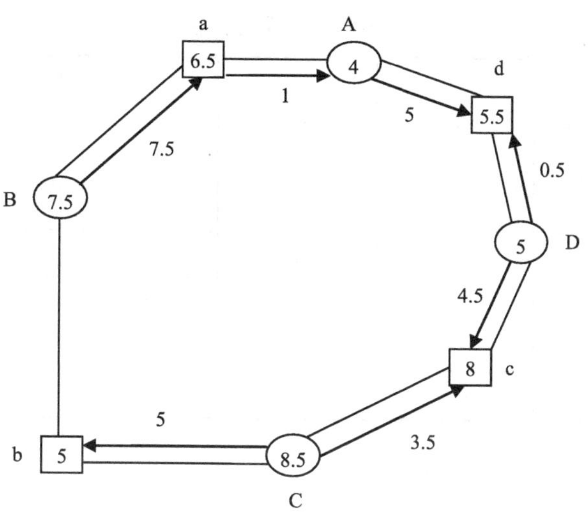

图 5-10　车辆调度方案图

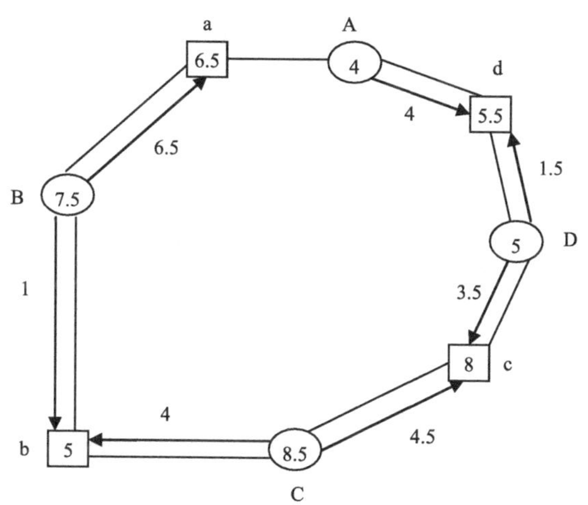

图 5-11　车辆调度方案图

计算内外圈长：

$L/2=(44+36+13+16+14+12+15+18)\div 2=84$

$L_{内}=36+16+12+18=82<L/2$

$L_{外}=14+15+44=73<L/2$

此方案为最优方案。

将上述车辆调度结果填入平衡表 5-11 中。

表 5-11　车辆调度方案

运量 配送中心 \ 客户	a	b	c	d	供给量
A				4	4
B	6.5	1			7.5
C		4	4.5		8.5
D			3.5	1.5	5
需求量	6.5	5	8	5.5	25

(三)经验调度法与运输定额比法

1. 经验调度法

经验调度法认为，当有多种车辆时，车辆调度的经验原则是应尽可能使用能满载运输的车辆进行运输或配送。如配送 10 吨的货物，安排一辆 10 吨载重量的车辆配送。在能够保证满载的情况下，优先使用大型车辆，且先载运大批量的货物。一般而言大型车辆能够保证较高的运输配送效率和较低的运输配送成本。

【技能训练 7】

某建材配送中心，某日需运送水泥 480 吨、盘条 290 吨和不定量的平板玻璃。该配送中心有大型车 15 辆，中型车 20 辆，小型车 16 辆。所有车型每日只运送一种货物，运输定额如表 5-12 所示。

表 5-12　车辆运输定额表

单位：吨/日·辆

车辆种类	运送水泥	运送盘条	运送玻璃
大型车	20	17	14
中型车	18	15	12
小型车	16	13	10

解：根据经验调度法确定，车辆安排的顺序为大型车、中型车、小型车，货载安排的顺序为：水泥、盘条、玻璃，得出车辆调度方案如表 5-13 所示，共完成货运量最多 910 吨，其中最多配送玻璃 140 吨。

表 5-13　应用经验调度法求解货运总量

车辆种类	运送水泥车数量	运送盘条车数量	运送玻璃车数量	车辆总数
大型车	15			15
中型车	10	10		20
小型车		11	14	25
货运量	480	290	140	

2. 运输定额比法

运输定额比法是指优先选用运输某种产品定额比最高的车型运送该产品，这样可以充分利用车辆的容积和载重量。某种车型运输一产品定额比越高，说明使用该车型运送此种产品效率最高。使用运输定额比法进行车辆调度，首先应计算出各种车型运送产品的运输定额比，然后根据定额比例大小依次安排车型和数量。

【技能训练 8】

应用运输定额比法求解车辆调度方案。

根据车辆的运送能力计算出每种车运送不同货物的定额比，如表 5-14 所示。

表 5-14　车辆运输定额表

单位：吨/日·辆

车辆种类	运送水泥/运送盘条	运送盘条/运送玻璃	运送水泥/运送玻璃
大型车	1.18	1.21	1.43
中型车	1.2	1.25	1.5
小型车	1.23	1.3	1.6

在表 5-14 中小型车运送水泥的定额比最高，因而要先安排小型车运送水泥；其次由中型车运送盘条；剩余的由大型车完成，得出车辆调度方案如表 5-15 所示，共完成运量 926 吨，其中最多运送玻璃 156 吨。

表 5-15　应用运输定额比法求解货运总量

车辆种类	运送水泥车数量	运送盘条车数量	运送玻璃车数量	车辆总数
大型车	4		11	15
中型车		20		20
小型车	25			25
货运量	480	290	156	

【任务实施】

配送车辆调度的方法有很多，因此，在车辆调度时要根据实际情况与已知条件来选择恰当的方案，需要注意以下两个问题。

(1) 每种车辆调度方法的特点及其适用性。

(2) 利用各种方法确定的车辆调度方案还要结合实际情况适当调整。

【任务总结】

通过完成“配送车辆调度”，让同学们深入理解和掌握配送车辆调度的相关知识，掌握配送车辆调度方法与技能，使配送中心运营成本达到最低，从而培养学生成本意识，提升学生管理能力。

【任务实训】

配送车辆调度实训

现有A、D、F、H四个配送网点，接到B、C、E、G、I五个客户的订货，四个配送网点供货量、五个客户的订货量以及各点之间的距离如图5-12所示，试求最优配送车辆调度方案。

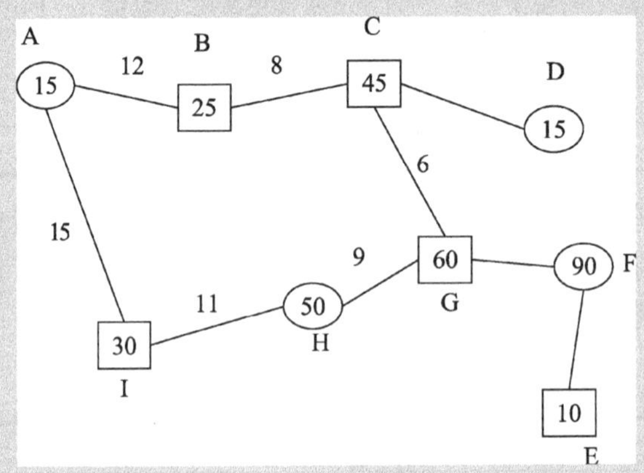

图5-12 配送网点与客户所处位置示意图

考核标准：

方法选用正确 (20分)	调度方案准确 (60分)	条理清晰 (20分)	总分 (100分)

任务三　配送路线优化

【任务描述】

配送路线优化与配送方案设计

某配送中心P向A、B、C、D、E五个用户配送货物，配送网络如图5-13所示。图中括号内的数字为用户的订货量(吨)，两点间连线上的数字为用户间的距离(千米)。配送中心有两种车型，额定载重量分别为2吨、4吨，要求车辆一次运行距离不超过30千米。请根据任务完成配送路线优化与配送方案设计。

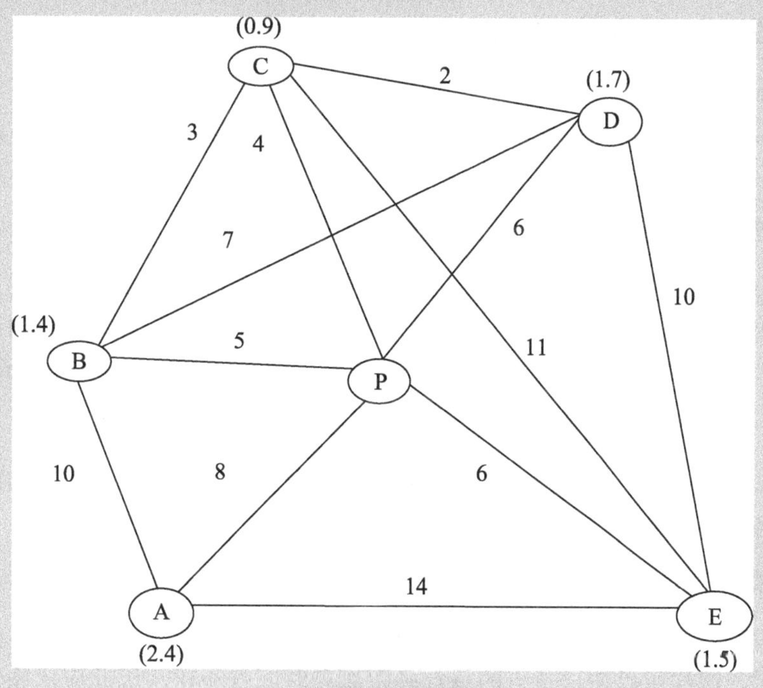

图5-13　配送网络示意图

【任务驱动】

(1) 确定配送路线时应遵循什么原则？

(2) 配送路线确定时受哪些条件的约束？

(3) 配送路线确定的方法有哪些？

(4) 如何利用节约法确定配送路线？

【任务资讯】

一、配送路线确定的原则

配送中心确定合理的配送路线，不但可以降低配送成本，还能提高配送效率。因此，配送路线的确定是配送计划的一个重要领域。配送路线确定的基本原则如下。

1. 将相互临近的送货点的货物装在一辆车上配送

车辆的运行路线应将相互接近的送货点串起来，以使送货点之间的行驶距离最小化，并实现配送行驶距离的最小化。

2. 将在一起的送货点安排在同一天送货

当以周为送货周期进行配送时，应将聚集在一起的送货点安排在同一天送货，要避免不是同一天送货的送货点在配送路线上的重叠，这样有助于缩短车辆运行时间，实现距离最小化。

3. 配送路线从离物流中心最远的送货点开始

合理的配送路线应从离配送中心最远的送货点开始，将聚集区的送货点串联起来，然后返回配送中心。聚集区的送货点的数目以车辆满载为限。在第一辆车满载后，用另一辆车装载第二个最远送货点的货物，按此程序进行，直至所有送货点的货物都分配完毕。

4. 同一辆车途径各个送货点的路线成凸状

配送车辆顺序所经过的送货点不应交叉，但送货点的交货时间约束和回程提货往往会导致配送路线的交叉。

5. 最有效的配送路线是使用大载重量的车辆的结果

在装载条件允许的情况下，最好使用载重量和容积大的车辆将尽量多的送货点的货物装载在一起，这样可以使送货点的总行驶距离和时间最小化，因此应优先使用载重量大的车辆。

6. 提货应在送货过程中进行，而不要在配送路线结束后再进行

零售商可以实施“回程提货”，但提货应在送货过程中进行，以减少交叉路程。而在送货后提货经常会发生线路交叉，能否回程提货主要取决于车辆形状和提货量对后续送货的影响。

7. 对偏离集聚送货点路线的单独送货点可应用另一个送货方案

对偏离集聚送货点，特别是送货量较小的送货点，使用较小载重量的货车是比较经济的。偏离度越大，送货量越小，其经济效益越大。另外，租车送货也是可行的方案。

8. 应尽量减少送货点工作时间过短的限制

送货点的收货时间太短会造成车辆调度的限制过多，造成配送路线的不合理。除特殊原因外，通常送货点收货时间约束并不是绝对的，如果送货点的工作时间确实影响合理的配送路线，调度应与送货点商量，调整其工作时间或放宽其工作时间约束。

二、配送路线确定的约束条件

在确定配送路线时，常常受到许多条件的约束，必须在满足这些约束条件的前提下选择相应的目标。一般的配送，约束条件有以下几项。

(1) 满足所有收货人对货物品种、规格和数量的要求。

(2) 满足收货人对货物发到时间范围的要求。

(3) 在允许通行的时间(如城区公路白天不允许货车通行)中进行配送。

(4) 各配送路线的货物量不得超过车辆容积及载重量的限制。

(5) 在配送中心现有运力允许的范围之中。

综合考虑配送路线确定的原则及其约束条件，我们把配送路程最短作为配送路线选择的目标。

三、配送路线确定的方法

配送路线确定的方法有很多，例如最短路法、扫描法、节约法等。对于大多数配送中心而言，一次送货面向多个用户，而最短路法仅适用于配送中心到某一用户点最短路线的选择问题，因此不具有代表性。这里主要介绍节约里程法在配送路线选择中的应用。

节约里程法又称节约算法或节约法，适用于一个配送中心面向多个客户的配送路线选择且配送起点和终点相同的路径规划问题。

(一)节约里程法的基本原理

节约里程法的基本原理是在确定货物配送路线时，有多个收货点，如果将其中能取得最大节约里程的两个收货点连接在一起，进行巡回送货，可以获得最大的里程节约。同时，在运输车辆满载的条件下，设法在这条选定的巡回路线中将其他收货点按照它们所能取得节约里程的大小纳入其中，以获得更大节约里程的效果。

节约法的基本思想如图 5-14 所示，从配送中心 P 到客户 A、B 的运输距离分别为 X 和

Y，A 和 B 之间的运输距离是 Z，如果客户 A、B 的货物不配装在一起，则对每个客户需派车来回送货，总运输距离为：

$$T = 2X + 2Y$$

如果客户 A、B 的货物配装在一起，则可以只派一辆车依次给两个客户送货，总运输距离为：

$$T' = X+Y+Z$$

二者之间节约里程为：

$$\Delta T = T - T' = (2X + 2Y) - (X + Y + Z) = X + Y - Z$$

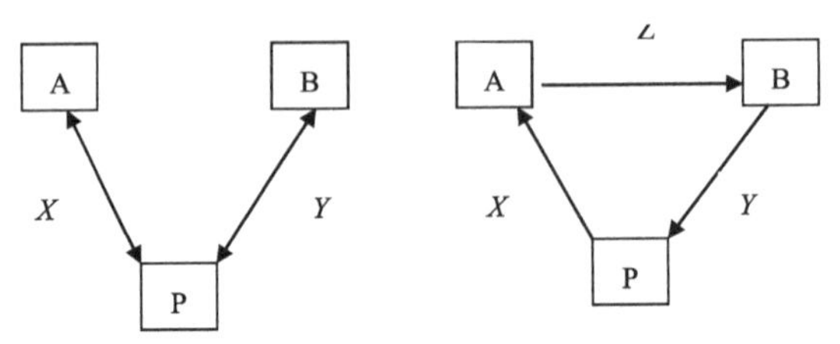

图 5-14　节约法的基本思想

如果把多个客户连在一起，则节约量更大。

如果多个客户满足假定条件：

(1) $\sum_{j=1}^{n} M_j \leqslant Q$，即 n 个客户的订货量小于车辆载重量 Q；

(2) 配送中心 P 到 n 个客户的一条完整配送路线之和小于车辆一次运行距离要求；

(3) $X + Y - Z > 0$，即节约量大于 0。

则可以按节约量从大到小的顺序依次把客户连成一条回路，直到整个回路各个客户需求量总和不超过这辆载重车的载重量，且整个配送路线距离之和不超过车辆一次运行距离要求，就组成了一条节约量最大的配送回路，派出一辆车。然后再在剩下的客户中同样按节约量由大到小的顺序继续组织配送回路，派出车辆，这样下去一直到所有的客户都组织完毕为止，就形成了一个完整的配送路线优化方案。

(二)节约里程法的规划方法

节约里程法规划方法与步骤如下。

(1) 计算相互之间的最短距离。根据已知条件，计算客户与客户之间的最短距离，客户与配送中心之间的最短距离，并列出最短距离矩阵。这里假设客户与客户、客户与配送中心之间的距离具有可逆性，即客户与客户、客户与配送中心之间的往返距离相等。

(2) 从最短距离矩阵中计算出各用户间节约的行程。根据节约量公式计算每一个客户与其他客户的货物配载后可以节约的运输距离，并列出节约里程矩阵。

(3) 对节约里程按大小顺序进行降序排列。根据节约里程矩阵，以节约里程为关键字将节约里程及其对应的客户降序排列。

(4) 根据节约里程法基本原理和思想，按照节约里程排序表，组成配送路线图，完成全部配送路线的规划设计。

【技能训练 9】

配送中心 P 向美家(A)、美兰(B)、美好(C)、美情 (D)、美福(E)、美来(F)、美程(G)、美翔(H)、美乐(I)等 9 家公司配送货物。图 5-15 中连线上的数字表示公路里程(千米)。靠近各公司括号内的数字，表示各公司对货物的需求量(吨)。配送中心备有 2 吨和 4 吨载重量的汽车，且汽车一次巡回(顺时针方向)走行里程不能超过 35 千米，设送到时间均符合用户要求，求该配送中心的最优送货方案。

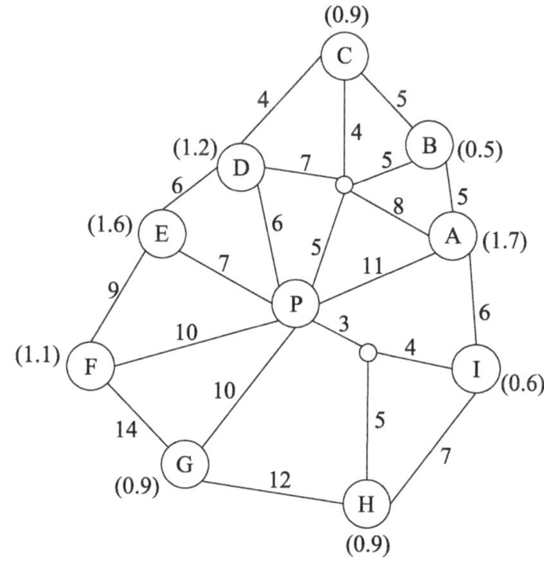

图 5-15　配送网络示意图

解：

(1) 找出相互之间的最短距离。根据图 5-14 找出客户与客户之间的最短距离，客户与配送中心之间的最短距离，并在 Excel 工作表中列出最短距离矩阵，如表 5-16 所示。

(2) 计算各客户之间能够节约的距离。根据节约里程公式可知，两客户之间能够节约的距离实际上等于配送中心分别到两个客户的最短距离之和，然后再减去两个客户之间的最短距离。因此，客户 A、B 之间能够节约的距离为 PA+PB−AB，A、C 之间能够节约的距离为 PA+PC−AC。对比两个计算公式，在 Excel 工作表中 PA 保持不变，而 PC、AC 相对 PB、AB 的位置分别相对下移一个位置，所以在同一 Excel 工作表中可以首先计算 A、B 之间能够节约的距离，这里不能直接采用 PA、PB、AB 对应数值，而是引用其地址来计算，

并赋予 PA 绝对引用地址，也就是在 PA 所对应的列号和行号前面添加美元符号$，或选中 PA 所对应的列号和行号按 F4 键实现。当 A、B 之间能够节约的距离计算出来时，A、C 之间能够节约的距离可以通过下拉填充实现，同样，A 和其他客户之间能够节约的距离也可以通过下拉填充实现。同理，其他各客户之间能够节约的距离均用上述方法计算，计算结果如表 5-17 所示。

表 5-16　相互之间的最短距离矩阵

	P									
A	11	A								
B	10	5	B							
C	9	10	5	C						
D	6	14	9	4	D					
E	7	18	15	10	6	E				
F	10	21	20	19	15	9	F			
G	10	21	20	19	16	17	14	G		
H	8	13	18	17	14	15	18	12	H	
I	7	6	11	16	13	14	17	17	7	I

表 5-17　各用户之间能够节约的距离矩阵

	A								
B	16	B							
C	10	14	C						
D	3	7	11	D					
E	0	2	6	7	E				
F	0	0	0	1	8	F			
G	0	0	0	0	0	6	G		
H	6	0	0	0	0	0	6	H	
I	12	6	0	0	0	0	0	8	I

(3) 根据节约里程大小先后组成配送路线图，并做出标记，最终完成全部配送路线的规划设计。

根据节约里程法基本原理，在 Excel 工作表中，首先从最大节约里程 16(对应 B—A)开始组成配送路线 P—B—A—P，确定客户 B 和 A 的货物装在一辆车上，此时载重量为 2.2 吨，且汽车一次巡回里程为 26 千米，满足条件(1)和(2)，可以继续在此配送路线上增加新的客户，并对数字 16 作标记，例如字体设置为红色。

接着寻找除标红数字以外的最大节约里程，即 14(对应 C—B)，由于 B 已经在配送路线 P—B—A—P 上，所以将 C 也增加到该配送路线上，组成新的配送路线 P—C—B—A—P，此时载重量为 3.1 吨，且汽车一次巡回里程为 30 千米，满足条件(1)和(2)，可以继续在此配送路线上增加新的客户，并将数字 14 设置为红色。

继续寻找除标红数字以外的最大节约里程，即 12(对应 A—I)，由于 A 已经在配送路线 P—C—B—A—P 上，所以将 I 也增加到该配送路线上，组成新的配送路线 P—C—B—A—I—P，此时载重量为 3.7 吨，且汽车一次巡回里程为 32 千米，满足条件(1)和(2)，并将数字 12 设置为红色，但如果继续在此配送路线上增加新的客户，条件(1)就得不到满足，即超重，因此第一条配送路线规划完毕，即 P—C—B—A—I—P，使用 4 吨车型，载重量为 3.7 吨，巡回里程为 32 千米。

由于客户 C、B、A、I 的货物已经在第一条配送路线图上，所以不可能再出现在其他的配送路线上，这时把这四个客户与其他客户对应的所有节约里程都标记为红色，在后续的配送路线规划中不再考虑。

按照上述方法可以规划其他配送路线，具体如下：

P—F—E—D—P 使用 4 吨车型，载重量为 3.9 吨，巡回里程为 31 千米。

P—H—G—P 使用 2 吨车型，载重量为 1.8 吨，巡回里程为 30 千米。

【任务实施】

为了充分利用配送车辆的容积和载重量，并使配送车辆运距最短，配送中心需要采用一定的方法来进行配送路线优化与配送方案设计，节约里程法恰好能够解决上述问题。如何利用节约里程法进行配送路线优化与配送方案设计，需要明确以下几个问题。

(1) 注意节约里程法仅适用于一个配送中心面向多个客户的配送路线选择且配送起点和终点相同的路径规划问题。

(2) 根据配送中心与用户所在地理位置绘制配送网络图，各点之间的距离并不是直线距离。

(3) 掌握节约里程法规划方法与步骤。

(4) 充分利用办公软件进行配送路线优化与配送方案设计。

【任务总结】

通过完成“配送路线优化与配送方案设计”，让同学们深入理解和掌握配送路线优化相关知识，掌握配送路线优化与方案设计技能，培养学生成本意识，提升学生办公软件应用能力。

【任务实训】

配送路线优化与配送方案设计实训

设某配送中心P向6个用户配送货物。配送网络如图5-16所示，P_1、P_2、P_3、P_4、P_5、P_6分别为6个用户，括号内的数字为用户的需求量(吨)，两点间连线上的数字为两用户间的距离(千米)。配送中心有额定载重量分别为2吨、4吨的货车，要求车辆一次运行距离不超过30千米。试确定合理的配送方案，使得配送成本最低。

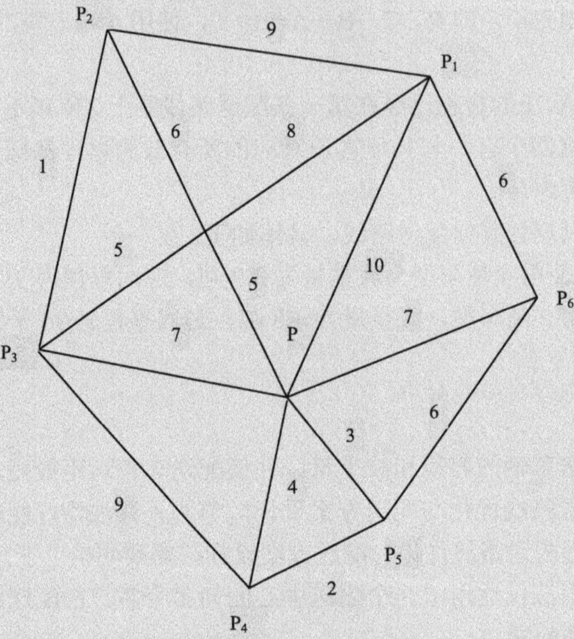

图5-16 配送网络图

考核标准：

思路清晰 (20分)	要点准确 50分)	充分利用办公软件 (30分)	总分 (100分)

任务四　送 货 作 业

【任务描述】

送货作业计划制订与实施

天津某配送中心地处东丽区，需要在2013年4月28日为A、B、C三个分销商配送商品，配送商品的名称、规格、数量、毛重、体积及时间要求如表5-18所示。三个分销商距该配送中心的距离如图5-17所示。配送中心主要使用车型为东风牌天锦翼开启厢式货车，其货厢尺寸为7600毫米×2500毫米×2500毫米，车辆装载货物容积利用率为85%左右，货车额定载重量为5800千克。请为该配送中心制订一份送货作业计划，要求既要满足客户的时间要求，又要使配送成本最低，并按该计划实施送货。

表5-18　配送商品情况一览表

客户名称	需求商品情况					需求时间
	品　名	规　格	数　量	毛　重	体积(厘米×厘米×厘米)	
A	铁观音茶叶	500克/袋	50箱	11千克/箱	85×60×45	4月28日上午11点前
	伊利牛奶	250克/袋	100箱	8.5千克/箱	70×50×35	
	五常大米	50千克/袋	40袋	50千克/袋	100×45×20	
	百事可乐	1.25千克/瓶	65箱	8.5千克/箱	60×35×50	
	七喜	1.25千克/瓶	65箱	8.5千克/箱	60×35×50	
B	立白洗衣粉	1千克/袋	50箱	11千克/箱	75×55×40	4月28日上午10点前
	舒肤佳香皂	125克/块	40箱	4.25千克/箱	60×30×25	
	天元饼干	1千克/盒	100箱	6.5千克/袋	90×80×70	
	百事可乐	1.25千克/瓶	80箱	8.5千克/箱	60×35×50	
C	洁丽雅毛巾	70厘米×40厘米	20箱	10.5千克/箱	75×45×50	4月28日上午12点前
	百事可乐	1.25千克/瓶	100箱	8.5千克/箱	60×35×50	
	伊利牛奶	250克/袋	100箱	8.5千克/袋	70×50×35	
	七喜	1.25千克/瓶	100箱	8.5千克/箱	60×35×50	
	五常大米	50千克/袋	20袋	50千克/袋	100×45×20	

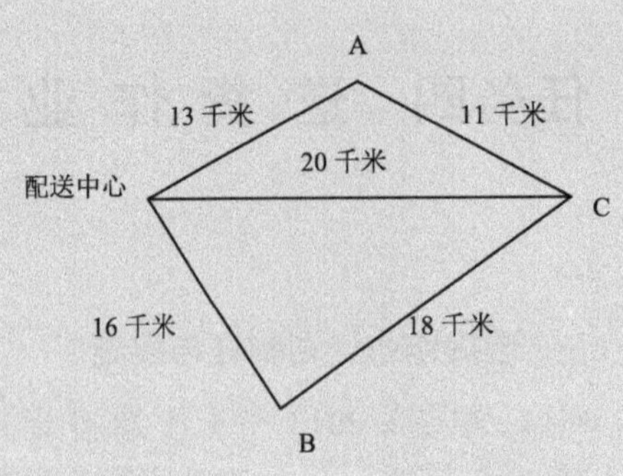

图 5-17 配送中心与三个分销商位置图

【任务驱动】

(1) 什么是送货？

(2) 送货作业流程是什么？

(3) 送货作业各环节是如何衔接的？

(4) 如何编制送货作业计划？

【任务资讯】

送货是指产品或服务如何送达顾客。送货作业是配送业务的最后一个环节，也是配送业务的实质。与长距离、少品种、大批量的厂商送货相比，配送中心送货是一种短距离、多品种、小批量、高频率的运输形式，它是以低成本为目标，从而尽可能满足客户服务需求。送货作业质量将直接影响客户服务满意度。因此，配送中心应加强送货作业管理，做好周密的送货安排。

一、送货作业一般流程

配送中心送货作业是利用配送车辆把用户订购的物品送到客户手上的过程。狭义的送货仅指送货交接的过程，而广义的送货还包括一系列的送货前准备工作，具体包括划分基本配送区域、确定配送批次、暂定配送先后顺序、车辆调度、确定配送路线、确定最终配送顺序、车辆配装与积载、送达与交付等环节。具体作业流程如图 5-18 所示。

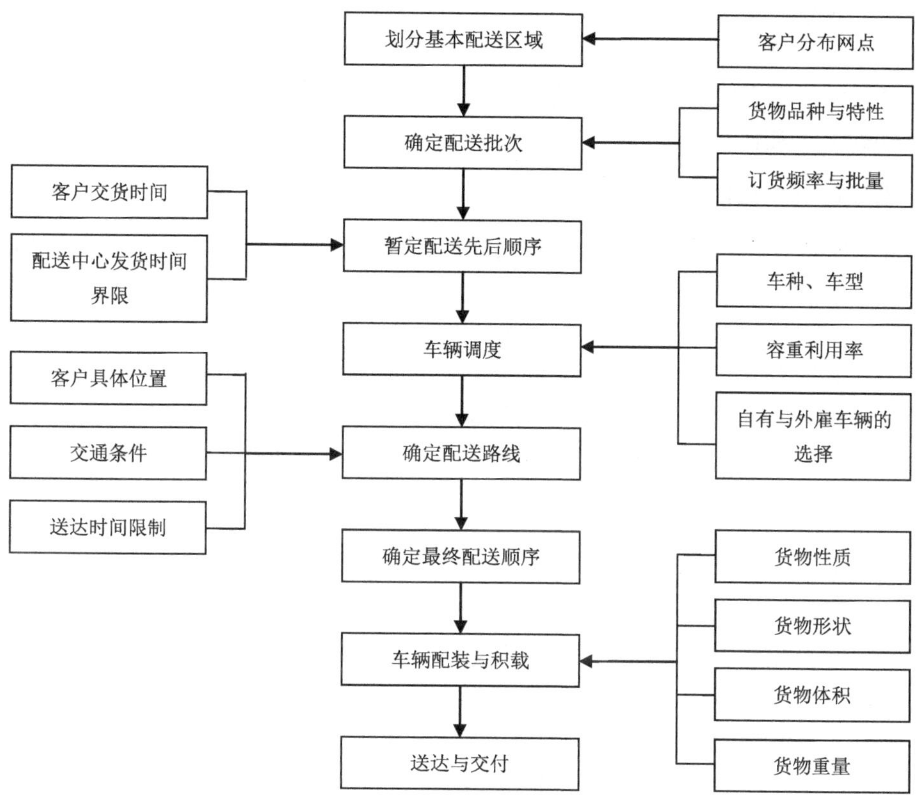

图 5-18 送货作业流程

二、送货作业具体作业环节

1. 划分基本配送区域

配送中心都具有一定的配送范围，即配送客户地理位置上的分布状态。为使整个配送有一个可循的基本依据，应先将客户所在具体地理位置进行系统统计，并将其进行区域上的整体划分，将每一客户囊括在不同的基本配送区域之中，以作为下一步决策的基本参考。如按行政区域或按交通条件划分不同的配送区域，在区域划分的基础上再做弹性调整以安排配送。

2. 确定配送批次

由于配送货物品种、特性各异，需要的运输条件各不相同，为提高配送效率，确保货物质量，必须首先对特性差异大的货物进行分类，划分为不同的配送批次进行配送。比如，生鲜食品与一般食品运输条件不同，需要分批次配送；再如，化学物品易对食品造成污染，

损害食品，须分批配送。对于规模较大、客户相对固定的配送中心在运营上做出战略性调整，事先确定不同的配送批次，并规定在特定时间段内只接收特定批次的订货，或者利用不同的信息系统模块接收不同批次的订货，这样可以大大提高作业效率。此外，还可以根据订货物品订货频率与批量不同，划分为不同的批次。

3. 暂定配送先后顺序

为保证送货时间，按照客户的要求来送货，应先根据客户订单上要求的送货时间将配送的先后作业顺序做概括性预订，为后续车辆调度与积载作业做好准备工作。计划工作的目的，是保证达到既定的目标，所以，预先确定基本配送顺序可以既有效地保证送货时间，又可以尽可能提高运作效率。对于时间要求不高的客户，配送中心可以某一时间点作为配送先后顺序划分的依据。例如，某烟草配送中心往往规定中午 12 点为发货界限，当日中午 12 点之前下单的客户，下午送达；当日中午 12 点之后下单的客户，第二天上午送达。

4. 车辆调度

车辆调度主要解决的问题是安排什么类型、吨位的配送车辆进行最后的送货。在任务二中，本书重点介绍了几种车辆调度的方法。一般来说，配送中心拥有的车型有限，车辆数量亦有限，当配送中心车辆无法满足要求时，可使用外雇车辆。在保证配送运输质量的前提下，是组建自营车队，还是以外雇车为主，须视经营成本而定。通常，还需要考虑运输量的增加是持续性的，还是季节性的，或者是由于节假日需求旺盛所致。如果是持续性的运量增加，则首先应考虑增加自有车辆。

无论使用自有车辆还是外雇车辆，都必须事先掌握有哪些车辆可供调派并符合要求，即这些车辆的容量和额定载重是否满足要求；其次，安排车辆之前，还必须分析订单上货物的信息，如体积、重量、数量等对于装卸的特别要求等，综合考虑各方面因素的影响，做出最合适的车辆安排。这样，每辆车所负责的客户就确定了。

5. 确定配送路线

车辆调度完成后就确定了每辆车负责配送的具体客户。在装车前，为了以最快的速度完成对这些货物的配送，即如何选择配送距离短、配送时间短、配送成本低的线路，这需要送货人员根据客户的具体位置、沿途的交通情况等做出优先选择和判断。在任务三中，本书重点介绍了如何利用节约法优化配送路线。利用节约法确定好配送路线后，还必须考虑有些客户或其所在地点环境对送货时间、车型等方面的特殊要求，如有些客户不在中午或晚上收货，有些道路在某高峰期实行特别的交通管制等，这样更能提高送货效率。

6. 确定最终配送顺序

做好车辆调度及选择好最佳的配送线路后，依据每车所负责配送的具体客户的先后，即可以确定客户的最终配送顺序，为后续车辆积载做好准备。

7. 车辆配装与积载

在确定了客户的最终配送顺序后，下面就是如何将货物装车，以什么次序装车的问题，即车辆的配装与积载问题。在进行车辆配装与积载时，应注意以下几个问题。

(1) 后送先装，即按客户的配送顺序，后送的、远距离的客户的货物先装车，装在里面，先送的、近距离的货物后装车，装在外侧。

(2) 重不压轻，大不压小，即重的大的货物尽量装在下面，轻的小的货物尽量装在上面。

(3) 尽量不要将性质不同的货物混装，如散发粉尘的货物与清洁货物不能混装，散发浓烈气味的货物与具有吸味性的食品不能混装，渗水货物与易受潮货物不能混装。

(4) 装车时还要注意轻重货物搭配，使车厢内货物重量均匀分布，防止货车因装载不当发生事故。

8. 送达与交付

送达与交付是送货作业的最后环节。货物运送到客户指定送货地点后，需要组织卸货作业，卸货作业可以由送货人员组织，也可以由客户自行组织卸货，这主要依据合同相关条款来执行。在卸货的过程或卸货后，需要收货员清点验收，检验货物型号、规则、包装有无破损、货物有无质量问题，需要注意的是承运人必须在场以明确责任。核对无误后，收货员在送货单上签章确认收货，并留下客户联。如果验收时发现产品质量问题而影响销售，需要进行退调货作业，这就是项目六要学习的内容。

三、送货计划编制

(一)送货计划的主要内容

这里所讲的送货计划指的是广义上的送货计划，即配送计划。一份完整的、可操作性强的送货计划主要包括客户订单信息、配送作业计划及配送预算三个方面。

1. 客户订单信息

客户订单信息主要包括客户需求的物品品名、规格、数量、毛重、体积、交货时间和交货地点等。通过客户订单信息的分析与整理，可以为配送作业计划做好准备。

2. 配送作业计划

(1) 送货车辆、送货线路与人员：优化配送中心车辆行走路线与送货批次，并将送货地点和路线在地图上标明或在表格中列出，配备合适人员全程、全车负责，完成对客户的送货。

(2) 满足客户送货时间要求，结合运输距离确定送货提前期。

(3) 满足客户需求所选择的送达服务的具体组织方式和规范：包括货物卸下、搬运、放置，设施的安装、调试、维护、修理、更换，废弃物清理、回收、单据的填写、签章，货款的结算方式和规范。

3. 配送预算

送货计划应对配送成本支出项目做出合理预算，包括资本成本分摊、支付利息、员工工资福利、行政办公费用、商务交易费用、自有车辆设备运行费、外车费用、保险费或残损风险、工具及耗损材料费、分拣半装卸搬运作业费、车辆燃油费等。

送货计划确定之后，还应将货物送达时间、品种、规格、数量通知客户，使客户按计划准备接货工作。

(二)送货计划制订的依据

制订送货计划的依据主要包括客户订单、客户分布、送货路线、送货距离、物品特性等。

(1) 客户订单。客户订单对配送商品的品种、规格、数量、送货时间、送达地点、收货方式等都有要求，因此，客户订单是拟订配送计划的最基本的依据。

(2) 客户分布、送货路线、送货距离。客户分布是指客户的地理位置分布，客户位置离配送距离长短、配送中心到达客户收货地点的路径选择，直接影响到配送成本。

(3) 物品特性。配送货物的体积、形状、重量、性能、运输要求，是决定运输方式、车辆种类、载重、容积、装卸设备的制约因素。

(4) 运输、装卸条件。道路交通状况、送达地点及其作业地理环境、装卸货时间、气候等对配送作业的效率也有相当大的约束作用。

(5) 根据分日、分时的运力配置情况，决定是否要临时增减配送业务。

(6) 调查各配送点的物品品种、规格、数量是否适应配送业务的要求。

【任务实施】

如何制订并实施一份送货作业计划，使其既要使客户满意，又要使配送成本最低？需要注意以下几个方面的问题。

(1) 充分利用配送中心现有信息技术与设备。

(2) 明确送货作业流程。

(3) 充分考虑送货作业计划制定的依据。

(4) 科学统筹规划。

【任务总结】

通过完成“送货作业计划制订与实施”，让同学们深入理解和掌握送货作业相关知识，掌握装车、货物验收与票据交接等技能，培养学生协作意识和对待工作认真负责的态度。

【任务实训】

送货车辆积载作业实训

某配送中心经过分拣、出货等作业，已经将装于同一车辆的三个客户所订全部货品放于出库待发区，如表5-19所示。请根据三个客户的发货单完成车辆积载作业。

表5-19 发货单

客户名称	发货单					
	货品代码	品 名	规 格	数 量	毛 重	体积(厘米×厘米×厘米)
客户一	42021203	银鹭八宝粥	360克/罐	10箱	4.5千克/箱	45×18×50
	31030502	伊利牛奶	250克/袋	20箱	8.5千克/箱	70×50×35
	21010401	小站大米	50千克/袋	20袋	50千克/袋	100×45×20
	31030508	芬达	1.25千克/瓶	15箱	8.5千克/箱	60×35×50
	31030507	七喜	1.25千克/瓶	5箱	8.5千克/箱	60×35×50
客户三	11040305	立白洗衣粉	1千克/袋	10箱	11千克/箱	75×55×40
	11040301	舒肤佳香皂	125克/块	15箱	4.25千克/箱	60×30×25
	42021208	天元饼干	1千克/盒	18箱	6.5千克/袋	90×80×70
	31030508	芬达	1.25千克/瓶	20箱	8.5千克/箱	60×35×50
客户二	11040302	洁丽雅毛巾	70厘米×40厘米	10箱	10.5千克/箱	75×45×50
	31030508	芬达	1.25千克/瓶	12箱	8.5千克/箱	60×35×50
	31030502	伊利牛奶	250克/袋	15箱	8.5千克/袋	70×50×35
	31030507	七喜	1.25千克/瓶	10箱	8.5千克/箱	60×35×50
	21010401	小站大米	50千克/袋	15袋	50千克/袋	100×45×20

考核标准：

计划制订思路清晰(20分)	要点准确(40分)	方案实施正确、快速(40分)	总分(100分)

项目总结

本项目介绍了出货作业、配送车辆调度、配送路线优化与送货作业的相关知识，通过五个任务的组织和实施，使学生能够熟练地掌握出货与送货作业技能，培养了学生的成本意识和责任心，并锻炼了团队协作能力。

项目测试

一、填空题

1. ________作业是衔接分拣作业和送货作业之间的作业环节。
2. 出货方式包括____________、自动分类机分货和____________。
3. 出货检查方法主要包括____________、____________、____________三种。
4. 车辆调度方法包括____________、____________、____________和运输定额比法。

二、选择题

1. 经过分拣作业之后的物品仍然没有送到客户手中，在配送中心的物品装车送达之前还需要做一些辅助性作业，这部分作业就是(　　)。

A. 流通加工　　B. 出货　　C. 装车　　D. 送货

2. 当进行出货检查时，只将拣出货品之条形码以扫描机读出，计算机则会自动将数据与出货单比对，来检查是否有数量或号码上的差异，这种出货检查方法称为(　　)。

A. 商品条码检查法　　B. 声音输入检查法

C. 重量计算检查法　　D. 体积计算检查法

3. 出货作业中的包装主要是指(　　)。

A. 销售包装　　B. 内包装　　C. 中包装　　D. 物流包装

4. 配送的实质是(　　)。

A. 理货　　B. 送货　　C. 流通加工　　D. 包装

三、简答题

1. 什么是车辆调度，有何特点？
2. 简述表上作业法的具体实施步骤。
3. 简述道路成圈图上作业法处理原则。
4. 简述配送路线确定的原则。

5. 节约里程法规划方法与步骤是什么？
6. 送货作业包括哪些环节？

四、综合题

城市共同配送：畅通“最后一公里”

自2011年起，财政部、商务部等部门分3批在北京、上海、天津、辽宁、湖南、重庆、深圳、江苏等8个省市开展现代服务业综合试点工作。其中，北京、上海等地在试点工作中重点推动城市共同配送项目建设，在创新物流配送经营模式、推广现代物流技术，提高物流配送效率、便利居民消费等方面取得显著成效。

据统计，北京、上海两市利用现代服务业综合试点中央财政补助资金1.41亿元，共计建设城市共同配送类项目45个，带动社会投资41.1亿元。项目实施领域涵盖共同配送网络建设、公共信息平台建设、先进物流技术应用等领域。

1. 创新经营模式，降低物流成本

北京、上海等地抓住试点工作的契机，着力构建城市分拨中心、共同配送中心、末端共同配送点等物流节点为支撑的城市物流配送网络体系。通过试点工作，城市配送网络布局更加规范有序，节点与干线运输的衔接更加顺畅，新(改、扩)建了一批设施先进、功能完善、管理规范、运作高效的现代化配送中心及末端网点，各类共同配送信息平台逐步完善，并在企业经营中得到实际应用，有效提高了物流配送能力。如上海市陆交中心“56135”物流服务平台会员超过10万家，每天发布80万条有效信息，累计撮合交易货值近300亿元，参与企业的平均物流成本比全国平均水平降低近一半。

试点城市整合末端物流配送需求和资源，结合电子商务、连锁经营等现代流通方式，积极开展经营模式创新，实现“最后一公里”配送的标准化和集中化，降低了物流成本，提高了居民生活便利度，改善了城市环境和交通秩序。一是注重整合末端配送联盟模式。北京城市一百物流公司整合电商、快递、物流配送等50余家企业的末端配送业务，已在社区、学校设立共同配送站点136个，服务覆盖300多个社区及高校超过500万居民和师生，平均每天配送业务量近3万件，同时还提供代缴水电费、代理机票、保险(放心保)等便民服务。二是强调对接的连锁经营“网订店取”模式。上海市发挥连锁经营较为发达的优势，百联集团、农工商超市与淘宝等电商合作，将2300多家连锁零售店拓展为城市配送服务网络，实现“网订店取”，打通了电子商务、末端连锁商业网点和城市共同配送平台的信息链，有效破解了重复投递、生鲜货品保鲜等难题。

试点城市积极推动现代物流技术在城市共同配送领域的应用，管理信息化、分拣配送技术水平有了大幅提高，商品库存周转速度明显加快，效率和效益得到改善，人力成本明显降低。无线手持终端设备(PDA)、全程数据监控系统、对运营车辆实时监控的GPS卫星定位系统、实时返款的POS机刷卡设备等高科技配套设备都已投入实际运营，提高了配送的安全性和时效性，实现了资金快速回流。如北京市采用的电子地图信息分拣技术大大提

高了操作效率，降低了分拣错误率，将每单货物配送成本降低0.1元。

2. 扶持关键领域，鼓励信息开放

制订完善全国流通节点城市的商品配送网络布局规划，做好各层级、各区域之间规划衔接，加强配送分拣中心等物流网络用地的保障。继续发挥现代服务业综合试点财政资金的扶持作用，对城市配送网络体系、整合物流配送资源的信息服务平台、电子商务“天网落地”、食品、药物专业配送等关键领域和环节给予重点支持。改善城市货运车通行环境，为进入中心城区的标准化车辆提供便利。

鼓励企业间构建共同配送合作联盟，利用城市配送公共物流信息平台，整合社会富余物流资源和新增物流需求，提高物流配送的社会化、集约化水平，增强城市运行保障能力。鼓励跨行业、跨企业的物流信息开放与交换，实现物流企业与制造业、商贸流通企业的信息对接和共享。

继续加大物联网技术、可视化技术、货物快速分拣技术、标准化集装单元技术、配送线路优化技术、移动物流信息服务等先进适用技术的推广应用，支持企业通过现代物流装备技术应用及信息化建设，提高物流效率，增强共同配送企业的服务能力，降低整体物流运作成本。

抓紧研究制定《城市配送车辆管理办法》，确定城市配送车辆的标准环保车型，有效解决城市中转配送难、配送货车停靠难等问题，推动物流企业规模化发展。制定城市配送技术标准、管理标准和服务标准，提升企业的物流作业效率和城市配送服务水平。

(资料来源：中国大物流网，2013-08-07)

分析：

(1) 配送的基本模式有哪些？

(2) 阅读案例，结合本项目所学内容，谈谈你的体会与感受。

项目六　配送中心成本管理与绩效评价

【项目导入】

配送成本是指配送活动的备货、储存、分拣、配货、配装、配送加工、配送运输、送达服务及信息反馈等环节所发生的各项费用的总和，是配送过程中所消耗的各种活劳动和物化劳动的货币表现。配送中心绩效指配送中心依据客户订单在组织配送运作过程中的劳动消耗和劳动占用与所创造的物流价值的对比关系，或者是配送运作过程中配送中心投入的配送资源与创造的物流价值的对比。而配送中心绩效评价则是对物流价值的事前计划与控制以及事后的分析与评估，以衡量配送中心配送系统和配送活动全过程的投入与产出状况的分析技术与方法。配送中心的成本管理和绩效评价都直接关系到配送中心的经济效益和管理效率，是配送中心管理的重要内容。

【项目目标】

1. 知识目标

(1) 掌握配送成本的概念、特征及分类。
(2) 了解配送成本的构成。
(3) 掌握影响配送成本的因素。
(4) 掌握配送成本的控制方法及降低配送成本的策略。
(5) 了解配送中心作业绩效评价指标体系及分析方法。

2. 技能目标

(1) 能够识别配送成本。
(2) 根据所学知识能够分析企业配送成本构成及影响因素。
(3) 制定出合理控制企业配送成本的策略。
(4) 能够根据配送中心状况提出绩效评价方案。

【项目展开】

为了系统而直观地实现以上项目目标，现将该项目按照以下两个工作任务序化展开。
(1) 配送成本的核算与控制。
(2) 配送中心绩效评价。

任务一　配送成本的核算与控制

【任务描述】

为了提高配送中心的运营效率，必须对配送成本进行有效控制。本任务需要学生知道配送成本的构成和分类，能够运用作业成本法对配送中心进行成本核算，学会配送中心配送成本的控制方法和策略。

【任务驱动】

(1) 什么是配送成本？
(2) 配送成本有哪些类型？
(3) 影响配送成本的因素有哪些？
(4) 配送中心作业成本的核算程序及计算步骤是什么？
(5) 如何控制配送成本？

【任务资讯】

一、配送成本概述

(一)配送成本的含义

物流成本是指产品空间位移(包括静止)过程中所耗费的各种资源的货币表现，是物品在实物运动过程中，如运输、储存、装卸、搬运、包装、流通加工、物流信息处理等各个环节中所支出的人力、财力和物力的总和。

而配送成本是指配送活动的备货、储存、分拣、配货、配装、配送加工、配送运输、送达服务及信息反馈等环节所发生的各项费用的总和，是配送过程中所消耗的各种活劳动和物化劳动的货币表现。

(二)配送成本的特征

1. 配送成本的隐蔽性

物流成本的隐蔽性又称为物流成本的冰山理论。日本早稻田大学的西泽修教授在专门研究物流成本时发现：利用现行的财务会计制度和会计核算方法所计算的外付运费和外付储存费不过是冰山一角。而在企业内部占比较大的物流成本则混入其他费用中，要想直接从企业的财务中完整地提取出企业发生的物流成本是难以办到的，要提取出配送成本更是难上加难。与此同时，各企业对物流成本的计算范围也各不相同，很难计算出行业的平均物流成本。企业在财务管理的实际操作中很难掌握物流费用的实际情况，因此人们对物流费用的了解是一片空白，甚至有很大的虚假性，他把这种情况比作“物流冰山”。例如，通常的财务会计通过“销售费用、管理费用”科目可以看出部分配送成本的情况，但这些科目反映的费用仅仅是全部配送成本的一部分，即企业对外支付的配送费用。而且这一部分费用往往是混同在其他有关费用中，而不是单独设立“配送费用”科目进行独立核算。“物流成本冰山”说，透彻地阐述了物流成本的难以识别性。同样，配送成本也犹如一座海里的冰山，露出水面的仅是冰山一角，而研究冰山的水下部分才是我们研究配送成本，甚至物流成本的真正目的所在。

2. 配送成本的“效益悖反”

效益悖反是人类经济活动中经常遇到的一个现象。效益悖反，又称经济领域的二律悖反，是指同一资源的两个方面处于互相矛盾的关系之中，要达到一个目的必然要损失一部分另一目的，要追求一方，必得舍弃另一方的一种状态，如图 6-1 所示。这种状态在配送管理中也是存在的。

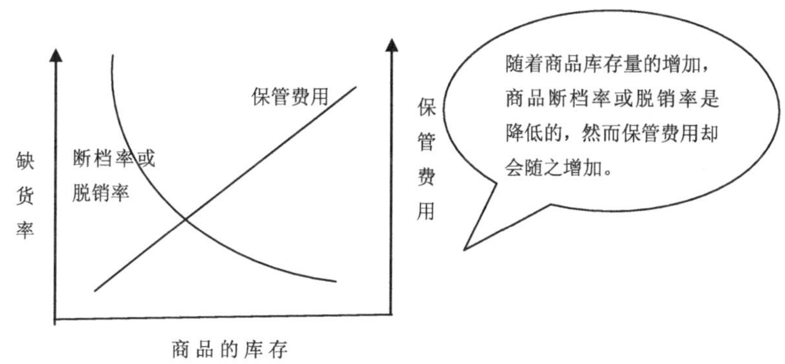

图 6-1　效益悖反图例

配送系统各功能活动的效益悖反，如图 6-2 所示。

所谓“鱼和熊掌不可兼得”，配送系统的各项活动处于一个相互矛盾的系统中，要想较多地达到某个方面的目的，必然会使另一方面受到一定的损失。在物流活动中，一种功能成本的削减会使另一种功能的成本增高，也就是说出现了此消彼长的现象。例如，企业尽量减少库存点以及库存，必然引起库存补充频繁，从而增加运输次数，同时，仓库的减少，会导致配送距离变长，运输费用进一步增大。此时库存费用降低，而运输费用增加，产生配送成本的效益悖反状态。因此，配送活动是个整体，企业必须考虑整个配送系统的成本最低，而非局部或某个环节的节约，这就要求从系统高度寻求总体成本的最优化。

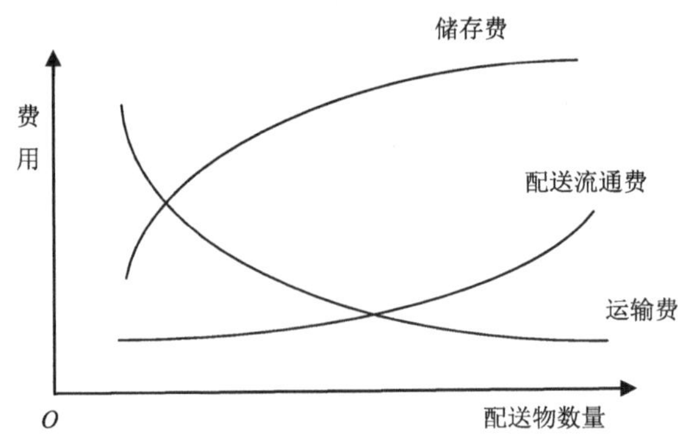

图 6-2　配送物数量与各功能成本的效益悖反

3. 配送成本削减具有乘数效应

配送成本削减的乘数效应是指配送成本下降后会引起销售额成倍的增长，即配送成本的减少可以显著增加企业的效益与利润。假定销售额为 1000 元，配送成本为 100 元。如果配送成本降低 10%，就可能得到 10 元的利润。假定这个企业的销售利润率为 2%，则创造 10 元利润，需要增加 500 元的销售额。可见，配送成本的下降会产生极大的效益。

4. 配送成本中的非可控现象

配送成本中有许多是配送中心管理部门不可控制的，例如保管费用中包括了出于过多进货或过多生产而造成积压的库存费用，以及紧急运输等例外发货的费用。

(三)配送成本与配送服务的关系

高水平的配送服务是由较高的配送成本来保证的。企业除非有很大幅度的技术进步，否则很难做到既提高了配送服务水平，同时也降低了配送成本。要想超过竞争对手，提出并维持更高的服务标准就需要有更多的投入，因此一个企业在做出这种决定时必须经过仔细研究和对比。

(1)　在配送服务不变的前提下，考虑降低成本，如图 6-3 所示。

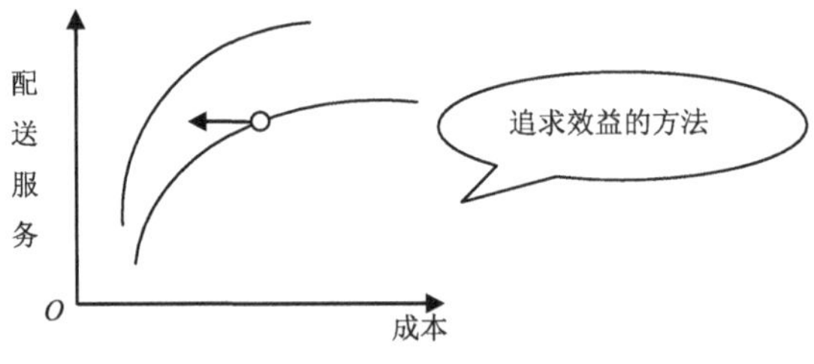

图 6-3　服务不变、降低成本

(2) 在成本不变的情况下，提高服务质量，如图 6-4 所示。

(3) 为提高配送服务，不惜增加成本，如图 6-5 所示。

(4) 用较低的物流成本，实现较高的物流服务，如图 6-6 所示。

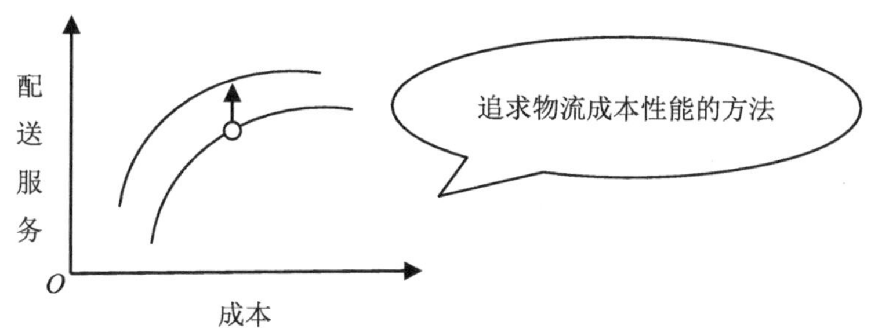

图 6-4　成本不变、提高服务

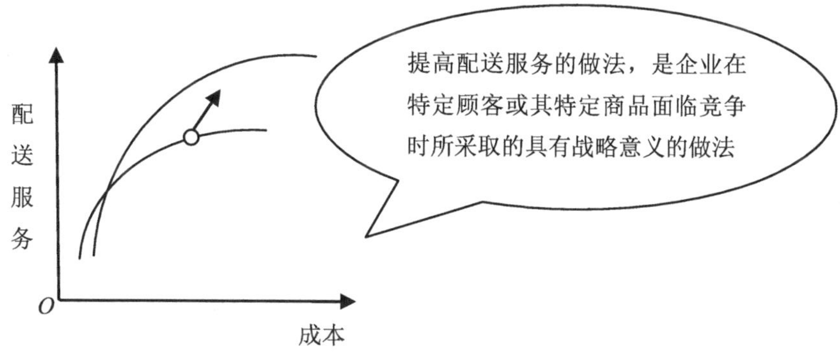

图 6-5　增加成本、提高服务

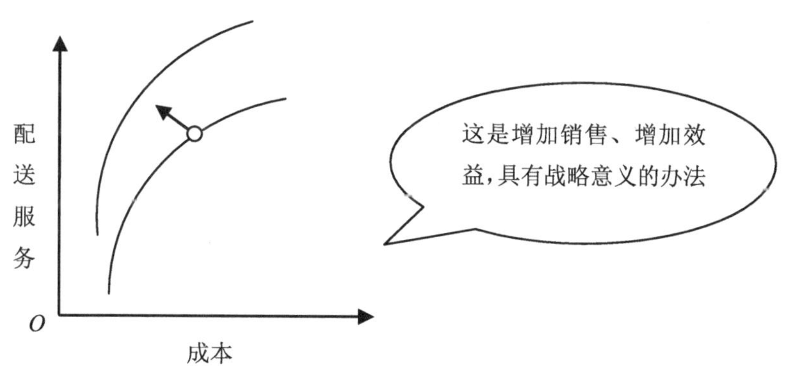

图 6-6　降低成本、提高服务

(5) 实际操作中的体现，如图 6-7 所示。

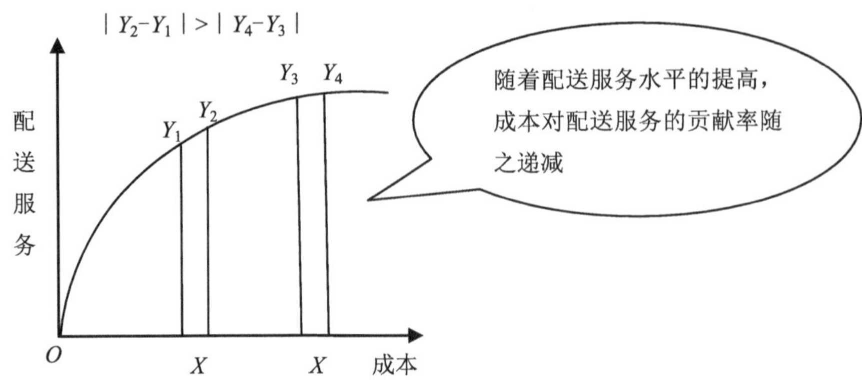

图 6-7　较高的成本保证高水平的服务

二、配送成本的构成和分类

配送管理的主要目的之一是降低配送成本，实现配送中心经济效益的提升。为了能更好地研究配送成本，我们必须了解配送成本的构成和分类。

(一)配送成本的构成

一般的配送集装卸搬运、包装、保管、运输于一体，通过一系列物流活动将货物送达目的地。特殊的配送则还要以流通加工活动为支撑，严格来讲，整个物流活动，没有配送环节就不能成为完整的物流活动。配送成本即配送中心各项配送活动所需的资本和劳动的投入。主要体现为配送中心员工工资及福利；支付给其他相关部门的服务费，如运杂费、邮电费等；配送过程中的商品损耗费；配送过程中的自有设备运行费、保养费及设备折旧费等；其他设备租赁费及配送中心的各种管理费用，如办公费、差旅费等。

(二)配送成本的分类

1. 按支付形态分类

按支付形态的不同进行配送成本的分类，主要是以财务会计中发生的费用为基础，通过乘以一定比率来加以核算。此类配送成本主要分为以下几种。

(1) 材料费，是指因物料消耗而发生的费用。由物资材料费、燃料费、消耗性工具、低值易耗品摊销及其他物料消耗费组成。

(2) 人工费，是指配送作业中因消耗劳务而发生的费用。包括工资、奖金、补贴、福利费、医药费、劳保费以及职工教育培训费和其他一切用于职工的费用。

(3) 公益费，是指向电力、煤气、自来水公司等提供公益服务的部门支付的费用。

(4) 维护费，是指土地、建筑物、机械设备、车辆、搬运工具等固定资产的事业、运转和维修保养所产生的费用。主要包括维修保养费、折旧费、房产税、土地、租赁费用、保险费等。

(5) 一般经费，相当于财务会计中的一般管理费，指配送中心员工差旅费、交通费、会议费、资料费、交际费、邮电费、城建税、能源建设税及其他税款，还包括商品损耗费、事故处理费及其他杂费等。

(6) 特别经费，是指采用不同于财务会计的计算方法计算出来的配送费用，它主要包括按实际使用年限计算的折旧费和配送中心内利息等。

(7) 对外委托费，是指企业对外支出的包装费、运费、保管费、出入库装卸费、委托配送加工的手续费等业务费用。

(8) 其他企业支付费用，是指在商品购进采用送货制时包含在购买价格中的运费和商品销售采用提货制时因顾客自己取货而从销售价格中扣除的运费。在这种情况下，虽然实际上本企业配送中心内并未发生配送活动，但却发生了相关费用，因此也应该把其作为配送成本计算在内。

配送成本按支付形态分类主要是便于财务会计部门做出财务统计，无法说明配送中心具体物流环节的物流状况，即不能充分地说明配送中心工作的重要性。

2. 按功能分类

按功能分类即通过观察配送费用是由配送的哪种功能产生的进行的分类。此类配送成本主要包括物品的流通费、信息流通费和配送管理费。

(1) 物品的流通费，是指为了完成配送过程中商品、物资的物理流动而发生的费用。包括备货费、保管费、分拣费、配货费、配送加工费等。

(2) 信息流通费，是指因处理、传输相关配送信息而产生的费用。包括与储存管理、订单处理、客户服务相关的费用。

(3) 配送管理费，是指进行配送计划、调整、控制所需要的费用。包括作业现场的管理费和企业相关管理部门的管类费。

配送成本按功能分类能够进一步找出妨碍实现配送合理化的症结，可以计算出标准配送成本(单位个数、重量、容器的成本)，以便确定合理化的配送目标，实现对配送成本的控制。

3. 按适用对象分类

按适用对象分类可以分析出产生不同配送成本的对象，能够分别掌握对不同产品、地区、顾客所产生的配送成本，有针对性地评价配送情况，找出节约配送成本的途径，进而帮助企业确定不同的销售策略和未来发展决策方向。此种分类主要包括：

(1) 按地区或营业单位计算配送成本主要考察企业各地区或各支店、营业所，通过对

各地区或各营业单位配送成本与销售收入的对比，核算出每单位销售收入所要承担的配送费用，从而了解各营业单位配送中存在的问题，并确定改善各营业点配送管理的方向。

(2) 按顾客计算配送成本主要考察顾客，通过计算顾客消耗的配送成本，来选定顾客、确定物流服务水平等，进而制定出以顾客为中心的销售战略。

(3) 按商品计算配送成本主要考察商品，以商品为对象按功能计算出来的配送费用，根据各自不同的标准分配给各类商品来计算配送成本，从而可以分析出各类商品的盈亏状态。

三、配送成本的影响因素

配送成本的高低受多种因素的影响，为了更加准确地分析配送成本，就必须弄清楚配送成本的影响因素。

(一)配送产品自身的因素

1. 配送物的数量和重量

在单件、小批量的配送作业中，由于单位固定成本较高，配送的优势往往无法体现，配送成本也会相对较高。然而当配送物的数量和重量增加到一定程度形成大批量的配送作业时，则会使得配送效率大幅度提高，这种批量化的配送作业也会成为配送企业获得折扣的一大理由。

2. 配送物的体积和密度

各零售店的销售情况不同，订货的品种也往往不一致。这就使一次配送物可能有多个品种，这些商品不仅表现在包装形态、运输性能不一，而且表现在密度差别较大，有的甚至相差甚远。密度大的商品往往达到了车辆的载重量，但体积空余很大；密度小的商品达到车辆的最大体积时，达不到载重量。单装实重或轻泡商品都会造成浪费。

3. 配送物的价值

配送物价值的高低会直接影响配送成本的大小。随着所配送货物价值的增加，每一配送环节的成本都会增加，运费在一定程度上反映货物移动的风险。一般来说，配送物的价值越大，对其所需要的运输工具要求就越高，其分拣、配装、流通加工所花费的成本也会增加。

4. 配送物的种类及特殊作业要求

配送物的种类，直接关系到采取何种配送作业方式，有无特殊的配送作业要求。有些配送物在配送过程中需要加热、制冷等，还有些配送物是易碎性的货物，在配送时对运输、

包装、储存等提出了更高的要求，自然会增加配送成本。

(二)配送管理因素

1. 配送满足率

配送满足率是指配送中心的取货量占顾客所需要的货物数量的比率。当配送满足率较高时，可以一次性，大批量地进行配送，而配送满足率较低时，则配送中心只能分次进行配送，对不足的货物还需要花费另外的时间和车辆进行配送，这些额外的工作同样也会增加配送成本。有时还可能因缺货而失去客户。

2. 配送周期

配送周期的长短直接影响着配送成本的高低。如果配送效率低下，配送周期较长，就会耗用更多的仓储固定成本。而这种成本往往表现为机会成本，使得配送中心不能提供其他配送服务获得收入或者在其他配送服务上需要另外增加成本。

3. 配送工具

不同的配送工具，其成本高低不同，配送能力大小也不同。配送工具的选择，一方面取决于配送物的体积、重量及价值大小，另一方面又取决于企业对配送物的需求程度及工艺要求，因此选择配送工具既要保证客户的需求，又要力求配送成本最低。

(三)市场因素

1. 配送距离

配送距离是影响配送成本的主要因素之一。配送距离越远，配送车辆等设备利用率越低，送货员工需求量越大，这些都会使得配送成本增加。

2. 外部成本

配送经营时有时还需要使用到配送企业以外的资源。而外部资源的使用成本是企业无法控制的，特别是一些垄断性的外部资源，配送企业在使用的过程中都会增加额外的成本开支。

四、配送成本的核算方法

配送中心直接采用制造企业成本计算方法核算配送成本有一定的缺陷。传统的成本计算方法注重有形产品成本，而属于服务业的配送作业，产出的无形产品，应该考虑对于配送成本进行归集分配，克服因采用传统的成本计算方法产生的问题，从而保证配送成本计算信息的真实性和成本计算的客观性。作业成本法作为一种被逐渐推广使用的成本计算方

法，在配送成本的计算中具有较高的实用价值。

(一)作业成本法基本理论

作业成本法(Activity-based Costing)又称ABC分析法，起源于美国，是基于作业的成本核算方法，是指以成本动因理论为基础，通过对作业进行动态追踪、确认和计量来评价作业业绩和资源利用情况的一种方法。

作业成本法的理论基础是：生产导致作业的发生，作业消耗资源并导致成本的发生，产品消耗作业，因此作业成本法的成本计算程序就是把各种资源库分配给各项作业并形成作业库，再将作业库的成本按作业动因分配给最终产品。作业成本法的基本原理是：根据“产品耗用作业，作业耗用资源；生产导致作业的产生，作业导致成本的发生”的指导思想，以作业为成本核算对象，首先通过资源动因的确认、计量将资源费用追踪到作业，形成作业成本；再通过作业动因的确认和计量将作业成本追踪到产品，最终形成产品的成本。作业成本法为作业、经营过程、产品、服务、客户提供了一个更精确的分配间接成本和辅助资源的分配方法。通过对作业及作业成本的确认、计量，最终算出相对真实的产品成本。同时，通过对所有与产品相关联的作业活动的追踪分析，尽可能消除“不增值作业”，改进“增值作业”，优化“作业链”，提供有用信息，促使损失、浪费减少到最低限度，提高决策、计划、控制的科学性和有效性，最终达到提高企业的竞争能力和盈利能力，增加企业价值的目的。

作业成本法的优点主要体现在以下几点。

(1) 有利于提供具体的配送作业消耗费用的正确信息资料。为客户提供有说服力的配送服务收费标准，做到每项作业有据可依，增强客户对配送企业的信任感，同时提升配送企业自身的价值。

(2) 有利于降低配送作业的成本。根据作业成本分析，找出增值性和非增值性的作业，对于成本比较高的作业环节，配送企业寻找降低的方法，为客户提供合理的配送方案。

(3) 有利于配送企业的正确决策。由于配送企业个性化生产的要求高，配送企业面对众多的客户，每个客户要求的配送服务不同，货物的种类不同，配送的目的地不同，货物存放的时间不同，配送的频率与数量不同，小批次、个性化服务特点鲜明，采用作业成本法，决策者可以充分了解不同配送模式下的配送成本，为选择合理的配送方式提供依据。

(4) 有利于实现配送企业的标准化作业。采用作业成本法，对于直接材料和直接人工进行标准消耗量和标准单价的制定，然后根据配送服务数量，直接计算出配送作业的直接材料和直接人工标准成本，大大方便了配送企业的成本与利润核算。

(二)作业成本法的程序及计算步骤

1. 作业成本法的核算程序

作业成本法应用于配送成本的核算时，它突破了产品界限，而把成本核算深入到作业层次；它以作业为单位收集成本，并把“作业”的成本按作业动因分配到产品。应用作业成本法核算配送成本并进而进行管理可按如下步骤进行：第一步，界定配送系统中涉及的各个作业。第二步，确认企业配送系统中涉及的资源。资源是成本的源泉，配送中心的资源包括直接人工，直接材料，生产维持成本(如采购人员的工资成本)、间接制造费用以及生产过程以外的成本(如广告费用)。资源的界定是在作业界定的基础上进行的，每项作业必涉及相关资源，与作业无关的资源应从成本核算中扣除。第三步，确认资源动因，将资源分配到作业。作业决定着资源的耗用量，这种关系称作资源动因。资源动因联系着资源和作业，它把总分类账上的资源成本分配到作业。第四步，确认成本动因，将作业成本分配到产品中。例如，配送服务差的配送中心产生的投诉电话也多，故按照电话数的多少，把解决客户问题的作业成本分配到相应的配送服务中去。

2. 作业成本法的计算步骤

(1) 直接成本费用的归集：包括直接材料、直接人工和其他直接费用。

(2) 作业的鉴定：在采用作业成本法核算系统之前，首先应分析确定构成配送中心作业链的具体作业，这些作业受业务量而不是受产出量的影响。

(3) 成本库费用的归集：在确定了配送中心的作业划分之后，就需要以作业为对象，根据作业消耗资源的情况，归集各作业发生的各种费用，并把每个作业发生的费用集合分别列作一个成本库。

(4) 成本动因的确定：成本动因即引起成本发生的因素，为各成本库确定合适的成本动因，是作业成本法成本库费用分配的关键。

(5) 成本动因费率计算：成本动因费率是指单位成本动因所引起的制造费用的数量，成本动因费率的计算用公式表示为：

$$R=C/D$$

式中：R——成本库的成本动因费率；

C——成本库的费用；

D——成本库的成本动因总量。

(6) 成本库费用的分配：计算出成本动因费率后，根据各产品消耗各成本库的成本动因数量进行成本库费用的分配，每种产品从各成本库中分配所得的费用之和，即为每种产品的费用分配额。

(7) 作业成本的计算：作业的总成本是作业过程中所发生的直接成本与其他费用之和：

总成本=直接材料+直接人工+其他费用

(三)配送作业的成本动因分析

1. 取得配送成本信息

成本动因即成本形成的驱动因素，是引起成本发生的那些重要的业务活动或事项。配送的成本动因就是各项配送作业环节，配送作业的每个环节引起的资源耗用，决定着成本的产生，如表 6-1 所示。

表 6-1　配送成本信息

配送成本信息	信息来源	成本估算
直接人工	仓储管理、入库、拣货、包装、贴标签等作业	确认人员及工作时间-工资；其他按福利政策估算
仓储厂房费用	空间租金、折旧、货架、设备折旧等	空间：租用-租金；自建-机会成本 货架：按年限或租期计提折旧
装卸设备	按使用年限计提折旧	按使用年限计提折旧
车辆相关成本	自用折旧、租用租金、车船使用费	租用车辆-运费；自有车辆-按年限计提折旧；其他燃料费-实际成本
其他材料费用	包装材料、标签等	实际成本或单件产品平均成本

2. 配送作业的资源动因

把配送成本分配到各作业环节中去，必须要了解产生成本的行为有哪些，从而恰当识别成本动因。根据成本动因在资源流动中所处的位置，通常可将其分为资源动因和作业动因两类。资源动因连接着资源和作业，而作业动因连接着作业和服务，把资源分配到作业中的动因是资源动因，把作业环节分配到配送服务成本中的动因是作业动因。由配送作业活动的内容可以看出，配送作业包括了集货、分拣、配货、配装、配送运输、送达服务和配送加工这些环节，根据作业成本法的“作业消耗资源并导致成本的发生”的基本原理，配送作业消耗的资源，如表 6-2 所示。

表 6-2　配送作业的资源动因

资　源	资源动因
工资	配送环节需要的各类人员消耗工时
租金	配送作业使用设施占用面积
设备折旧	配送作业消耗的设备工时
材料	配送作业消耗的包装材料数量
信息燃料和动力	配送作业消耗的燃料、电力、产生的通信费

3. 配送作业的作业动因

把作业环节分配到配送服务成本中的动因是作业动因。配送作业动因是配送作业发生的原因，是将作业成本分配到最终产品及劳务的方式和原因，它反映的是产品消耗作业的情况。一般配送活动的作业动因见表6-3。

表6-3　一般配送作业及其作业动因

作　业	作业动因
进货	处理客户订单数量，订购商品数量
储存	场地面积占用
分拣	直接人工小时、产品数量
配货	订单数量、材料装卸搬运量及次数
送货	燃料消耗、设备折旧

(四)作业成本法在配送成本计算中的应用

以某配送中心为甲、乙两种产品进行包装为例，现运用作业成本法计算产品包装成本。

(1) 该配送中心根据管理与核算需要，对资源动因进行确认与合并。资源动因共有五项，即材料搬运、准备次数、检验时数、耗电量和机械工时。将全部作业分解与合并为五个作业中心，即材料处理作业中心、生产准备作业中心、质量检验作业中心、电力控制作业中心以及设备维护作业中心，并按各作业中心分别建立作业成本库。

(2) 对于直接生产费用，包括直接材料费和直接人工费，不需计入各作业成本库，可直接按产品进行归集，计入产品包装成本。甲、乙两种产品当月的包装数量及各项直接生产费用、间接生产费用如表6-4所示。

表6-4　甲、乙产品当月包装数量及耗用成本表

项　目	产 品 甲	产 品 乙
该月产品包装数量/件	200 000	400 000
直接材料费用/元	8000	40 000
直接人工费用/元	12 000	60 000
生产工时/h	20 000	10 000
间接生产费用/元		720 000

(3) 将全部间接生产费用按资源动因归集到各作业成本库，其结果如表6-5所示。

表 6-5　间接生产费用按资源动因归集表

作业中心(作业成本率)	资源动因	资源动因数量统计结果	作业成本费用归集情况/元
材料处理	材料搬运/次	750	90 000
生产准备	准备次数/次	1000	125 000
质量检验	检验时数/h	1450	145 000
电力控制	耗电量/(kW·h)	300 000	180 000
设备维护	机器工时/h	120 000	180 000
间接生产费用总额/元			720 000

(4) 在费用归集和成本动因分析的基础上，将各作业成本库中的成本按相应的作业动因(假设作业动因与资源动因相同)分配到甲、乙产品中去。

甲、乙两种产品的作业动因数量统计情况如表 6-6 所示。

根据表 6-6 所进行的作业动因数量统计分析结果及作业成本分配率的计算公式，计算作业成本分配率，并将各作业中心的间接作业成本分配到甲、乙产品中去，分配结果如表 6-7 所示。

表 6-6　间接生产费用按资源动因归集表

作业中心(作业成本库)	作业动因	作业动因数量统计结果		
		产品甲	产品乙	合并
材料处理	材料搬运/次	200	550	750
生产准备	准备次数/次	400	600	1000
质量检验	检验时数/h	650	800	1450
电力控制	耗电量/(kW·h)	180 000	120 000	300 000
设备维护	机器工时/h	30 000	90 000	120 000

表 6-7　作业成本分配表

作业中心(作业成本库)	作业成本分配率	产品甲		产品乙		作业成本合计/元
		动因数量	分配额/元	动因数量	分配额/元	
材料处理	120	200	24 000	550	66 000	90 000
生产准备	125	400	50 000	600	75 000	125 000
质量检验	100	650	65 000	800	80 000	145 000
电力控制	0.6	180 000	108 000	120 000	72 000	180 000
设备维护	1.5	30 000	45 000	90 000	135 000	180 000
总　计		—	292 000	—	428 000	720 000

(5) 计算各产品包装成本。按产品甲和产品乙所归集的直接材料费用、直接人工费用和所分配的间接生产费用进行汇总，分别计算产品甲和产品乙的总成本与单位成本，如

表 6-8 所示。

表 6-8　产品包装成本汇总表

项　目	产 品 甲	产 品 乙	合　计
该月产品包装数量/件	200 000	400 000	—
直接材料费用/元	8000	40 000	48 000
直接人工费用/元	12 000	60 000	72 000
间接生产费用/元	292 000	428 000	720 000
总成本/元	312 000	528 000	840 000
单位成本/元	1.56	1.32	—

(资料来源：谭任绩，李承霖. 物流企业管理[M]. 北京：机械工业出版社，2008.)

五、配送成本的控制

配送成本控制是采用特定的理论、方法、制度等对配送各环节发生的费用进行有效的计划和管理，从而达到降低配送成本，提高配送中心效益的目的。

(一)配送成本控制的具体内容

1. 从配送中心成本管理角度分析

从配送中心成本管理角度分析，配送成本的控制应从以下几个方面进行。

1)　加强配送的计划性

在配送活动中，临时配送、紧急配送或无计划的随时配送都会大幅度增加配送成本，因为这些配送降低了设备、车辆的使用效率。为了加强配送的计划性，需要建立客户的配送计划申报制度。在实际配送过程中应针对商品的特性，制定不同的配送计划和配送制度。

2)　加强配送相关环节的管理

配送活动是一系列相关活动的组合，加强配送相关环节的管理，就是要通过采用先进、合理的技术和装备，加强经济核算，改善配送管理来提高配送效率，减少物资周转环节，加快配送速度，扩大配送量，进而降低配送成本。

3)　采取共同配送，实现规模效益

在实际配送活动中，配送往往是小批量、多频次的输送，单位成本高，而共同配送是几个企业联合起来集小量为大量，共同利用同一配送设施进行配送。对连锁企业而言，不失为实现规模效益的一种有效办法。

4)　确定合理的配送路线

配送路线合理与否对配送速度、成本、效益影响很大。因此，采用科学方法确定合理的配送路线是配送的一项重要工作。确定配送路线可以采用各种数学方法和在数学方法基础上发展和演变出来的经验方法进行定量或定性分析得出。无论采用何种方法，都必须考虑以下条件。

(1) 客户对商品品种、规格和数量的要求。

(2) 客户对货物发到时间的要求。

(3) 车辆容积及载重量。

(4) 交通管理部门允许通行的时间。

(5) 现有运力及可支配运力的范围。

5) 建立自动管理系统，提高配送效率

在配送活动中，分拣、配货要占全部劳动的 60%左右，而且最容易发生错误。如果在拣货配货中运用自动管理系统，应用条形码技术，就可以使拣货快速、准确，配货简单、高效，从而提高配送效率，节省劳动力，降低配送费用。

6) 进行合理的车辆配载，提高运输效率

不同客户的需求情况各不相同，订货品种也不大一致。一次配送的货物往往可能有多个品种。这些品种不仅形状、储运性质不一，而且密度差别较大。密度大的商品往往达到了车辆的载重量，但体积剩余大；密度小的商品虽然达到车辆的最大体积，但达不到载重量。实行轻重配装，既能使车辆满载，又能充分利用车辆的有效体积，从而大大降低运输费用。

2. 从配送中心功能价值角度分析

从配送中心功能价值角度分析，配送成本的控制应从以下几个方面进行。

为了降低配送成本，我们同样可以利用价值分析法进行成本分析，分别对配送过程中的运输成本、装卸搬运成本、储存成本、流通加工成本、包装成本进行控制。

1) 运输成本的控制

(1) 加强运输成本的经济核算。主要体现在对各种运输工具和运输设施、设备的合理运用上。利用现有运输工具和运输设施设备尽可能地加快运输速度，扩大运输量，就可以使得单位货物的运输成本下降。在维持运输的正常活动时，还要千方百计地减少各方面的人力、物力消耗。对消耗多少或者怎样消耗，运输部门都必须进行全面经济核算。

(2) 避免不合理运输。不合理运输是对运力的浪费，会造成运输成本不必要的增加，因此我们要加强调度，合理规划，尽量避免。不合理运输的形式主要有以下五种。

① 对流运输。对流运输场所多余的吨公里可以表示为

$$对流运输浪费的吨公里=最小对流吨数\times对流区段里程\times2$$

② 迂回运输。迂回运输通常是由于运输路线选择不当引起的，其造成的损失可表示为：

迂回运输浪费的费用=迂回运输浪费的吨公里×该种货物每吨公里的平均费用

③ 重复运输，即货物运输过程中经过了不必要的中转。这不仅耽误时间，加大了运

输成本，而且还会浪费装卸成本和仓储成本。

④　过远运输。这种形式主要体现在木材和建筑材料行业中。过远运输浪费的运输能力和运输费用可由下面二式求得：

过远运输浪费的运输吨公里=过远运输的货物吨数×(过远运输的全部里程-该货物的合理运输里程)

过远运输浪费的运输成本=过远运输浪费的运输吨公里×该货物的平均运费

⑤　无效运输，即不必要的运输。防止运输过程中的差错。运输过程中的每个环节都必须准确无误，做到三不错，即不错发数量、不错发地址、不错发物资。任何差错都会导致无效运输，都会加大运输成本。

(3)　做到安全运输。货物在运输过程中应尽量避免发生任何事故。交通事故是运输过程中发生率最高的事故，往往会造成重大的经济损失，因此运输作业必须遵守交通规则。同时，在运输过程中还应严格执行有关货物(如危险品、易碎品等)运输的安全规定，不违反运输操作规程，并注意看护，防止货物损坏或丢失，以保证货物安全运达目的地。

2)　装卸搬运成本的控制

装卸搬运费用是物品在装卸搬运过程中所支付的费用。装卸搬运活动是衔接配送各个环节正常进行的关键，渗透到配送的各个领域。控制的关键点在于管理好储存物料与商品，减少装卸搬运过程中商品的损耗、装卸时间、装卸搬运次数等。

根据需要合理选择设备。在设备选择时应以现场作业要求和货物特性为依据，尽可能地从性能、节省能源、投资较小的角度出发，避免盲目追求先进的设备。

避免机械设备的无效作业。第一，尽量减少装卸次数。要把货物在配送过程中的装卸次数降低到最少，尤其要避免没有配送效果的装卸作业。第二，提高被装卸货物的纯度。货物的纯度是指货物中含有与货物本身使用无关的杂质的多少。货物纯度越高则装卸作业的有效程度越高，成本越低。第三，减少装卸作业的距离，选择最短距离。

合理地规划装卸方式和装卸作业过程。装卸作业现场的平面布置是直接关系到装卸、搬运距离的关键因素。装卸机械要与货场长度、货位面积等相互协调。场内的道路布置要为装卸、搬运创造良好的条件，只有这样的，才有利于加速货位的周转。

3)　储存成本的控制

储存费用是指货物在储存过程中所需要的费用。控制的关键点在于简化入库手续、有效利用仓库和缩短储存时间等。

4)　流通加工成本的控制

商品进入流通领域以后，按照客户要求进行一定的加工活动，称为流通加工，由此而支付的费用构成流通加工成本。通常我们主要从以下几方面进行流通加工成本的控制。

(1)　合理确定流通加工方式。应根据客户需求、被加工货物的特点和自身能力选择适当的加工方法和加工深度。

(2)　合理确定加工能力。在配送成本管理中，要注意协调加工能力和被加工货物的批

量和数量，尽量使二者匹配，避免物资浪费，以降低成本。在短期内，要根据加工能力确定被加工货物的批量和数量；从长期来看，则要根据加工需求提高加工能力。

(3) 加强流通加工的生产管理。流通加工生产管理的内容很多，包括劳动力、设备、动力、物资、技术、设计规划等方面的管理。科学的管理可以降低成本。

(4) 流通加工成本的单独核算。流通加工是对生产加工的一种辅助和补充，它虽然隶属于配送过程，但是却可以通过独立核算检查和分析其成本的支出情况。特别是通过制定一些诸如增值率、出材率这样的量化指标来加强管理，可以达到控制和降低成本的目的。

5) 包装成本的控制

包装可以起到保护商品、方便存储、便于运输、促进销售的作用。据有关资料表明，多数物品的包装费用占配送总成本的10%左右，有些特别的生活消费品，包装费用高达50%。控制的关键点是提高包装的标准化比率，减少运输时包装材料的耗费。

总之，配送中心应按照系统化的思路规划和实施配送各环节的费用控制策略，避免企业仅满足于降低局部费用而忽视配送系统给企业带来的实质性的成本增长。

(二)配送成本控制策略

我们已经明确了配送服务与成本之间的效益悖反关系，对配送成本的管理就是在服务水平与配送成本之间寻求平衡。在一定服务水平的前提下为了使配送成本最小化，我们通常利用 5 种控制策略。

1. 混合策略

混合策略是指配送业务一部分由企业自身完成，另一部分则外包给第三方物流公司完成，即混合作业。这种策略的基本思想是合理安排企业自身完成配送和外包给第三方物流完成的配送，使配送成本最低。此种策略可以有效规避之前企业采用纯策略(自营或者外包)形势下，由于产品品种多变、规格不一、销量不等情况，造成的效率低下问题。

混合策略的选择案例如下。

美国一家干货产品生产企业为满足遍及全美的 1000 家连锁店的配送需求，建造了 6 座仓库，并拥有自己的车队。随着经营的发展，企业决定扩大配送系统，计划在芝加哥投资 700 万美元再建一座新仓库，并配以新型的物料处理系统。该计划提交董事会讨论时，却发现这样不仅成本较高，而且就算仓库建起来也还是满足不了需要。于是，企业把目光投入租赁公共仓库。结果发现，如果企业在附近租用公共仓库，只要增加一些必要的设备，再加上原有的仓库设施，企业所需的仓储空间就足够了。但总投资只需 20 万美元的设备购置费，10 万美元的外包运费，加上租金，也远没有 700 万美元之多。

2. 差异化策略

差异化策略是按产品的特点、销售水平来设置不同的配送作业，即设置不同的库存、

不同的运输方式以及不同的储存地点。差异化策略的指导思想是：产品特征不同，顾客服务水平也不同。当企业配送中心拥有多种产品时，不能对所有产品都按同一标准的顾客服务水平来配送，而应按产品的特点、销售水平，来设置不同的库存、不同的运输方式以及不同的储存地点，忽视产品的差异性会增加不必要的配送成本。

按照 ABC 分类法分类管理的差异化策略选择案例如下。

一家生产化学品添加剂的公司，为降低成本，按各种产品的销售量比重进行分类：A 类的销售量占总销售量的 70%以上，B 类产品占 20%左右，C 类产品则为 10%左右，对 A 类产品，公司在各销售网点都备有库存，B 类产品只在地区分销中心备有库存而在各销售网点无库存，C 类产品仅在工厂的仓库才有存货。经过一段时间的运行，事实证明该方法是成功的，企业总的配送成本下降了 20%。

3. 合并策略

合并策略包含两个层次。第一，配送方法上的合并。企业在安排车辆完成配送任务时，充分利用车辆的容积和载重量，做到轻重配装、大小混搭、满载满装，这是降低成本的重要途径。第二，共同配送。共同配送是一种战略运作层次上的共享，也称集中协作配送。它是多个企业联合组织，集小量为大量，共同利用同一配送设施实施的配送活动或由同一个第三方物流服务公司来提供配送服务的配送方式。它是在配送中心的统一计划、统一调度下展开的。共同配送的本质是通过作业活动的规模化降低作业成本，提高物流资源的利用效率。共同配送是指企业采取多种方式，进行横向联合、集约协调、求同存异以及效益共享。这种配送通常表现为中小型生产零售企业之间分工合作和中小型配送中心之间的联合。不仅可减少企业的配送费用，使配送能力得到互补，而且有利于提高配送车辆的利用率，缓和城市交通拥挤。

4. 延迟策略

延迟策略就是通过设计产品和生产工艺，把制造某种具体产品、使其差异化的决策延迟到开始生产之时。传统的配送计划安排中，大多数的库存是按照对未来市场需求的预测量设置的，这样就存在着预测风险，当预测量与实际需求量不符时，就出现库存过多或过少的情况，从而增加配送成本。延迟策略的基本思想就是对产品的外观、形状及其生产、组装、配送应尽可能推迟到接到顾客订单后再确定，一旦接到订单就要快速反应。采用延迟策略的一个基本前提是信息传递要非常快。

延迟策略的实施通常有两种方式生产延迟(或称形成延迟)和物流延迟(或称时间延迟)。生产延迟主要体现在贴标签、打包装、完成装配等配送加工环节；而物流延迟主要体现在配送、运达等配送运输环节。

然而延迟策略也有一定的局限性，它要求产品的外形易于改变、加工工艺和定制工艺差别较小、产品生命周期短、销售波动性大、价格竞争激烈、市场变化较大。

5. 标准化策略

标准化策略就是尽量减少因产品品种多变而导致的附加配送成本。标准化策略的指导思想是尽可能多地采用标准零部件、模块化产品。如服装制造商按统一规格生产服装，直到顾客购买时再按顾客的身材调整尺寸大小。它要求厂家从产品设计开始就要站在消费者的立场去考虑怎样节省配送成本，而不是等到产品定型生产出来，才考虑采用什么技巧降低配送成本。

【任务实施】

进行配送成本的核算与控制应注意以下问题。

(1) 运用作业成本法核算配送成本时正确选择“动因”。

(2) 配送成本控制策略应根据企业实际情况进行选择。

【任务总结】

通过学习“配送中心成本核算和控制”任务，让同学们深入理解和掌握配送中心成本管理的相关知识，掌握配送中心成本核算的技能和控制方法，能够制定出合理的配送策略，培养学生的管理能力和系统分析能力。

【任务实训】

作业成本法应用实训

某知名饮料公司在其分销体系中广泛地采用了作业成本法，得到了与传统会计不同的结论。此案例中心问题就是要不要在焦作设立分销中心的问题。在对该公司进行分析时，首先将分销流程描述如下。

我们定义分销过程从产品下线，存入仓库的时刻开始，交货到客户仓库处结束。按照ABC 分析法的标准程序，我们先考察从郑州至新乡分销中心，再分销到焦作客户的整个过程，将该过程分解为单项具体的发生费用的活动。其中的各项活动的成本如下。

1. 成品仓储

*固定成本：计算机、托盘等设备折旧 5300 元/月。

*可变成本：人员工资 3800 元/月，仓库租金 20 000 元/月，货物破损 28 500 元/月。

仓库内的货品都是整托盘存放的，仓库的租金由容积决定，而仓库的容积用托盘数来衡量。所以我们认为在此过程中托盘数可以作为成本驱动因素。

货物的破损额是由存放的时间和产品的金额所决定的，对于不同包装的产品而言，每托的金额是不同的。把托盘数作为库存破损的成本驱动因素有些勉强，这里只能得出一个

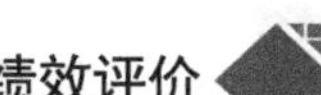

近似值。

人员的工资是由其工作量决定的。在完全托盘化作业的仓库中，不论每托存放何种产品，仓库人员进行收发货，盘点，计账等日常工作的工作量都是和托盘数成正比的，所以也可以认为托盘数是成本驱动因素。

仓库的最大容积6000托，平均库存3000托，平均一托盘产品储存一天的总成本是0.8元(每月按24个工作日计算)。另外，由于平均库存周转是13.5天，所以每托产品的平均库存成本是10.8元(0.8×13.5=10.8)。

2. 开单据从厂房到分销中心

*固定成本：开单据所需的计算机、打印机、办公设备折旧4000元/月。

*可变成本：单据和发票成本0.9元/单，人员工资15 000元/月。

在此环节中，单据的数量决定了所需的人工和耗材，所以把单据数作为成本驱动因素。每月单据量12 700单，平均每单成本2.4元，每张单据对应一车14托盘的货物。

3. 装车

*固定成本：无。

*可变成本：叉车油耗1848元/月，搬运工工资4元/托。

这里由于叉车是整托盘搬运的，所以也把托盘数作为成本驱动因素。每月销量6700托，每托搬运成本约4.3元(1848÷6700+4≈4.3)。

4. 卡车运输(郑州至新乡)

*固定成本：无。

*可变成本：运费410 元/车，每车14 托盘。

为了便于计算，此处只考虑了外租8吨卡车的运费报价，根据经验可知自有8吨卡车的总成本会比外租车稍高一些。每托运输成本约29.29 元。

5. 卸车

*固定成本：无。

*可变成本：人工装卸费3.2元/托。

6. 分销中心仓储

*固定成本：无。

*可变成本：仓库租金7500元/月，平均出货量为1243托/月，平均库存成本约6.03元/托(7500÷1243≈6.03)。

7. 销售拜访客户

*固定成本：无。

*可变成本：销售人员工资5500元/月，差旅费1600元/月，房租400元/月。

销售人员的工作量和出差次数是与销售订单数紧密相关的，所以此项成本可以用订单数作为驱动因素。每月订单数30张，平均每张订单成本250元[(5500+1600+400)÷30=250]。

8. 开具出货单和发票

*固定成本：600 元/月的设备折旧。

*可变成本：单据和发票成本 0.9 元/单，新乡分销中心的每月订单数平均为 500 份，平均每张订单成本 2.1 元(600÷500+0.9=2.1)。

9. 装车

*固定成本：无。

*可变成本：人工装卸费 3.2 元/托。

10. 卡车短途运输(新乡至焦作)

*固定成本：无。

*可变成本：运输费 200 元/车，每车 7 托，平均每托成本为 28.57 元(200÷7≈28.57)。

为简单起见，此处也只考虑了外租 5 吨卡车的情形。事实上向焦作送货时有时由于单个客户订单太少，也会采用 2 吨小卡车送货，其单位成本会是 5 吨卡车的 2 倍左右。

11. 收款结算(已计入开单成本之内)

*其他成本：信息系统使用费 0.07 元/箱。

焦作月销量 9286 箱，合计 143 托。

平均每托为 65 箱，每张订单销量为 310 箱。

焦作分销中心仓库租金为 1500 元/月。

综合以上数据，我们就可以把货物分销到焦作的总平均成本计算出来。公司习惯上用箱为单位来衡量所有部门的业绩，所以我们最后把单位成本用每箱的成本来表示，如表 6-9 所示。

表 6-9 未设分销中心前每箱的分销成本(单位成本均保留 2 位小数)

活　动	单位成本	单　位	每箱成本
成品仓储	¥10.80	托	¥0.17
开单据	¥2.40	单	¥0.00
装车	¥4.30	托	¥0.07
卡车运输，郑州至新乡	¥29.29	托	¥0.45
卸车	¥3.20	托	¥0.05
新乡分销中心仓储	¥6.03	托	¥0.09
销售拜访客户	¥250.00	订单	¥0.81
开单	¥2.10	订单	¥0.03
装车	¥3.20	托	¥0.05
卡车短途运输，新乡至焦作	¥28.57	托	¥0.44
其他成本=信息系统使用费	¥0.07	箱	¥0.07
总计			¥2.23

从图 6-8 可以看出，郑州、新乡、焦作基本上呈一个三角形，由于该公司的饮料主要在

城市中销售，我们在构造模型时可以认为销售就集中于三个城市，中间的乡村区域销量几乎为零。

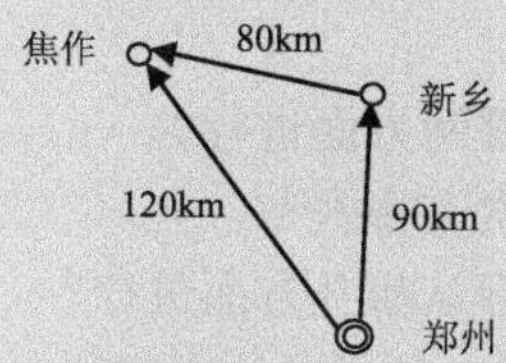

图 6-8　郑州、新乡、焦作地理图示

在焦作设立分销中心后，依上述方法，可以得出每箱的分销成本，其中,卡车运输(郑州至焦作，外租 8 吨卡车，只考虑距离因素)。

请根据任务实施内容设计出设立分销中心后每箱的分销成本表格(单位成本均保留 2 位小数)，判断出在焦作新增分销中心平均成本是否会下降，该项目从成本上考虑是否可行？

考核标准：

驱动因素设定准确 (40 分)	计算准确 (40 分)	方案可行性判断正确 (20 分)	总分 (100 分)

(资料来源：孟大伟，裴建伟，陈勃昌等. 作业成本法(ABC)在物流系统中的应用[J]. 物流技术，2003(3).)

任务二　配送中心绩效评价

【任务描述】

配送中心如何确定某个员工应该晋升、降职、调职和离职？如何确定配送中心作业和管理水平的高低？配送中心的员工需要哪些方面的培训？解决这些问题必须依靠绩效评价。配送中心绩效评价通过评价服务水平和配送成本并与以往进行比较分析，向管理者和顾客提供绩效评估报告；应用配送系统标准体系实时对配送系统运作绩效进行控制，以此改进配送运作程序；评价配送中心各业务部门和人员工作绩效是为了达到激励员工、实现更优化配送运作效率的目的；了解配送中心空间、人员、设施、物品、订单、时间、成本、品质、作业规划等各个要素的状况，以便做出改进措施。

【任务驱动】

(1) 什么是绩效评价？
(2) 配送中心绩效评价一般从哪两方面进行？
(3) 配送中心绩效评价项目要素有哪些？
(4) 配送中心作业绩效评价指标从哪几方面进行？
(5) 什么是KPI绩效评价法？

【任务资讯】

一、配送中心绩效评价概述

(一)绩效评价的含义

绩效评价(Performance Measurement，PM)又称“性能评价”，也译为“绩效考核”，是指运用一定的技术方法，采用特定的指标体系，依据统一的评价标准，按照一定的程序，通过定量、定性对比分析，对业绩和效益做出客观、标准的综合判断，是真实反映现时状况，预测未来发展前景的管理控制系统。

绩效评价是基于目标对运行结果的衡量。绩效评价过程主要包括绩效指标定义、分析和报告、评价及改进三部分。

绩效管理是使用绩效评价信息来帮助组织设定一致的绩效目标，合理分配资源，分享绩效成效。其本质是通过绩效评价、评估和不断的指导来得到具有高工作动机和高工作素质的劳动力。绩效管理是管理组织绩效提高的过程，包括计划、改进和考察三个子过程。

绩效评价与绩效管理的区别如下。

(1) 绩效管理关注过程，而绩效评价关注结果。

(2) 绩效管理是一个紧密结合的循环控制系统，为了从不同层次管理系统的绩效，它部署战略和策略来获得回馈；而绩效评价是一个决定怎么使组织或个人获得实现他们目标和战略程度的过程。

(二)配送中心绩效评价的实施

配送中心绩效指配送中心依据客户订单在组织配送运作过程中的劳动消耗和劳动占用与所创造的物流价值的对比关系，或者是配送运作过程中配送中心投入的配送资源与创造的物流价值的对比。而配送中心绩效评价则是对物流价值的事前计划与控制以及事后的分析与评估，以衡量配送中心配送系统和配送活动全过程的投入与产出状况的分析技术与方法。配送中心的绩效评价一般从内部和外部两方面进行。

1. 配送中心内部绩效评价

内部绩效评价是指对配送中心内部物流绩效进行评价，主要将现有的物流作业结果和以前的作业结果或是本期的作业目标进行比较。例如运送错误率可以与上一期的实际绩效比较，也可以与本期的目标比较。内部评价的数据比较容易收集，所以大多数配送中心企业都进行内部绩效评价。评价的内容一般包括以下五个方面：成本、顾客服务、生产率、资产管理、质量。具体内容如表 6-10 所示。

表 6-10　物流内部绩效衡量内容

物流成本	物流顾客服务	物流生产率	物流资产管理	物流质量
总成本分析 单位成本 销售量百分比 仓储费用 采购运输费用 配送运输费用 行政管理费用 订货处理费用 劳动力成本 实际绩效与预算的比较 成本趋势分析 商品的直接利润率	填写数据速度 是否有现货 运送错误 及时发送 订货完成时间 顾客反馈 销售部门反馈 顾客调查	每个雇员发送的单位与以往的数据对比目标实现的情况生产率指标	存货周转率 库存成本 存货水平，日供应量 过时存货 投资报酬率 净资产收益率	损坏频率 损坏金额 顾客退货数 退货费用

1)　物流成本评价

物流绩效最直接的反映就是完成特定物流运作目标所发生的真实成本。物流成本绩效的代表性指标是以总金额表示的销售量的百分比或每个单位数量的成本。

2)　物流顾客服务评价

衡量物流顾客服务可以考察公司满足顾客需求的相对能力。

3)　物流生产率评价

生产率是系统用于配送该商品而投入的资源与产出服务之间的相对关系。通常用比率或指数表示。如果一个系统能清楚地评价产出和相应的投入，生产率的衡量就很简单。但是在下列情况下，评价生产率就会变得很困难：产出很难评价，且使用的投入难以与所定的时间段相匹配；投入与产出相混或类型经常变化；数据难以取得或数据不适应。

生产率指标有三种类型：静态的、动态的和替代性的。静态的是指计算一个特定时期内的生产率，例如年度产出和投入之比就是静态指标。动态的是指将一个时期的生产率与另一个时期的生产率相比较，结果就是动态的生产率指标。例如年度静态生产率与 2010 年

的生产率相比较就是动态指标。替代性指标是指与生产率相关的指标来替代生产率，例如客户满意度、利润、质量、效率等。

4) 物流资产管理评价

物流资产管理评价的主要内容是为评价实现物流目标而投入的设施和设备的资本以及占用存货的流动资金的使用情况。资产评价着重对存货等流动资本周转，以及固定资产的投资报酬率等方面进行评价。

5) 物流质量评价

物流质量评价是指全过程的最重要的评价内容，它用来确定一系列活动的效率而不是个别的活动。由于质量范围很广，所以很难评价。

当今在物流中最高质量的服务就是"零缺陷服务"。它关注的是总体的整个物流的绩效，而非单个功能。它要求从订单进入、检查库存、拣选、装货、送货、开票、支付整个过程的每一个环节都不能出错。

2. 配送中心外部绩效评价

虽然内部评估对配送中心改进绩效，激励员工是很重要的，但是从外部、从顾客、从优秀企业的角度对配送中心的物流绩效进行评价也是非常重要的，它能使配送中心获得更多的新信息。外部绩效评估包括两部分内容：一是从顾客的角度，如连锁商业企业来评估本配送中心物流完成的情况。这种评估可以通过调研或订货系统追踪获得。评估的主要内容有：库存可得性、订货完成时间、提供的信息程度、问题解决的情况等。二是确定基准与其他优秀的配送中心进行比较。现在越来越多的配送中心应用基准，将它作为公司运作与相关行业中的竞争对手或顶尖的企业相比较的一种技术。而且，一些配送中心在重要的战略决策中将定基作为物流运作的工具。定基的领域有：资产管理、成本、顾客服务、生产率、质量、战略、技术、运输、仓储、订货处理等。

二、配送中心作业绩效评价指标体系

(一)配送中心作业绩效评价指标的选择

1. 配送中心作业项目评估要素的选择

1) 设施空间利用率

所谓设施，指除人员、设备以外的一切硬件，包括办公室、休息室、仓储区、拣货区、收货区和出货区等区域空间的安排及一些消防设施等周边硬件。所谓设施空间利用率就是对空间有效、合理地利用频率。一句话，提高单位土地面积的使用效率。要考虑货架、仓储区的储存量、每天理货场地的配货周转次数等。

2) 人员作业效率

对于人员作业效率的考核分析，是每一个企业经营评估的重要指标。人员利用率评估

主要从三个方面着手：人员编制、员工待遇、人员效率。

3)　设备利用率

配送中心的设备主要用于保管、搬运、存储、装卸、配送等物流作业活动。由于各种作业有一定的时间性，设备工时不容易计算，通常从增加设备移动时间和提高设备每单位时间内的处理量来实现提高设备利用率的目的。

4)　商品、订单效率

配送中心应该抓好以下几项工作：第一，通过对配送中心的出货情况进行分析，提示采购人员调整水平结构；第二，要根据客户的需求，快速拆零订单；第三，严格控制配送中心的库存，留有存货以减少缺货率。

5)　作业规划管理能力

规划是一种方法，用来拟定根据决策目标应采取的行动；规划的目的是为整个物流活动过程选择合理的作业方式、正确的行动方向。要得到最佳的产出效果，规划管理人员必须先决定作业过程中最有效的资源组合，才能配合环境，设计出最好的作业方式，来执行物流运作过程中的每一个环节的工作。

6)　时间效益率

时间是衡量效率最直接的因素，最容易看出整体作业能力的高低。例如：每一小时搬运了多少商品？每一小时处理了多少订单等，从而很容易发现配送中心整体作业效率的高低，促使管理人员找出问题并解决问题。评估时间效率，主要是掌握单位时间内收入、产出量、作业单元数及各作业时间比率。

7)　成本率

配送中心的物流成本，是指直接或间接用于收货、储存保管、拣货配货、流通加工、信息处理和配送作业的费用的总和。

8)　质量水平

所谓质量，不仅包括商品的质量优劣，还包括各项物流作业的特殊的质量指标：如耗损、缺货、呆滞品、维修、退货、延迟交货、事故、误差率等。对于物流质量的管理，除一方面要建立起合理的质量标准外，另一方面需多加重视存货管理及作业过程的监督，尽可能避免不必要的损耗、缺货、不良率等，以降低成本，提高客户的服务质量。

2. 选择配送中心作业绩效评价指标的原则

(1)　选出的指标能反映组织整体或个别作业单位的业绩。

(2)　选出的指标确实反映负责人或经理人的努力程度，同时，对于不是他所能控制的因素也应能适当显示。

(3)　选出的指标要有助于问题点的分析，这样才能协助企业找到改进的方向。

因此，我们选取的配送中心业绩评价指标既包含整体评价指标，又包含个别作业单位评价指标。同时，由各个作业的切入，考查各部门人员的努力程度。

(二)配送中心作业绩效评价指标

1. 进、出货作业

进货作业包括把物品等物资做实体上的领取，从货车上将货物卸下、开箱、检查其数量和质量，然后将有关信息书面化等一系列工作。

出货作业是将拣取分类完成的货品做好出货检验后，根据各个车辆或配送路线将货品运至出货准备区，而后装车配送的物流活动。

此环节主要考核以下内容。

1) 空间利用率

站台使用率=进出货车次装卸货停留总时间/站台泊位数×工作天数×每天工作时数

站台高峰率=高峰车数÷站台泊位数

2) 人员负担和时间耗用

每人每小时处理进货量=进货量÷进货人员数×每日进货时间×工作天数

每人每小时处理出货量=出货量÷出货人员数×每日出货时间×工作天数

进货时间率=每日进货时间÷每日工作时数

出货时间率=每日出货时间÷每日工作时数

3) 设备移动率

每台进出货设备每天的装卸货量=(出货量+进货量)÷装卸设备数×工作天数

每台进出货设备每小时的装卸货量=(出货量+进货量)÷装卸设备数×工作天数×每日进出货时数

2. 储存作业

储存作业是指对存货或物品做妥善保管，充分利用仓库空间，注重库存控制，减少资金占用，降低保管成本，减少积压、过期、变质物品的物流活动。

在管理方面要求善于利用仓库空间，有效利用配送中心每一平方米面积；加强存货管理，保证存货可得性，降低存货的缺货率；防止存货过多而占用资源和资金。衡量储存作业主要有以下几项指标。

1) 设施空间利用率

储区面积率=储区面积÷配送中心建筑面积

可使用保管面积率=可保管面积÷储区面积

储位容积使用率=存货总体积÷储位总容积

单位面积保管量=平均库存量÷可保管面积

平均每品项所占储位数=料架储位数÷总品项数

2)　库存周转率

库存周转率=出货量÷平均库存量

库存周转率=营业额÷平均库存金额

3)　库存管理费率

库存管理费率=库存管理费用÷平均库存量

4)　呆废料率

呆废料率=呆废料件数÷平均库存量　或　呆废料率=呆废料金额÷平均库存金额

3. 盘点作业

盘点作业是经常定期或不定期做检查，及早发现问题，以免造成日后出货更大的损失，这是盘点的目的。在盘点作业中，以盘点过程中所发现的存货数量不符的情况作为评估重点。评价指标包括以下几方面。

1)　盘点数量误差率

盘点数量误差率=盘点误差量÷盘点总量

2)　盘点品项误差率

盘点品项误差率=盘点误差品项数÷盘点实施品项数

3)　平均盘差品金额

平均盘差品金额=盘点误差金额÷盘点误差量

4. 订单处理作业

订单处理作业指由接到客户订单开始到着手准备拣货之间的作业阶段，包括订单资料确认、存货查询、单据处理等，主要评价指标有以下几项。

1)　订单延迟率

订单延迟率=延迟交货订单数÷订单数量

2)　订单货件延迟率

订单货件延迟率=延迟交货量÷出货量

3)　紧急订单响应率

紧急订单响应率=未超过 12 小时出货订单÷订单数量

4)　客户取消订单率和客户抱怨率

客户取消订单率=客户取消订单数÷订单数量

客户抱怨率=客户抱怨次数÷订单数量

5)　缺货率

缺货率=接单缺货数÷出货量

6)　短缺率

短缺率=出货品短缺数÷出货量

5. 拣货作业

拣货作业是配送作业的中心环节，依据顾客的订货要求或配送中心的作业计划，准确、迅速地将商品从其储位或其他区域拣取出来的作业过程。拣货时间、拣货策略及拣货的精确度影响出货品质。除极少自动化程度较高的配送中心外，大多是靠人工配合简单机械化设备的劳动力密集作业，耗费成本较多。

1) 拣货时间率

拣货时间率=每日拣货时数÷每天工作时数

2) 每人时拣取品项数、每人时拣取次数和每人时拣取材积数

每人时拣取品项数=订单总笔数÷拣取人员数×每日拣货时数×工作天数

每人时拣取次数=拣货单位累计总件数÷拣取人员数×每日拣货时数×工作天数

每人时拣取材积数=出货品材积数÷拣取人员数×每日拣货时数×工作天数

3) 拣取能量使用率

拣取能量使用率=订单数量÷一天目标拣取订单数×工作天数

4) 拣货责任品项数

拣货责任品项数=总品项数÷分区拣取区域数

5) 拣取品项移动距离

拣取品项移动距离=拣货行走移动距离÷订单总笔数

6) 批量拣货时间

批量拣货时间=每日拣货时数×工作天数÷拣货分批次数

7) 拣货人员装备率、拣货设备成本产出、每人时拣取材积数

拣货人员装备率=拣货设备成本÷拣货人员数

拣货设备成本产出=出货品材积数÷拣货设备成本

每人时拣取材积数=出货品材积数÷拣货人员数×每日拣货时数×工作天数

8) 每批量包含订单张数、每批量包含品项数、每批量拣取次数、每批量拣取材积数

每批量包含订单数=订单数量÷拣货分批次数

每批量包含品项数=订单总笔数÷拣货分批次数

每批量拣取次数=出货箱数÷拣货分批次数

9) 单位时间处理订单数、单位时间拣取品项数、单位时间拣取次数、单位时间拣取材积数

单位时间处理订单量=订单数量÷每日拣货时数×工作天数

单位时间拣取品项数=订单数量×每张订单平均品项数÷每日拣货时数×工作天数

单位时间拣取次数=拣货单位累计总时数÷每日拣货时数×工作天数

单位时间拣取材积数=出货品材积数÷每日拣货时数×工作天数

每批量拣取材积数=出货品材积数÷拣货分批次数

10) 每订单投入的拣货成本、每订单笔数的拣货成本、每拣取次数的拣货成本、单位材积的拣货成本

每订单投入拣货成本=拣货成本÷订单数量

每订单笔数投入拣货成本=拣货成本÷订单总笔数

每拣取次数投入拣货成本=拣货成本÷拣货单位累计总件数

单位材积投入拣货成本=拣货投入成本÷出货品材积数

11) 拣货差错率

衡量拣货作业的品质，以评估拣货员的细心程度，或自动化设备的正确性功能。

拣货差错率=拣取错误笔数÷订单总笔数

6. 配送作业

配送是从配送中心将货品送达客户处的活动。适量的配送人员、适合的配送车辆、最佳送货路线相结合才能有效地配送。

1) 平均每人的配送量、平均配送距离、平均配送重量、平均配送车次

平均每人的配送量=出货量÷配送人员数

平均每人的配送距离=配送总距离÷配送人员数

平均每人的配送重量=配送总重量÷配送人员数

平均每人的配送车次=配送总车次÷配送人员数

2) 平均每台车的吨千米数、平均每台车配送距离、平均每台车配送重量

平均每台车的吨千米数=配送总距离×配送总重量÷(自车数量+外车数量)

平均每台车配送距离=配送总距离÷(自车数量+外车数量)

平均每台车配送重量=配送总重量÷(自车数量+外国专家数量)

3) 空车率

空车率=空车走行距离÷配送总距离

4) 配送车移动率、积载率、平均每车次配送重量、平均每车次吨公里数

配送车移动率=配送总车次÷(自车+外车)×工作天数

积载率=出货品材积数÷(车辆总材积数×配送移动率×工作天数)

平均每车次配送重量=配送总重量÷配送总车次

平均每车次吨公里数=配送总距离×配送总重量÷配送总车次

5) 外车比例、配送车移动率、季节品比率

外车比例=外车数量÷(自车数量+外车数量)

季节品比率=本月季节品存量÷平均库存量

6) 配送成本比率、每吨重配送成本、每材积配送成本、每车次配送成本、每公里配送成本

配送成本比率=(自车配送成本+外车配送成本)÷物流总费用

每吨重配送成本=(自车配送成本+外车配送成本)÷配送总重量

每材积配送成本=(自车配送成本+外车配送成本)÷出货品材积数

每车次配送成本=(自车配送成本+外车配送成本)÷配送总车次

每公里配送成本=(自车配送成本+外车配送成本)÷配送总距离

7) 配送平均速度

配送平均速度=配送总距离÷配送总时间

8) 配送延迟率

配送延迟率=配送延迟车次÷配送总车次

7. 采购作业

由于出库使库存量减少，当库存量下降到一定点时，应立即进货补充库存，采用何种订购方式、考虑供应商信用、货品品质是进货作业的重要环节。

1) 出货品成本占营业额比率

出货品成本占营业额比率=出货品采购成本÷营业额

2) 货品采购及管理总费用

货品采购及管理总费用=采购作业费用+库存管理费用

3) 进货数量误差率、进货不良品率和进货延迟率

进货数量误差率=进货误差量÷进货量

进货不良品率=进货不合格数量÷进货量

进货延迟率=延迟进货数量÷进货量

8. 非作业面

整体评估方面。重点是配送中心资产营运、财务效益、人员等的评估。

1) 固定资产周转率

固定资产周转率=营业额÷固定资产总额

2) 产出与投入平衡

产出与投入平衡=出货量÷进货量

3) 每天营运金额

每天营运金额=营业额÷工作天数

4) 营业支出与营业额比率

营业支出与营业额比率=营业支出÷营业额

三、配送中心作业绩效评价指标分析

配送中心作业绩效评价方法主要有比较分析法、功效系数法、综合分析判断法、KPI绩效评价法等。在这里重点介绍KPI绩效评价法。

(一)KPI 绩效评价法

1. KPI 绩效评价法概述

KPI 是“Key Performance Indicator”的缩写，称之为“关键绩效指标”或“关键业绩指标”。

KPI 法符合一个重要的管理原理——“二八原理”。在一个企业的价值创造过程中，存在着“20/80”的规律，即 20%的骨干人员创造企业 80%的价值；而且在每一位员工身上“二八原理”同样适用，即 80%的工作任务是由 20%的关键行为完成的。因此，必须抓住 20%的关键行为，对之进行分析和衡量，这样就能抓住业绩评价的重心。

配送中心的生产过程是劳动者运用配送中心设施、设备、信息技术等为客户提供配送服务的过程。在三个基本要素(劳动力、劳动资料、劳动对象)中，劳动力是最重要的因素，正确地统计、分析、预测劳动生产力指标，对于配送中心的运营和发展有着重要意义。

2. 确定关键绩效指标的原则(SMART 原则)

SMART 是 5 个英文单词首字母的缩写。

S：具体(Specific)，指绩效考核要切中特定的工作指标，不能笼统。

M：可度量(Measurable)，指绩效指标是数量化或者行为化的，验证这些绩效指标的数据或者信息是可以获得的。

A：可实现(Attainable)，指绩效指标在付出努力的情况下可以实现，避免设立过高或过低的目标。

R：相关性(Relevant)，是指年度经营目标的设定必须与预算责任单位的职责紧密相关，它是预算管理部门、预算执行部门和公司管理层经过反复分析、研究、协商的结果，必须经过他们的共同认可和承诺。

T：时限(Time-based)，注重完成绩效指标的特定期限。

3. 配送中心 KPI 指标体系的建立

KPI 指标，是通过对组织内部某一流程的输入端、输出端的关键参数进行设置、取样、计算、分析，衡量流程绩效的一种目标式量化管理指标。KPI 可以使部门主管明确部门的主要责任，并以此为基础，明确部门人员的业绩衡量指标，使业绩考评建立在量化的基础之上。建立明确的切实可行的 KPI 指标体系是做好绩效管理的关键。具体到配送中心来说，可以将配送中心的工作划分为若干模块，从每一模块中选取若干指标作为 KPI 指标，如表 6-11 所示。

表 6-11　配送中心 KPI 评价指标

KPI 模块	KPI 描述	采集方法
运营	库存准确率	盘点时盘点差错率
	平均订单处理时间	
	订单满足率	可由完全满足的订单行占总订单行的比例计算
	加班时间	加班时间/每日
	平均每小时拣货数量	可分箱拣/零拣/整托盘
	平均装车时间	
	入库导出库的纸张报表数量	
	空库位统计	该指标通常只可以评估上架的优化程度，不过取决于现场制定的上架规则
收货	日平均收货 LPN 数量	一定时间段内收货的 LPN 数/总收货天数
	日平均收货件数	一定时间段内收货的件数/总收货天数
退货	日平均收货 LPN 数量	一定时间段内收货的 LPN 数/总收货天数
	日平均收货件数	一定时间段内收货的件数/总收货天数
库存	库存准确度	在一定时间段的循环盘点历史记录中： 循环盘点总差异量(绝对值加总，正负差异都按正差异累加)/循环盘点期望总数量
	库存缩水度	在一定时间段的循环盘点历史记录中： 循环盘点总缩水量(正负差异相互抵消)/循环盘点期望总数量
	库存周转率	一定时间段内日平均发货件数/总平均库存件数
	仓库使用率	使用容量/仓库总容量 (选取库位体积或重量或件数，取决于仓库配置)
	空闲库位率	空闲库位数/总库位数
拣货	拣货速率	日平均拣货件数
出库	订单行出货率	一定时间段内日成功出货的订单行数/总订单行数
	订单出货率	一定时间段内日成功出货的订单数/总订单数
	按时出货率	对于订单有 ship by date 控制的：ship by date 之内发货的订单数/总订单数
	订单周转率	订单从创建到发货(订单创建时间和发货时间)平均周期
	日出货量	一定时间段内出货的件数/总天数
	发票日重新打印率	分析短货导致的发票重新打印次数
	发票日打印率	分析一段时间内打印发票数，以此判断发票打印时间点能否放到拣货后
	日补货率	分析一定时间段内补货的次数，流向，通过 A,B,C 分类优化存储位置

续表

KPI 模块	KPI 描述	采集方法
客户服务响应时间	对外统一窗口	设定统一客服入口，收集目前客户反映的问题
	内部问题提交流程标准化	问题提交流程及响应时间
	日解决问题率	平均每日解决问题数量/平均每日提交问题数量

(二)其他作业绩效评价分析方法

1. 比较分析法

比较分析：对两个或几个有关的可比数据进行对比，揭示差异和矛盾。比较是分析的最基本方法，没有比较，分析就无法开始。

(1) 按比较对象(和谁比)分类分为与本企业历史比、与同类企业比、与计划数据比。

(2) 按比较内容(比什么)分类分为总量的比较、比较结构百分比、比较比率。

2. 功效系数方法

功效系数法是指根据多目标规则原理，将所要考核的各项指标分别对照不同分类和分档的标准值，通过功效函数转化为可以度量计分的方法，是配送中心绩效评价的基本方法，主要用于配送中心定量指标的计算分析。

3. 综合分析判断法

综合分析判断法是指综合考虑影响配送中心绩效的各种潜在的或非计量的因素，参照评议参考标准，对评议指标进行印象比较分析判断的方法，主要用于定性分析。

【任务实施】

配送中心在进行绩效评价时应注意运用 KPI 方法建立合理的绩效评价指标体系。

【任务总结】

通过完成“配送中心绩效评价”任务，让同学们深入理解和掌握绩效评价的含义，掌握配送中心绩效评价的内容、指标体系及方法，让学生在今后的工作中能够了解公司绩效评价的目的和要求，从而成为一名“高绩效”的员工。

【任务实训】

根据表 6-11 编制配送中心员工考核 KPI 评价指标。可选择仓库主管、仓库管理员、装卸工三个岗位进行设计。

考核标准：

表格项目齐全 (40分)	指标选择合理 (30分)	思路清晰 (20分)	作业排版 (10分)	总分 (100分)

项 目 总 结

本项目介绍了配送中心成本管理、配送中心绩效评价等任务，通过对两个任务的组织和实施，使学生们能够掌握配送中心成本的构成、配送中心成本的核算方法、配送中心绩效评价的含义以及配送中心绩效评价指标体系。

项 目 测 试

一、填空题

1. 配送成本是指配送活动的________、________、________、________、________、配送加工、配送运输、送达服务及信息反馈等环节所发生的各项费用的总和，是配送过程中所消耗的各种活劳动和物化劳动的货币表现。

2. 配送成本按支付形态可分为材料费、人工费、________、________、________、_______、对外委托费、其他企业支付费用。

3. 配送成本按功能分类可分为_________、_________、_________。

4. 配送成本的影响因素中配送管理因素包括_________、_________、_________。

5. 配送中心内部绩效评价包括_________、_________、_________、_________、_________五个方面。

二、单选题

1. (　　)又称经济领域的二律悖反，是指同一资源的两个方面处于互相矛盾的关系之中，要达到一个目的必然要损失一部分另一目的，要追求一方，必得舍弃另一方的一种状态。

A. 效益悖反　　B. 规模经济　　C. 学习经济　　D. 范围经济

2. 物流成本的隐蔽性又称为物流成本的(　　)。

A. 第三利润源　　B. 效益悖反　　C. 冰山理论　　D. “黑大陆”学说

3. 配送成本按功能分类即通过观察配送费用是由配送的哪种功能产生的进行的分类。此类配送成本不包括(　　)。

A. 物品的流通费　B. 信息流通费　C. 人工费　D. 配送管理费

4. 影响配送成本的因素中，配送管理因素不包括(　　)。

A. 配送满足率　B. 配送工具　C. 配送周期　D. 配送距离

5. 配送成本控制的(　　)是按产品的特点、销售水平来设置不同的配送作业，即设置不同的库存、不同的运输方式以及不同的储存地点。

A. 混合策略　B. 差异化策略　C. 合并策略　D. 延迟策略

三、简答题

1. 作业成本法的优点有哪些？
2. 配送中心作业成本的核算程序及计算步骤是什么？
3. 如何控制配送成本？
4. 配送中心绩效评价项目要素有哪些？
5. 配送中心作业绩效评价指标从哪几方面进行？
6. 什么是 KPI 绩效评价法？

四、综合题

日本可口可乐千叶配送中心管理人员仅为 113 名，中心设计能力出库配送量为 1000 万箱，投产当年预计出库配送量为 500 万箱。整个投资预计 5 年全部回收，可见，物流效益不一般。该中心采用三种方式接收客户订单：EOS(电子订货系统)，电子传真，电话。中心接单后，发出指令在 48 小时内分送到各店铺，如店铺要求可在 24 小时内送到。如遇店铺急需紧急补货，备有一台自动拣选系统和轨道输送机，任何一批配送的货物，从中心接到紧急补货指令到完成出货装上运送的卡车，只需 20 分钟。配货结束后，由自动输送带以托盘为单元输送，并用塑料薄膜塑封机自动塑封。这种集约化配送，比之以前节约 50 名劳动力，店铺接货时间缩短 21.4%，物流活动效率提高 26.5%，库存商品压缩 25%，取得较好的效率和效益。

问题：如何组织配送中心绩效评价？如果配送延迟率高，原因是什么？采取什么措施？

项目七 配送中心规划与设计

【项目导入】

配送中心规划与设计是学生在掌握与利用配送中心基本业务操作技能的基础上创新能力提升项目。配送中心规划与设计成功与否直接影响着配送中心作业效率、运营成本、客户满意度。因此，必须进行科学合理的配送中心规划与设计。

配送中心规划与设计实际上包含两层含义，一是配送中心总体的、全局的、系统的、长远的规划，二是配送中心内部设计与布置规划。因此，本项目将重点围绕配送中心系统规划、配送中心内部设计与布置两个任务来组织。

【项目目标】

1. 知识目标

(1) 理解配送中心运营模式的特点、配送中心规划的含义与内容。

(2) 了解配送中心规划的原则与目标。

(3) 掌握配送中心规划的程序。

(4) 理解配送中心选址含义与影响因素。

(5) 掌握配送中心选址方法。

(6) 理解配送中心系统布置的程序。

(7) 掌握配送中心规划要素与分析。

(8) 掌握配送中心区域布置。

2. 技能目标

(1) 能够独立进行配送中心运营模式的选择。

(2) 能够利用重心法为配送中心选址。

(3) 能够初步完成配送中心系统规划与内部设计。

【项目展开】

为了系统而直观地实现以上项目目标，现将该项目按照以下两个工作任务序化展开。

(1) 配送中心系统规划。

(2) 配送中心内部设计与布置。

任务一　配送中心系统规划

【任务描述】

配送中心的规划

天津某药店成立之初仅是一家不足30m^{2}的药房。几年来，由于良好的经营策略和信誉，该药店在不断地发展与壮大。目前，已发展成为拥有23家门店的连锁药店，所有门店全部药品均由天津某医药配送中心配送供应。考虑到目前较高的配送成本及未来发展前景，该药店拟成立一家自有配送中心。请你为药店做初步的配送中心规划。

【任务驱动】

(1) 什么是配送中心规划？

(2) 配送中心规划的内容包括什么？

(3) 配送中心规划应遵循哪些原则？

(4) 配送中心规划的程序是什么？

(5) 如何进行配送中心规划中的选址决策？

【任务资讯】

配送中心的建设是一项规模大、投资高、周期长的系统工程，是一种长远的总体发展计划。对于这样一个复杂的系统工程，配送中心规划的好坏就是其成败的关键。

一、配送中心运营模式的选择

在配送中心的规划决策中，自有还是外包其配送业务，即如何选择配送中心运营模式，对企业来讲是一项非常重要的决策。目前，配送中心运营模式主要有自建配送中心、租赁配送中心和合同制配送中心三种。自建配送中心即企业自己投资建设配送中心，并自己运营管理，配送中心的所有权和使用权归企业自己所有；租赁配送中心是企业不投资建设配送中心，而是选择租赁方式，定期向配送中心所有者缴纳租金，企业对配送中心仅有使用权，无所有权，配送业务仍由企业自己完成；而合同制配送中心则是企业完全就配送业务外包给第三方，企业仅享有服务并支付配送费用。三种配送中心运营模式各有优势，企业决策的依据是在满足公司战略需求和服务水平的情况下物流的总成本最低。

租赁配送中心和合同制配送中心随着存储总量的增加，租赁的空间就会增加，由于公共配送中心一般按所占用空间来收费，这样成本就与总周转量成正比，其成本函数是线性的。而在自有配送中心的成本结构中存在固定成本。由于公共配送中心的经营具有盈利性质，因此自有配送中心的可变成本的增长速率通常低于公共配送中心成本的增长速率。当总周转量达到一定规模时，两条成本线相交，即成本相等。这表明在周转量较低时，公共配送中心是最佳选择。随着周转量的增加，由于可以把固定成本均摊到大量存货中，因此使用自有配送中心更经济。配送总成本与配送中心运营模式的关系，如图 7-1 所示。

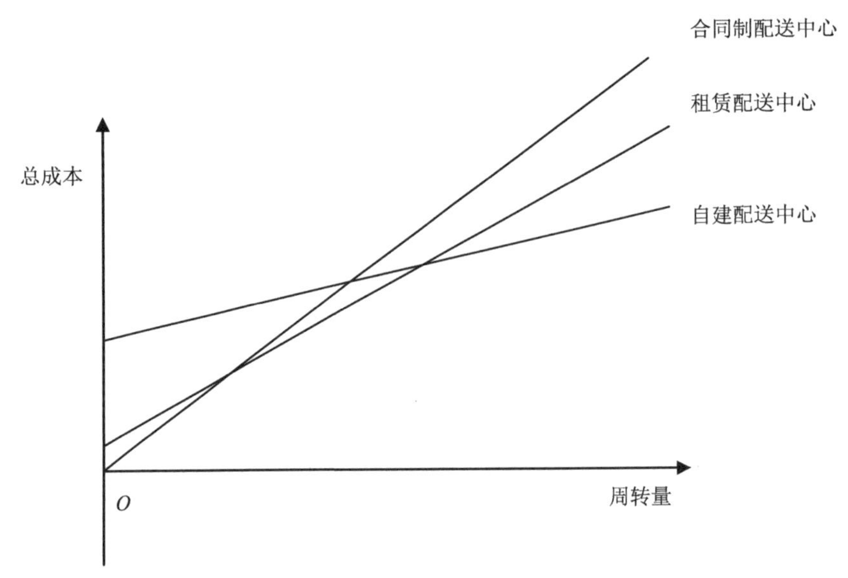

图 7-1　配送总成本与配送中心运营模式的关系

一个企业是自建配送中心，还是租赁配送中心，或采用合同制配送中心需要考虑以下因素。

(一)周转总量

由于自有配送中心的固定成本相对较高，而且与使用程度无关，因此必须有大量存货来分摊这些成本，使自有配送中心的平均成本低于公共配送中心的平均成本。因此，如果存货周转量较高，自有配送中心更经济。相反，当周转量相对较低时，选择公共配送中心更为明智。

(二)需求稳定性

需求的稳定性是自建配送中心的一个关键因素。许多厂商具有多种产品线，使配送中

心具有稳定的周转量，因此自有配送中心的运作更为经济。

(三)市场密度

市场密度较大或供应商相对集中，有利于修建自有配送中心。这是因为零担运输费率相对较高，经自有配送中心拼箱后，整车装运的运费率会大大降低。相反，市场密度较低，则在不同地方使用几个公共配送中心要比一个自有配送中心服务一个很大地区更经济。

二、配送中心总体规划

通过成本比较及货物周转总量、需求稳定性、市场密度的分析，企业确定要自建配送中心，这时就面临配送中心的总体规划。下面就配送中心规划的含义与内容、配送中心规划的原则与目标、配送中心规划的程序做具体介绍。

(一)配送中心规划的含义与内容

1. 配送中心规划的含义

配送中心规划是对于拟建配送中心的长远的、总体的发展计划。“配送中心规划”与“配送中心设计”是两个不同但容易混淆的概念，二者既有密切的联系，又存在重大差别。配送中心规划属于配送中心建设项目的总体规划，是可行性研究的一部分，而配送中心设计则属于项目初步设计的一部分内容。“配送中心规划”与“配送中心设计”的异同比较具体如表 7-1 所示。

表 7-1　“配送中心规划”与“配送中心设计”的异同比较

异　同		配送中心规划	配送中心设计
相异之处	目的不同	配送中心规划是关于配送中心建设的全面长远发展计划，是进行可行性论证的依据	配送中心设计是在一定的技术与经济条件下，对配送中心的建设预先制订详细方案，是项目施工图设计的依据
	内容不同	配送中心规划强调宏观指导性	配送中心设计强调微观可操作性
相同之处	同属于高阶段设计过程	配送中心的规划工作与设计工作都属于项目的高阶段设计过程，内容上不包括项目施工图纸等的设计	
	理论依据相同，基本方法相似	配送中心规划与设计工作都是以物流学原理作为理论依据，运用系统分析的观点，采取定量与定性相结合的方法进行的	

2. 配送中心规划的内容

配送中心规划主要包括物流系统规划、信息系统规划、运营系统规划三个方面。如图 7-2 所示。其中，物流系统规划包括配送中心设施布置设计、物流设备规划设计和作业方法设计；信息系统规划是基于配送中心功能规划、流程规划而进行的配送中心信息管理与决策支持系统的规划；运营系统规划是对配送中心组织机构、人员配备、作业标准和规范等的设计。

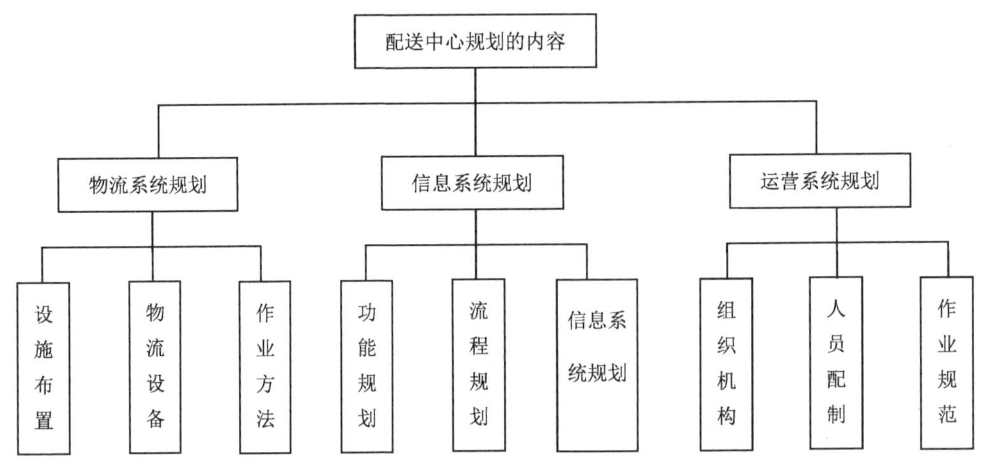

图 7-2　配送中心规划的内容

(二)配送中心规划的原则

凡事预则立，不预则废。对于配送中心建设这样复杂的系统工程，如果不做好前期的规划与设计，一旦建成后出现问题就很难进行更正，所以在进行配送中心规划与设计时必须遵循以下原则。

1. 统筹规划的原则

配送中心的规划是一个复杂的系统工程。合理的配送中心规划必须统筹兼顾，全面安排，既要做微观的考虑，又要做宏观的考虑，把定性分析、定量分析与经验相结合，使整体最优。

2. 经济性原则

规划设计配送中心的每一个阶段，都要体现该原则，减少或消除不必要的作业环节，缩短作业周期，以最有效的空间利用、最经济的成本投入达到最大效用。

3. 弹性化原则

在配送中心规划时，必须要考虑弹性化问题，其主要原因是货物的周转量往往受市场、季节、节假日需求波动的影响。此外，配送中心配送业务种类的增加以及配送范围的扩大也需要配送中心具有较强的应变能力。因此，在规划时配送中心要有相当的柔性以适应周转量、用户、成本等多方面的变化。

4. 人性化原则

人性化原则也是配送中心规划时应该遵循的原则。充分重视人的因素，为员工创造安全、方便、舒适的工作环境。

(三)配送中心规划的目标

在进行配送中心总体规划时，首先要明确配送中心在物流网络中的地位与作用，确定所规划配送中心的规划目标。规划目标将决定配送中心的功能与功能区构成。通常配送中心的规划目标有以下几点。

(1) 缩短物流作业周期，降低物流运作成本。

(2) 以适当的库存水平降低物流系统的总体库存。

(3) 有效地利用空间、设备、人员和能源。

(4) 提高客户服务水平，提升企业竞争力。

(5) 降低物流作业差错率。

(6) 信息网络高效通畅，实时掌握分销信息。

(7) 力求降低投资成本。

(8) 提供方便、舒适、安全和卫生的工作环境。

以上规划目标实际上不可能同时达到最优，有时甚至相互矛盾，要用恰当的指标对每一个方案进行综合评价，达到总体目标最佳。

(四)配送中心规划的程序

配送中心的系统规划程序主要包括筹划准备阶段、总体规划阶段、方案评估阶段、详细设计阶段、系统实施阶段共五个主要阶段。具体如图 7-3 所示。

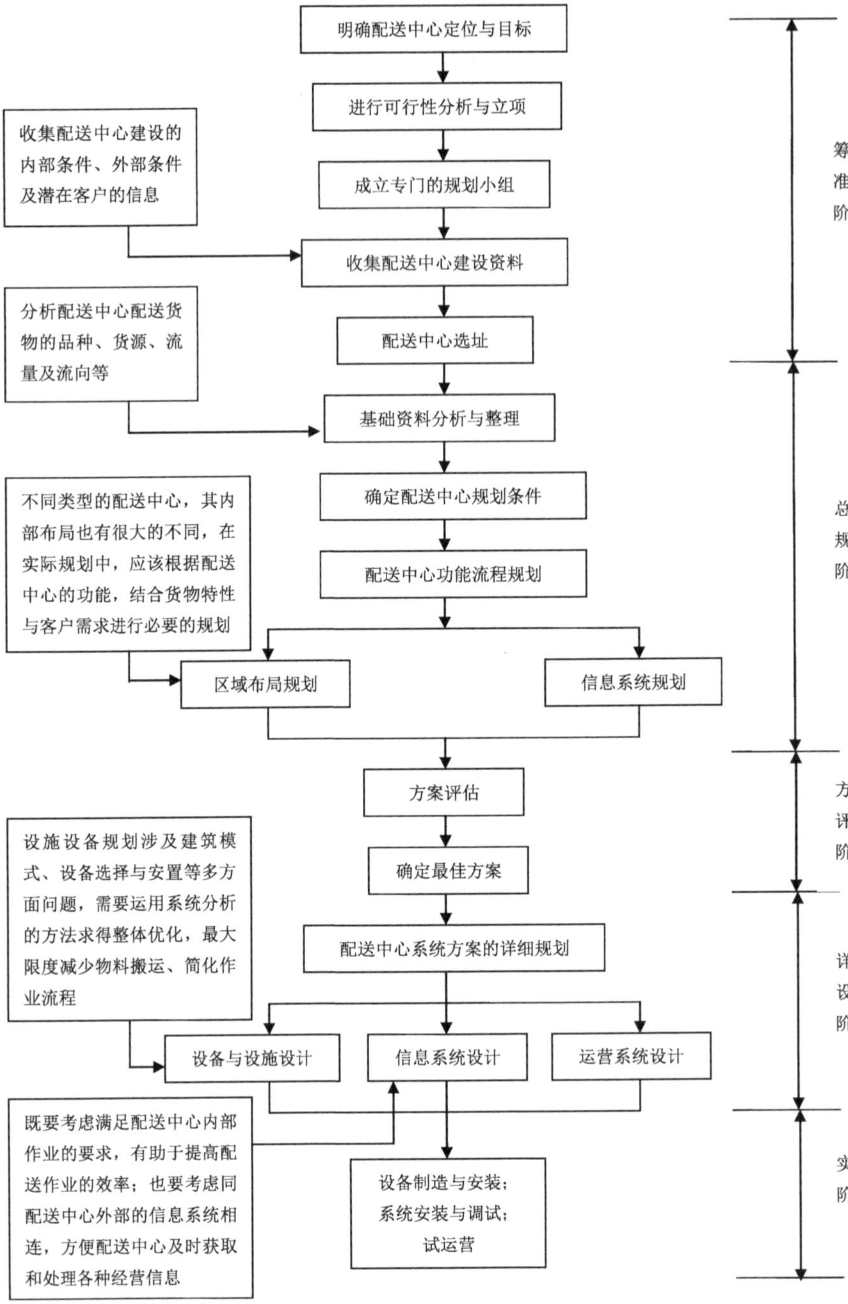

图 7-3 配送中心系统规划程序

三、配送中心选址

配送中心选址是配送中心规划中非常关键的一步。配送中心选址成功与否，直接影响着运作成本的高低，进而影响配送中心的发展前景。因此，必须慎重决策配送中心选址问题。

(一)配送中心选址的概念

配送中心选址以提高物流系统的经济效益和社会效益为目标，根据供货状况、需求分布、运输条件、自然环境等因素，用系统工程的方法，对配送中心的地理位置进行决策的过程。配送中心选址包括两个方面的含义，即地理区域的选择和具体地址的选择。

配送中心的选址首先要选择合适的地理区域。对各地理区域进行审慎评估，选择一个适当范围为考虑的区域，如华南地区、华北地区等，同时还须配合配送中心物品特性、服务范围及企业的运营策略而定。

配送中心的地理区域确定后，还需确定具体的建设地点，如果是制造商型的配送中心，应以接近上游生产厂或进口港为宜；如果是日常消费品的配送，则宜接近居民生活社区。一般应以进货与出货产品类型特征及交通运输的复杂度，来选择接近上游点或下游点的选址策略。

(二)配送中心选址问题的分类

当一个物流系统中需要设置多个配送中心时，不仅要确定配送中心的位置，而且还要对配送中心的数量、规模、服务范围等进行决策，建立一个服务好、效率高、费用低的物流网络系统，即确定配送中心的网点布局。这里将配送中心选址与布局统称为选址。一个物流系统只设置一个配送中心，称单配送中心选址问题，如图 7-4 所示；如果设置多个配送中心，则称多配送中心选址问题，如图 7-5 所示。

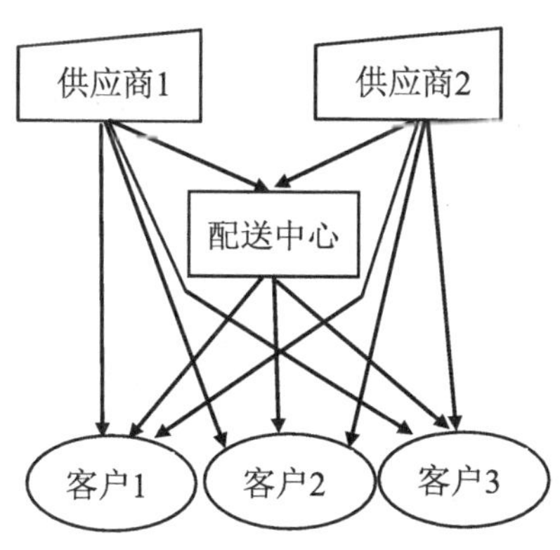

图 7-4　单中心配送网络示意图

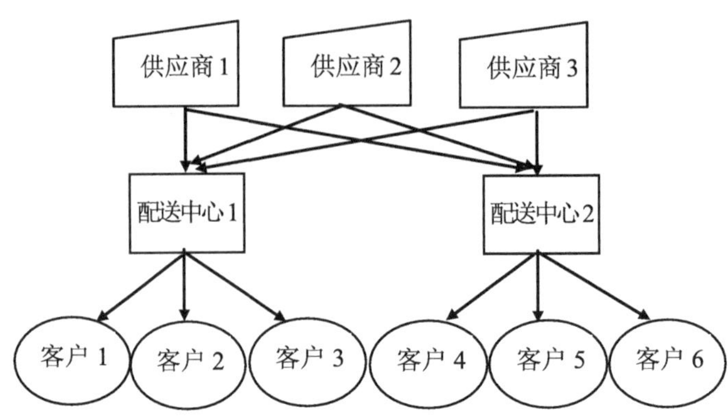

图 7-5　多中心配送网络示意图

(三)配送中心选址的原则

配送中心选址是配送中心规划中一项非常重要的内容，配送中心选址成功与否直接关系着配送中心运营成本以及未来发展。因此，配送中心选址应遵循一定的原则，具体包括适应性原则、协调性原则、经济性原则、战略性原则。

1. 适应性原则

配送中心的选址必须与国家以及省市的区域经济发展方针、政策相适应，与国家物流资源分布和需求分布相适应，与国民经济和社会发展相适应。

2. 协调性原则

配送中心的选址应将国家的物流网络作为一个大系统来考虑，使配送中心的设施设备在地域分布、物流作业生产力、技术水平等方面互相协调。

3. 经济性原则

配送中心在发展过程中，有关选址的费用，主要包括建设费用以及经营费用两个部分，配送中心的选址定在市区还是郊区，其未来物流辅助设施的建设规模以及建设费用、物流运输费用等是不同的，选址是应当以总的费用最低作为配送中心选址的经济性原则。

4. 战略性原则

配送中心的选址，应具有战略眼光。一是要考虑全局，二是要考虑长远。局部要服从全局，目前利益要服从长远利益，既要考虑目前的实际需要，又要考虑日后发展的可能。

(四)配送中心选址的主要影响因素

配送中心选址时应该综合考虑各种因素，包括客户分布、供应商分布、交通条件、土地条件、自然条件、人力资源条件、政策环境等。

1. 客户的分布

配送中心选址时首先要考虑的就是所服务客户的分布。对于零售商型配送中心，其主要客户是超市和零售店，这些客户大部分是分布在人口密集的地方或大城市，配送中心为了提高服务水准及降低配送成本，配送中心多建在城市边缘接近客户分布的地区。

2. 供应商的分布

配送中心的选址应该考虑的因素是供应商的分布地区。因为物流的商品全部是由供应商所供应的，如果物流越接近供应商，则其商品的安全库存可以控制在越低的水平上。但是国内一般进货的输送成本是由供应商负担的，因此有时不重视此因素。

3. 交通条件

交通条件是影响物流的配送成本及效率的重要因素之一，交通运输的不便将直接影响车辆配送的进行。因此必须考虑对外交通的运输通路，以及未来交通与邻近地区的发展状况等因素。地址宜紧邻重要的运输线路，以方便配送运输作业的进行。考核交通方便程度的条件有：高速公路、国道、铁路、快速道路、港口、交通限制规定等几种。一般配送中心应尽量选择在交通方便之高速公路、国道及快速道路附近的地方，如果以铁路及轮船来承运，则要考虑靠近火车编组站、港口等。

4. 土地条件

土地与地形的限制。对于土地的使用，必须符合相关法规及城市规划的限制，尽量选在物流园区或经济开发区。建设用地的形状、长宽、面积与未来扩充的可能性，则与规划内容有密切的关系。因此在选择地址时，参考规划方案中仓库的设计内容，在无法完全配合的情形下，必要时需修改规划方案的内容。

另外，还要考虑土地大小与地价，在考虑现有地价及未来增值状况下，配合未来可能扩充的需求程度，决定最合适的面积大小。

5. 自然条件

在物流用地的评估中，自然条件也必须考虑，事先了解当地自然环境有助于降低建设的风险。例如在自然环境中有湿度、盐分、降雨量、台风、地震、河川等几种自然现象，有的地方靠近山边湿度比较高，有的地方湿度比较低，有的地方靠近海边盐分比较高，这些都会影响商品的储存品质，尤其是服饰产品或3C产品等对湿度及盐分都非常敏感。此外降雨量、台风、地震及河川等自然灾害，对于配送中心的影响也非常大，必须特别留意并且避免被侵害。

6. 人力资源条件

在仓储配送作业中，最主要的资源需求为人力资源。由于一般物流作业仍属于劳动密集的作业形态，在配送中心内部必须要有足够的作业人力，因此在决定配送中心位置时必须考虑劳工的来源、技术水准、工作习惯、工资水准等因素。

人力资源的评估条件有附近人口、上班交通状况、薪资水准等几项。如果物流的选址位置附近人口不多且交通又不方便时，则基层的作业人员不容易招聘；如果附近地区的薪资水准太高，也会影响到基层的作业人员的招聘。因此，必须进行该地区的人力、上班交通及薪资水准调查。

7. 政策环境

政策环境条件也是物流选址评估的重点之一，尤其是物流用地取得困难的现在，如果有政府政策的支持，则更有助于物流业者的发展。政策环境条件包括企业优惠措施(土地提供，减税)、城市规划(土地开发，道路建设计划)、地区产业政策等。最近在许多交通枢纽城市如深圳、武汉等地都在规划设置现代物流园区，其中除了提供物流用地外，也有关于税赋方面的减免，有助于降低物流业的营运成本。

(五)配送中心选址的程序

配送中心选址属企业战略层的决策问题，对物流系统的合理化具有决定性的意义。配送中心选址应按照一定的选址程序来进行，如图 7-6 所示。

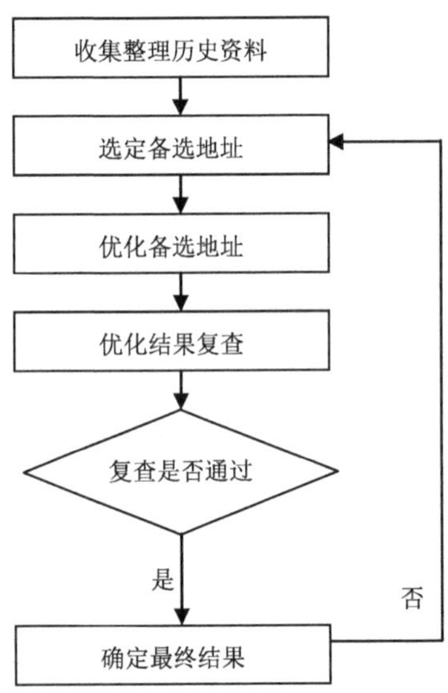

图 7-6 配送中心选址的一般程序

配送中心选址时，首先应对物流配送系统的现状进行分析，制订物流配送系统的基本计划，确定需要了解的限制条件，这样可以大大缩小选址的范围。之后对所取得的资料进行充分的整理和分析，考虑影响选址的各种因素，并根据约束条件及目标函数建立数学公式，从中寻求费用最小的方案，这样就可以初步确定选址范围，即确定备选地址。有了备选地址，就要综合市场适应性、土地条件、服务质量等因素对备选地址进行评价，看是否具有现实意义及可行性，即对计算结果进行复查。如果复查中发现原分析结果不适用，则返回备选地址筛选阶段，重新进行分析，直至得到最终结果为止；如果复查通过，则原计算结果为最终结果。

(六)配送中心选址的方法

影响配送中心选址的因素众多，且关系复杂，这就要求决策者综合运用合适的方法对备选地址进行评价。近年来，选址理论发展迅速，各种选址方法层出不穷。归纳起来，可以分为定性分析法和定量分析法两大类。在选址评价过程中，可以采取定性分析与定量分析相结合的方法，使选址方案最优化。

1. 定性分析法

定性分析法主要是根据选址影响因素和选址原则，依靠专家或管理人员丰富的经验、知识及其综合分析能力，确定配送中心的具体选址。定性分析法主要有专家打分法、德尔菲法、加权因素评价法等。定性方法的优点是注重历史经验，简单易行。其缺点是容易犯经验主义和主观主义的错误，并且当可选地点较多时，不易做出理想的决策，导致决策的可靠性不高。

利用定性分析法选址时应针对各种影响因素，确定选址时应遵循的一些基本原则，如选择交通发达、交通条件便利的地点，接近供应商，接近消费区，靠近超市，选在城乡接合部等。从这些基本原则出发，对现有条件进行分析、评价和比较，从备选的地址中做出选择。

加权因素分析法是常用的选址方法中使用最为广泛的一种。该方法以简单易懂的模式将各种不同因素综合考虑。加权因素分析法的具体步骤如下。

(1) 决定一组相关的选址因素。

(2) 对每一因素赋予一个权重，以反映这个因素在所有因素中的重要性。每一因素的分值根据权重来确定，权重则要根据成本的标准差来确定，不是根据成本值来确定。

(3) 对所有因素的打分设定一个共同的取值范围，一般是 1～10 或 1～100。

(4) 对每一个备选地址，根据所有因素按设定范围打分。

(5) 用各个因素的得分与相应的权重相乘，并把所有的因素的加权值相加，得出每一个备选地址的最终得分值。

(6) 选择具有最高总分得分值的地址作为最佳的选址。

如表 7-2 所示，通过上述步骤，最终选址方案 3 作为最佳的选址。

表 7-2　加权因素分析法选址

影响因素	权重	候选方案 1		候选方案 2		候选方案 3		候选方案 4	
		评分	得分	评分	得分	评分	得分	评分	得分
劳动条件	7	2	14	3	21	4	28	1	7
地理条件	5	4	20	2	10	2	10	1	5
气候条件	6	3	18	4	24	3	18	2	12
资源供应	4	4	16	4	16	2	8	4	16
基础设施	3	1	3	1	3	3	9	4	12
产品销售	2	4	2	4	3	3	6	4	8
生活条件	6	1	6	1	6	2	12	4	24
环境保护	5	2	10	3	15	4	20	1	5
政治文化	3	3	9	3	9	3	9	3	9
扩展条件	1	4	4	4	4	2	2	1	1
总计		108		112		122		99	

2. 定量分析法

定量分析法是根据影响配送中心位置的各种因素，建立数学模型，通过反复迭代，从中选择、确定出最优方案。定量分析方法主要包括加权因素评价选址法、重心法、鲍莫尔-沃尔夫法、运输规划法、Cluster 法、CFLP 法、混合 0-1 整数规划法、双层规划法、遗传算法等。利用定量分析方法选址的优点是能求出比较准确可信的解，缺点是常常为了量化，使本来比较复杂的事物简单化了，甚至有的意见被量化以后可能被误解和曲解。这里将重点介绍如何利用重心法选址。

在定量分析方法中，重心法是研究单个物流配送中心选址的常用方法。重心法是利用求平面物体重心的原理求物流系统中配送中心的设置位置而得名，这种方法将物流配送系统中的需求点和资源点看成是分布在某一平面范围内的物流系统，各点的需求量和资源量分别看成是物体的重量，物体系统的重心作为物流配送网点的最佳设置点。

单中心选址问题中，存储费用与运输费用相比已不是主要因素，运输费用是主要考虑的因素。由配送中心向多个用户配送货物，仅考虑发货的配送费用时适于采用重心法。配送中心到客户的运输费用等于货物运输量与两点之间运输距离以及运输费率的乘积。

如图 7-7 所示，有 n 个用户($C_1 \sim C_n$)的配送系统需要设置一个配送中心(B_0)，每个用户的需求量和所在位置的坐标已知，求配送中心的规模和设置位置。

由于只设置一个配送中心，所以配送中心的规模等于所有用户的需求量之和即可。

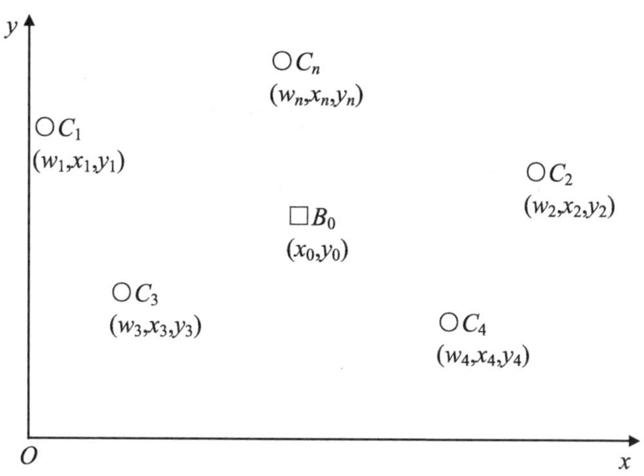

图 7-7　配送中心与客户的坐标

图 7-7 中 C_1～C_n 旁括号内的变量分别表示需求量、横坐标、纵坐标，B_0 旁括号内的变量分别表示横坐标、纵坐标。

设配送中心到各用户的运输费用率为 c_i，费用为 F_i，则

$$F_i = c_i W_i h_i \tag{7-1}$$

式中，h_i 为配送中心到用户的距离，可写成以下形式：

$$h_i = \left[(x_0-x_i)^2+(y_0-y_i)^2\right]^{\frac{1}{2}} \tag{7-2}$$

设配送中心到各用户的运输费用之和为 F，则

$$F = \sum_{i=1}^{n} c_i W_i h_i = \sum_{i=1}^{n} c_i W_i [(x_0 - x_i)^2 + (y_0 - y_i)^2]^{\frac{1}{2}} \tag{7-3}$$

为使 F 最小，分别对 x_0，y_0 求偏导数，并令其等于零，得：

$$\frac{\partial F}{\partial x_0} = \sum_{i=1}^{n} c_i W_i (x_0 - x_i) / h_i = 0 \tag{7-4}$$

$$\frac{\partial F}{\partial y_0} = \sum_{i=1}^{n} c_i W_i (y_0 - y_i) / h_i = 0 \tag{7-5}$$

整理以上两式得：

$$x_0 = \frac{\sum_{i=1}^{n} c_i W_i x_i / h_i}{\sum_{i=1}^{n} c_i W_i / h_i} \tag{7-6}$$

$$y_0 = \frac{\sum_{i=1}^{n} c_i W_i y_i / h_i}{\sum_{i=1}^{n} c_i W_i / h_i} \tag{7-7}$$

解以上两式可得配送中心最佳位置的坐标为：

$$x_0^* = \frac{\sum_{i=1}^{n} c_i W_i x_i / h_i}{\sum_{i=1}^{n} c_i W_i / h_i} \tag{7-8}$$

$$y_0^* = \frac{\sum_{i=1}^{n} c_i W_i y_i / h_i}{\sum_{i=1}^{n} c_i W_i / h_i} \tag{7-9}$$

但是上两等式得右边还含有 h_i，即还含有未知数 x_0 和 y_0。要从两式中完全消除 x_0 和 y_0，计算工作很复杂，因此采取迭代方法求解。

迭代方法计算步骤如下。

(1) 给出配送中心的初始地址(x_{00}，y_{00})，有

$$x_{00} = \frac{\sum_{i=1}^{n} c_i W_i x_i}{\sum_{i=1}^{n} c_i W_i}, \quad y_{00} = \frac{\sum_{i=1}^{n} c_i W_i y_i}{\sum_{i=1}^{n} c_i W_i}$$

(2) 利用式(7-3)，计算(x_{00}，y_{00})相对应的总发货费用 F_0；

(3) 把(x_{00}，y_{00})分别代入式(7-2)、式(7-8)和式(7-9)，计算配送中心的改善地址(x_{01}，y_{01})；

(4) 利用式(7-3)，计算与(x_{01}，y_{01})相对应的总发送费用 F_1；

(5) 将 F_1 与 F_0 进行比较，如果 $F_1 < F_0$，则返回步骤(3)，将(x_{01}，y_{01})分别代入式(7-2)、式(7-8)和式(7-9)，如此反复进行(3)～(5)的计算步骤，直至 $F_k \geqslant F_{k-1}$ 时停止，即得到(x_{0k-1}，y_{0k-1})为最优解。

如果经过数次迭代仍没有出现上述情况时，可以进行第一次位置与第二次位置变动比较，如果 $\Delta X_i = X_n - X_{n-1} < 0.1$ 且 $\Delta Y_i = Y_n - Y_{n-1} < 0.1$，则停止迭代。

由此可见，利用重心法选址可以找到具体精确的位置，易于理解，但该方法假设运费随距离呈线性变化，而实际生活中运费常常是随距离增大而递减。另外，它没有考虑现实的地理条件，例如选出的最佳配送中心地点可能正好坐落在一个湖的中央。所以这种方法不是更多地用于确定最佳位置，而是用于剔除一些不合适的备选方案。

【任务实施】

为了给药店做初步的配送中心规划，并且规划做到科学合理，需要注意以下几个问题。

(1) 掌握配送中心规划的程序。

(2) 注意分析配送中心规划背景资料。

(3) 选用科学合理的规划方法。

(4) 慎重选择配送中心地址。

【任务总结】

通过完成“配送中心规划”任务，让同学们深入理解和掌握配送中心规划与选址的相关知识，能够运用相关知识为配送中心进行选址分析，初步具备配送中心规划技能，培养学生优化意识，激发学生创新能力。

【任务实训】

利用精确重心法进行选址决策

某配送中心需要为7个用户(包括超市、酒店、宾馆、机关食堂等)进行配送。据估计，这7个用户的年需求量大约为1600吨、2000吨、1400吨、1800吨、2800吨、3500吨、5000吨，各用户节点的运输费率与坐标如表7-3所示。请利用精确重心法进行选址决策。

表7-3　各用户节点的运输费率与坐标

用户节点(Si)	年运输总量(Vi)(吨)	运输费率(Ri) (元/吨·千米)	坐标(Xi)	坐标(Yi)
S1	1600	0.08	6	7
S2	2000	0.075	9	12
S3	1400	0.09	13	15
S4	1800	0.075	17	19
S5	2800	0.065	21	22
S6	3500	0.065	9	18
S7	5000	0.065	12	17

考核标准：

设计规范 (30分)	方法正确 (40分)	可实施性强 (30分)	总分 (100分)

任务二　配送中心内部设计与布置

【任务描述】

配送中心的内部设计与策划

天津某药店成立之初仅是一家不足30m^{2}的药房。几年来，由于良好的经营策略和信誉，该药店在不断地发展与壮大。目前，已发展成为拥有23家门店的连锁药店，所有门店全部药品均由天津某医药配送中心配送供应。考虑到目前较高的配送成本及未来发展前景，该药店拟成立一家自有配送中心。请你在药店配送中心规划基础上，继续完成配送中心的内部设计与策划。

【任务驱动】

(1) 如何进行配送中心内部设计与布置？
(2) 配送中心规划要素有哪些？
(3) 如何进行配送中心规划资料的分析？
(4) 为什么要进行配送中心作业流程设计与时序安排？
(5) 配送中心功能区域基本布局有哪几种？
(6) 如何选择配送中心的物流设备？

【任务资讯】

配送中心的建设是一项规模大、投资高、周期长的系统工程，是一种长远的总体发展计划。对于这样一个复杂的系统工程，配送中心规划的好坏就是其成败的关键。

一、配送中心系统布置的程序

系统布置设计(Systematic Layout Planning，SLP)是一种最早应用于工厂设计的系统布置设计方法。该方法是一种条理性很强、物流分析与作业单位关系密切程度分析相结合、求得合理布置的技术，因此在布置设计领域获得极其广泛的运用。应用系统布置设计方法进行配送中心内部设计与布置程序如图7-8所示。

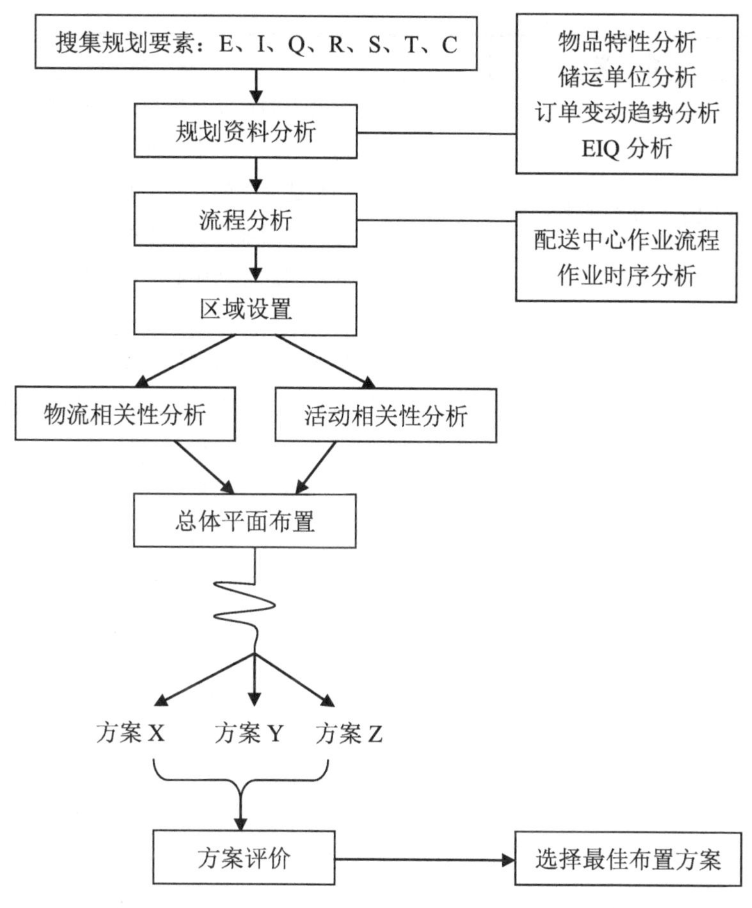

图 7-8　配送中心系统布置的一般程序

二、配送中心规划要素与分析

(一)配送中心规划要素

配送中心的规划要素是影响配送中心系统规划的基础数据和背景资料，是配送中心规划的依据，主要包括 E、I、Q、R、S、T、C 七个方面，如表 7-4 所示。

表 7-4　配送中心规划的要素

要　素	含　义	要　点
E—Entry	指配送的对象或客户	配送中心的服务对象或客户不同，配送中心的订单形态和出货形态就有很大不同

续表

要素	含义	要点
I—Item	指配送货品的种类	在配送中心所处理的货品品项数差异性非常大，多则上万种以上，如书籍、医药及汽车零件等配送中心，少则数百种甚至数十种，如制造商型的配送中心；由于品项数不同，配送中心作业复杂性与困难性也有所不同；配送货品的种类不同，其特性也不同，因此配送中心的厂房硬件及物流设备的选择也不尽相同
Q-Quantity	指配送货品的数量或库存量	货品配送数量的多少随时间的变化趋势会直接影响到配送中心的作业能力和设备的配置；配送中心的库存量和库存周期将影响到配送中心对面积和空间的需求
R-Route	指配送的通路	了解物流通路的类型，根据配送中心在物流通路中的位置和上下游客户的特点进行规划。常见的通路模式如下： 工厂→配送中心→经销商→零售商→消费者 工厂→经销商→配送中心→零售商→消费者 工厂→配送中心→零售商→消费者 工厂→配送中心→消费者
S-Service	指物流服务水平	较好的物流服务水平意味着更高的物流成本，要注意物流服务水平与物流成本的权衡
T-Time	指物流的交货时间	物流的交货时间是指从客户下订单开始，订单处理、库存检查、理货、流通加工、装车及卡车配送到达客户手上的这一段时间。具体体现在对交货时间长短与准时性的要求。交货时间越短，配送成本越高，最好的交货时间应控制在12～24小时
C-Cost	指配送货品的价值或建造的预算	一般来说，货品的配送价值高，客户容易负担较高的配送成本。此外，配送中心的建造预算直接影响配送中心的规模和自动化水平

(二)配送中心规划基础资料的收集

配送中心规划的基础资料包括现行作业资料和未来规划需求资料。具体如表7-5所示。

表 7-5　配送中心规划基础资料

现行作业资料	未来规划需求资料
1.基本运营资料	1.营运策略与中长程发展计划
2.商品资料	2.商品未来需求预测资料
3.订单资料	3.品项数量的变动趋势
4.物品特征资料	4.可能的预定厂址与面积
5.销售资料	5.作业实施限制与范围
6.作业流程	6.附属功能的需求
7.业务流程和使用单据	7.预算范围与经营模式
8.厂房设施资料	8.时程限制
9.人力与作业工时资料	9.预期工作时数与人力
10.物料搬运资料	10.未来扩充的需要
11.供货厂商资料	
12.配送据点与分布	

(三)配送中心规划资料的分析

配送中心规划资料分析包括物品特性分析、储运单位分析、EIQ 分析与订单变动趋势分析。

1. 物品特性的分析

物品特性分析是对货物进行分区分类储存的主要依据。如按储存保管特性可分为干货区、冷藏区及冷冻区；按货物重量可分为重物区、轻物区；按货物价值可分为贵重物品区及一般物品区；此外，为了防止对食品的污染、串味，需分别设置食品区、生活用品区等。因此，配送中心规划时首先需要对货物进行物品特性分析，以划分不同的储存和作业区域。

2. 储运单位的分析

储运单位分析就是考察配送中心各个主要作业环节的基本储运单位。配送中心常见的储运单位包括 P-托盘、C-箱子、B-单品，不同的储运单位所配备的储存和搬运设备是不同的。为了掌握物流过程中储运单位转换，需要对这些包装单位 P、C、B 进行分析，即 PCB 分析。

实际上，企业的订单资料中可能同时含有各类出货形态，包括订单中整箱与单品两种类型同时出货，以及订单中仅有整箱出货或仅有单品出货。为使仓储与拣货区能够合理规划，必须对订单资料中的储运单位类型加以分析，以正确计算各功能区的实际需求。配送中心物流系统的储运单位组合形式如表 7-6 所示。

表 7-6　配送中心 PCB 分析表

入库单位	储存单位	分拣单位
P	P	P
P	P、C	P、C
P	P、C、B	P、C、B
P、C	P、C	C
P、C	P、C、B	C、B
C、B	C、B	B

3. EIQ 分析

EIQ 分析是利用“E”“I”“Q”这三个物流关键要素，来研究配送中心的物流需求特性，为配送中心规划提供依据。日本铃木震先生积极倡导以订单品项数量分析方法来进行配送中心的系统规划，即是从客户订单的品项、数量和订购次数出发，进行出货特性的分析。

EIQ 分析的内容(项目)和目的如下。

(1)　订单数量(EQ)分析。单张订单出货数量的分析，目的是研究订单对搬运作业能力的要求。

(2)　订单品项数(EN)分析。单张订单出货品项数的分析，目的是研究订单对拣选设备及作业能力的要求。

(3)　品项数量(IQ)分析。每个品项出货总数量的分析，目的是研究出货的拆零比例。

(4)　品项受订次数(IK)分析。每个品项出货次数的分析，目的是对拣选作业频率进行统计，主要决定拣选作业方式和拣选作业区的规划。

4. 订单变动趋势分析

利用过去的经验值预测与估计未来趋势的变化，进而规划配送中心的配送能力。因此，有必要对历史销售资料或出货资料进行分析，掌握出货量的变化特征与规律。常见的变动趋势分析及应用如表 7-7 所示。

表 7-7　订单变动趋势分析

变动趋势类型	分　析	应　用
倾向变动能力；必要能力；1 2 3 4 5 6 7 8 9 10 11 12(月份)	长期趋势有持续递增的趋向，应配合年周期的成长趋势加以判断	规划时应以中期的需求量为规模依据，若需考虑长期递增的需求，则可以预留空间或考虑设备扩充的弹性，以分阶段投资方式设置

续表

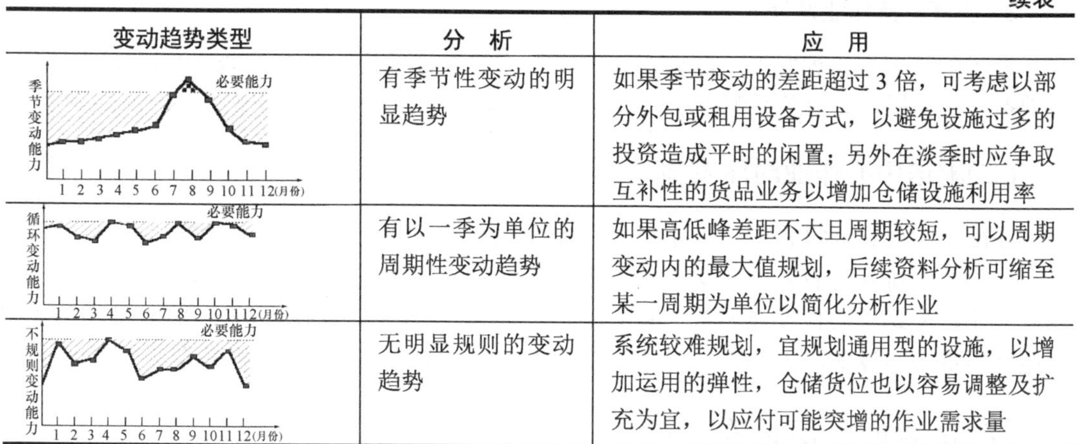

变动趋势类型	分　析	应　用
季节变动能力　必要能力　1 2 3 4 5 6 7 8 9 10 11 12(月份)	有季节性变动的明显趋势	如果季节变动的差距超过 3 倍，可考虑以部分外包或租用设备方式，以避免设施过多的投资造成平时的闲置；另外在淡季时应争取互补性的货品业务以增加仓储设施利用率
循环变动能力　必要能力　1 2 3 4 5 6 7 8 9 10 11 12(月份)	有以一季为单位的周期性变动趋势	如果高低峰差距不大且周期较短，可以周期变动内的最大值规划，后续资料分析可缩至某一周期为单位以简化分析作业
不规则变动能力　必要能力　1 2 3 4 5 6 7 8 9 10 11 12(月份)	无明显规则的变动趋势	系统较难规划，宜规划通用型的设施，以增加运用的弹性，仓储货位也以容易调整及扩充为宜，以应付可能突增的作业需求量

三、配送中心作业流程设计与时序安排

(一)配送中心作业流程设计

配送中心作业流程是配送中心规划布局的重要依据，直接影响着配送中心区域布置、分拣作业系统设计与设备配置，尤其对功能区的布置影响最大。配送中心作业流程设计时，要结合自身的经营业务来制定。通过制定科学合理的流程，可以提高配送中心的作业效率，降低配送成本，提升客户服务水平。配送中心作业流程设计包括物流业务流程、一般事务作业流程、决策支持作业流程的设计。

1. 物流业务流程设计

物流业务流程是配送中心作业的主体内容，具有作业环节多、衔接紧密、工作量大等特点。一般来说，配送中心物流业务主要包括订单处理、进货作业、拣选与补货、流通加工、出货与送货作业、退调货作业等。但是不同类型的配送中心或货品种类不同的配送业务内容也不尽相同。因此，需要根据自身经营业务制定物流作业流程，重点设计配送中心特有的作业环节，并应注意作业环节之间的关联与衔接。

2. 一般事务作业流程设计

配送中心除了物流业务作业，还要进行人事薪金作业、财务会计作业、车辆与设备保养与维修作业等日常事务作业，以保障配送中心正常运转。配送中心的一般事务作业效率同样对配送中心整体作业效率有很大影响。因此，配送中心一般事务作业流程与规范设计不容忽视。

3. 决策支持作业设计

为了配送中心长远发展，需要对决策支持作业进行设计，即对配送中心运作成本、经济效益进行分析，并对关系配送中心发展的重大问题进行决策。

(二)配送中心作业时序安排

在配送中心设计过程中，除了对作业流程进行设计外，还必须进行作业时序的安排，只有这样才能确保更有效的配送作业管理。作业时序安排需要依据客户送货时间要求、作业量大小、配送中心作业能力等因素来确定。科学合理的作业时序安排，将有助于最大限度地利用资源与设备，大大提高配送中心作业效率，降低配送成本，提升企业竞争力。

四、配送中心的区域布置

配送中心的区域布置就是根据物流作业量和物流路线，确定各功能区域的面积和各功能区域的相对位置，最后得到配送中心的平面布置图。

(一)配送中心功能区域设计

配送中心的功能区域可划分为物流作业区、辅助作业区、行政办公区，具体如图 7-9 所示。

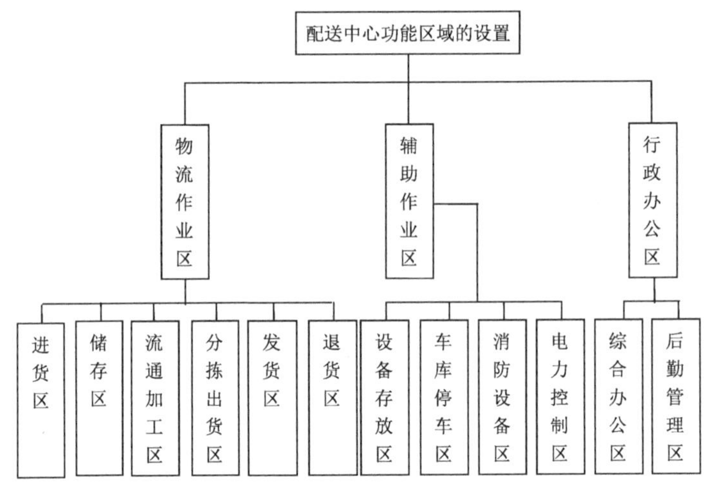

图 7-9　配送中心功能区域的设置

1. 物流作业区

物流作业区主要包括进货区、储存区、流通加工区、分拣出货区、发货区、退货区。

(1) 进货区：主要进行收货、验收、卸货、托运及货物暂存的场所，应与储存区设置在一起，方便入库作业。

(2) 储存区：用于保管暂时不必配送或作为安全库存的货物的场所，常配有高层货架和用于集装单元化的托盘，常与流通加工区、分拣区设置在一起以便流通加工、分拣作业。

(3) 流通加工区：根据客户需要，对配送货物施加包装、分隔、计量、分拣、刷标志、拴标签、组装等简单作业的场所。

(4) 分拣出货区：进行发货前的分拣、拣选、出货与配货作业的场所。

(5) 发货区：对配送货品进行检验、暂放、装车的场所，应接近分拣出货区、储存区。

(6) 退货区：存放进货时残损或不合格、配送客户退回的残次品、过期产品以及需要重新确认等待处理货物的场所。

2. 辅助作业区

辅助作业区主要包括：设备存放区、车库停车区、消防设备区、电力控制区。

设备存放区：主要用于托盘、周转箱、地牛(手动液压托盘搬运车)等设备存放的区域。

车库停车区：该场所主要用于存放叉车、送货车辆、进货临时停放车辆以及办公用车辆、员工车辆等。

消防设备区：用于存放、安装消防设备的地方，目的是防火与灭火，消防设备区应分布均匀合理，充分利用空间。

电力控制区：为了保障电力供应及安全用电而设置的场所。

3. 行政办公区

行政办公区主要包括：综合办公区和后勤管理区。

综合办公区：用于配送中心内部日常事务管理、信息处理、商务洽谈、订单处理以及信息指令发布的场所，综合办公区一般设置在配送中心的出入口。

后勤管理区：为了做好配送中心的后勤保障工作，有助于配送中心 6S 管理而设置的场所，后勤管理区可设置在配送中心任何一处没有被利用的地方。

(二)配送中心的区域布局

根据配送中心物流作业量和物流路线，确定各功能区域的面积和各功能区域的相对位置，最后得到配送中心的区域布局图。配送中心的基本区域布局可以分为直线流出型布局、U 型布局和多层布局等。

1. 直线流出型布局

如图 7-10 所示，在直线流出型布局配送中心里，可以设置更多的入库门和出库门，且货物流是单方向流动的，出入库作业互相不干扰，从而实现货流通畅，提升出入库作业效

率。但由于入库门和出库门不在一侧，往往会增加配送中心出入库门卫的设置及出入库作业管理工作。这种布局适合深度足够而宽度不足的地皮。

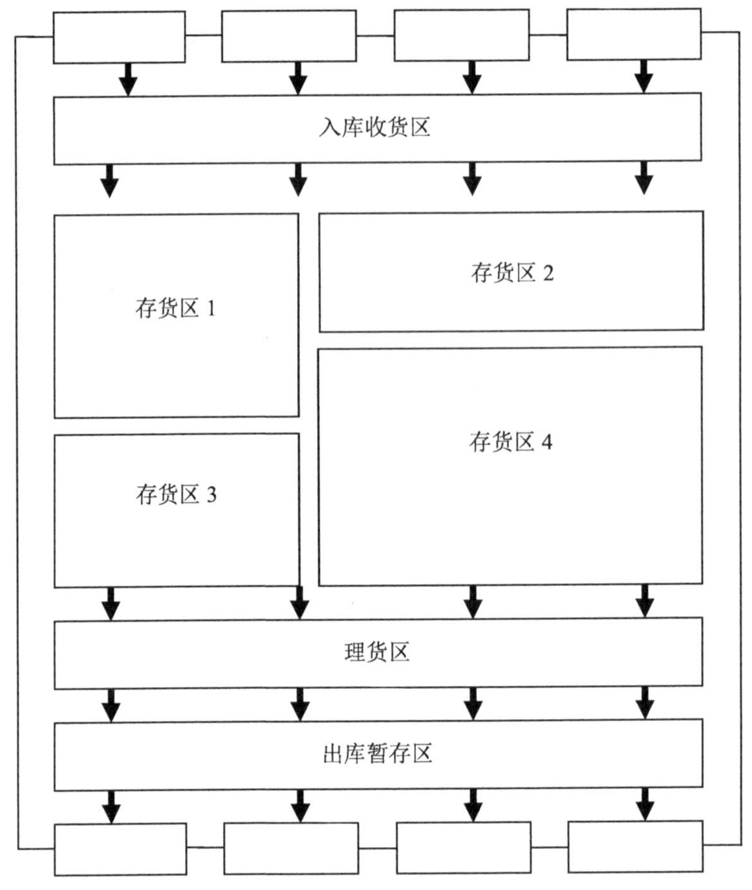

图 7-10　直线流出型布局图

2. U 型布局

U 型布局的配送中心(见图 7-11)具有布局紧凑、可以共用出入库作业空间和设备的特点，有利于实现配送中心越库(Crossdocking)作业。但由于出库门与入库门在同一侧，如果组织不当，使得出入库作业相互干扰、相互影响。这种布局适合深度不够而宽度足够的地皮。

3. 多层布局

多层布局配送中心的设计主要为了节约空间，降低土地资源占用面积。进入 21 世纪以来，我国城市化速度明显加快，房地产业飞速发展，土地资源日益紧缺，土地价格大幅上涨。尽管自动化立体仓库可以尽量地利用仓储空间，但与多层配送中心相比，还是存在土地利用率不高的问题。多层配送中心因其楼层的叠加性可以增加仓储存储空间，大大增加土地利用率。目前，中国香港、新加坡、英国等地多层配送中心已相当普遍。随着物流的发展以及专业化物流配送中心的需求，我国势必将建立多层配送中心。

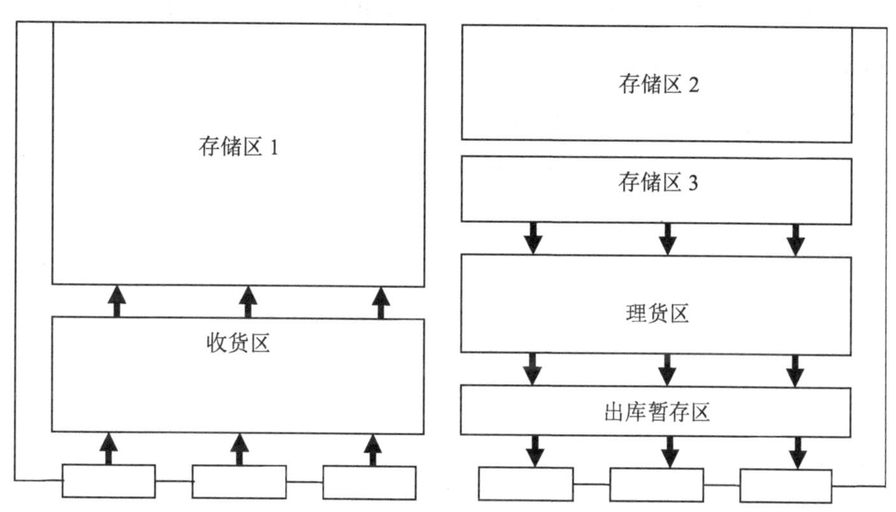

图 7-11 U 型布局图

多层布局配送中心的底层一般用于出库频率高、体积大、重量大的货品的储存与分拣，其他层货品则适用于出库频率低、体积小、重量轻的货品的储存与分拣。

(三)配送区域作业能力设计

在确定配送中心功能区域与基本布局之后，需要依据各项基础需求分析资料设计各区域的作业能力。在配送区域作业能力设计时，应注意以下几个问题。

(1) 根据货物周转量、作业方式等，重点确定储存区、分拣出货区能力需求及占地面积。

(2) 配送中心其他功能区域作业能力的设计应与储存区、分拣出货区相适应，任何一个功能区域作业能力设计不当，都将成为配送中心运作的瓶颈。

(3) 配送区域作业能力设计要有一定弹性，才能适应配送中心未来发展战略。

五、配送中心设备配置

在完成配送中心总体规划与区域布置后，开始配送中心的设备配置。按照一定的原则，科学合理地确定配送中心的设备类型与自动化水平、选择合适的供应商，可以获得长久的

利益。

(一)配送中心设备类型

配送中心使用的设备种类很多，常用的设备主要包括储存设备、分拣设备、装卸搬运设备、运输设备、流通加工设备、信息技术设备及其他生产辅助设备。

1. 储存设备

配送中心仓库储存设备包括各种货架与集装化设备。货架主要有托盘式货架、贯通式货架、悬臂式货架、移动式货架、重力式货架、水平旋转式货架、垂直旋转式货架等；集装化设备主要有托盘、仓储笼等。

2. 分拣设备

分拣设备是配送中心最主要的设备，按自动化程度分为分拣车、半自动分拣线、自动分拣线，按作业方式分为横向推出式分选机、升降推出式分选机、翻盘式分选机、悬吊式分选机等。

3. 装卸搬运设备

装卸搬运设备主要是指用来搬移、升降、装卸和短距离运送货物的机械。它是物流系统中使用频度最大、使用数量最多的一类设备，是配送中心设备的重要组成部分。配送中心常用的装卸托运设备主要包括电瓶式叉车、堆垛机、地牛、手推车及皮带式、滚筒式、链板式输送机等。

4. 运输设备

配送中心的运输设备主要为满足用户的送货需求，常用的运输车辆为轻型或中型厢式货车。

5. 流通加工设备

流通加工设备是指货物在配送中心根据需要进行包装、分隔、计量分拣、添加标签、条码、组装等作业时所需的设备。它可以弥补生产过程加工程度的不足，有效地满足用户多样化的需要，提高加工质量和效率以及设备的利用率，从而更好地为用户提供服务。

6. 物流信息技术设备

配送中心的信息技术设备主要包括条形码相关设备、射频技术相关设备、GPS 技术相关设备、EDI 技术设备等。

7. 其他生产设备

其他生产设备主要是指为完成配送中心作业所必需的其他的各种生产设备，主要包括

信息系统设备、监控与防盗系统设备、维修清洗设备、生产辅助设备、后勤管理设备等。

(二)配送中心设备配置原则

1. 通过产品确定设备

通过物品特性分析与储运单位分析可以确定不同储存和作业区域使用的储存、搬运和拣选设备类型。例如超市配送中心的食用油基本储运单位是规格为 1200 毫米×1200 毫米×150 毫米的木托盘，因此先用托盘式货架或贯通式货架。

2. 通过工艺确定设备

配送中心主要包括入库、储存保管、分拣、流通加工、配装、送货等作业环节。在选取设备时，应按照配送中心相关作业程序或工艺过程选用相适应的设备。如果配送中心不涉及流通加工环节，那就不需要选用流通加工设备；如果配送中心处理的物品包括生鲜、冷藏、冷冻食品，需要冷藏保管与运输时，就必须购置相关设备。

3. 通过规模确定设备

通过订单变动趋势分析可以确定设备规模。如果订单量大，仓储面积又非常有限时，就应该选用高层货架或多层布局设计来满足大规模的储存需求；相反，如果订单量小，可以选用低层货架以提高搬运效率与货架利用率。

4. 通过布局确定设备

配送中心不同的功能区域对机械设备的要求也不同，例如在储存区应该根据需要设置各种货架，在分拣区应该设置各类分拣设备，在流通加工区应该选用条码打印机、打包机、贴标签机、切割机等设备。

5. 通过公司的发展计划确定设备

物流设备的选取还要考虑公司的长远发展。如果公司向大规模化方向发展，选用的机械设备应有一定的能力富裕及扩充弹性。如果公司走现代化、信息化的发展方向，在资金允许的情况下应该优先考虑自动化设备。

(三)配送中心设备的选型

配送中心设备的选型主要遵循以下步骤。

1. 设备功能描述与说明

设备规划与选择最重要的问题就是明确所选设备是做什么的，这也是所有物流管理者在开始确定设备方案之前必须准确回答的问题。缺乏对设备作业需求的充分说明和设备应

该具备的最佳能力的描述，将会导致所选设备不匹配的后果。在近几年我国物流设施的案例中，经常出现“大马拉小车”和好大喜功的做法。最好的设备不一定最适合作业需求。但是，最适合作业需求的设备就是最好的。这是物流设备规划与选择的最重要前提。

2. 设备选型方案制定

设备方案的制订工作，需要比较全面的各项物流设备知识的积累。对于比较复杂的系统需求，世界范围内的通行做法是选择借助专业物流规划顾问帮助配送中心制订设备方案。

3. 设备选型方案评估

在评估设备方案时，应注意采用定性与定量相结合的方式进行评估。主要评估项目包括物流设备成本、设备运行稳定性、设备易操作性及安全性等。

4. 物流设备和供应商选择

在评估设备方案并选定物流设备后，接下来的工作就是说明所需设备的详细规格，开始寻找、接触供应商，详细咨询供应商资质及设备的说明，最后确定供应商，购买设备。

【任务实施】

在药店配送中心规划基础上，继续完成配送中心的内部设计与策划，需要注意以下几个问题。

(1) 掌握配送中心内部设计与布置的程序。

(2) 注意配送中心内部设计的几个主要方面。

(3) 根据选址地皮合理确定配送中心的基本布局。

(4) 配送中心内部设计要适应未来发展战略。

【任务总结】

通过完成“配送中心内部设计与布置”任务，让同学们深入理解和掌握配送中心内部设计的程序与内容等相关知识，能够运用相关知识为配送中心进行布局设计与设备布置，初步具备配送中心内部策划技能，培养学生思考与创新能力。

【任务实训】

配送中心规划与设计案例阐述

通过网络或书籍，请你查找配送中心规划与设计案例，并制成 PPT 讲述该配送中心规划主要过程与详细设计内容。

考核标准：

设计规范 (30 分)	方法正确 (40 分)	可实施性强 (30 分)	总分 (100 分)

项 目 总 结

本项目介绍了配送中心系统规划、配送中心内部设计与布置相关知识，通过两个任务的组织和实施，使学生能够掌握配送中心规划与设计的相关知识，初步具备配送中心规划与设计技能，培养学生的知识应用能力与创新能力。

项 目 测 试

一、填空题

1. 配送中心运营模式主要有____________、____________、____________三种。

2. ____________是一种最早应用于工厂设计的系统布置设计方法。该方法是一种条理性很强、物流分析与作业单位关系密切程度分析相结合、求得合理布置的技术，因此在布置设计领域获得极其广泛的运用。

3. 配送中心的规划要素是影响配送中心系统规划的基础数据和背景资料，是配送中心规划的依据，主要包括____________、____________、____________、____________、____________、____________、____________7 个方面。

4. 配送中心规划资料分析包括____________、____________、____________、____________。

5. 配送中心的基本区域布局可以分为____________、____________和____________等情况。

二、选择题

1. (　　)是企业不投资建设配送中心，而是选择租赁方式，定期向配送中心所有者缴纳租金，企业对配送中心仅有使用权，无所有权，配送业务仍由企业自己完成。

A. 自建配送中心　　B. 租赁配送中心

C. 合同制配送中心　　D. 第三方配送中心

2. (　　)是根据影响配送中心位置的各种因素，建立数学模型，通过反复迭代，从中选择、确定出最优方案。

A. 定量分析法　　B. 定性分析法　　C. 小组讨论法　　D. 头脑风暴法

3. 配送中心的规划要素 S 是指(　　)。

A. 路线　　B. 物流服务水平

C. 配送的通路　　D. 配送货品的种类

4. 以下哪种配送中心规划资料分析是为了确定储存、搬运和拣取设备？(　　)

A. 物品特性分析　　B. 储运单位分析

C. EIQ 分析　　D. 订单变动趋势分析

5. 以下哪种配送中心规划资料分析是为了确定订单品的管理方式和货区规划？(　　)

A. 物品特性分析　　B. 储运单位分析

C. EIQ 分析　　D. 订单变动趋势分析

6. 以下哪种配送中心具有布局紧凑、可以共用出入库作业空间和设备的特点，有利于实现配送中心越库(Cross-docking)作业？(　　)

A. 直线流出型布局　　B. U 型布局　　C. S 型布局　　D. 多层布局

三、简答题

1. “配送中心规划”与“配送中心设计”的区别与联系？
2. 简述配送中心规划的原则。
3. 简述配送中心规划的程序。
4. 配送中心选址的含义。
5. 简述配送中心选址的原则。
6. 简述配送中心选址的主要影响因素。
7. 如何利用加权因素分析法、精确重心法选址？
8. 简述配送中心设备配置原则。

四、综合题

医药物流配送中心的规划设计

随着医药需求量的大幅上升，医药物流配送中心建设成为我国物流行业发展的重点之一。目前，很多医药企业都在花大力气建造或改造物流中心，有的已经建成并开始运营。

但是，随着我国医药分销领域的对外开放，外资医药企业纷纷在中国“抢滩登陆”。他们在资金、管理、技术、研发及品种结构上具有比较优势，唯一薄弱的环节就是分销及物流配送网络。没有分销的网络资源，就意味着没有销售能力。为此，他们进入中国的突破口就是寻求与国内在物流配送网络上有一定优势的医药物流企业合作或合资，希望在中国能有方便、及时、低成本、高效率的现代物流系统作为其跨国生产和营销的服务保障。为

了能成为优势外资企业的合作伙伴，国内很多医药企业将投资方向转向医药物流配送中心的建设。还有一些医药企业为了能与外资企业相抗衡，增加自身的竞争能力，同样将物流配送中心建设作为博弈的主要筹码之一。

建设医药物流配送中心无疑是直面这一挑战的有效措施之一。物流既是医药企业新的增长点，也是应对医药需求快速增长的有效方法，同时，它为医药企业发展第三方物流奠定了坚实的基础。

一、物流中心的战略定位

医药物流配送中心建设，原则上应该与企业的战略目标相一致，这是医药物流配送中心规划设计首先要解决的问题。我国医药企业大体可以分为三类：制药企业、批发企业、零售企业。在这三类企业中，医药批发企业对于物流配送中心的需求最为迫切。

其次，医药物流配送中心建设规模应与企业销售量(物流量)相一致。目前国内医药流通年营业额在百亿元以上的企业可以考虑建立一级大型现代化物流配送中心，成为全国性或区域性物流配送运营商；对于 50 亿～100 亿元的流通企业，由于规模的限制，成为地区性物流运营商是较好的选择。

当前我国医药物流网络体系正在形成中，7 个区域可发展一级大型医药物流中心，即珠三角物流区、长三角物流区、环渤海物流区、郑州物流区、武汉物流区、西安—兰州物流区、重庆—成都物流区。

二、物流配送中心的规划设计

一般而言，物流配送中心的规划设计包括以下 12 个过程：项目意向、项目论证、筹资、立项、土地确认、方案设计、建筑方案设计与报批、方案审核、建筑招标、其他招标、竣工验收、运营。这里就其中的关键问题进行讨论。

1. 基础条件

不是任何企业可以在任何位置建立医药物流配送中心。进行规划设计时，首先要清楚建立医药物流配送中心的基础条件，主要涉及布局、市场需求和选址问题。

布局是规划首先要解决的问题，涉及三个层次：国家医药物流网络体系布局、区域医药物流网络体系布局、医药流通企业物流网络体系布局。医药流通企业物流配送中心规划布局要依据企业的战略目标、现有业务和未来业务，同时参照国家和区域医药物流规划进行调整。如果规划内容没有涉及，企业就只能根据自身的条件来设计尽可能合理的布局。有学者担心，长此以往，从全局看会出现不合理的网络布局，比如在上海医药物流配送中心的周边，便同时有桐君阁上海医药、九州通等至少 4 家颇具规模的医药物流配送中心在建，导致能力过剩。笔者认为，国家食品药品监督管理部门应该牵头抓好国家医药物流网络体系规划布局，并提出指导性意见，由各省相关部门做出具体区域的网络体系布局。在企业层面，应由企业进行选择。

规划设计的一项重要内容是需求分析。设计多大的仓库、存储量有多少、每天订单最大处理能力是多少等问题，需要有数据来支撑。数据来源包括：一是现有业务分析，如当

前的业务量和业务水平；二是物流配送中心所在区域对医药的需求总量分析，企业所占的市场份额；三是增长趋势分析(包括医药需求增长和企业业务增长)；四是其他拓展业务，如仓库租赁，与医药相关的食品、化妆品存储与配送等。需求分析之后，才知道有多少物流量，需要建多大仓库，相应的设施如何配备。

规划设计会涉及物流配送中心选址，一定要考虑区位优势，否则会增加企业的运营成本。

2. 设计要点

医药物流配送中心设计的关键性工作是物流量分析、业务分析和流程分析。

3. 物流量分析

物流量是物流配送中心设计的关键参数。众所周知，由于医药流通企业信息化水平低，物流管理相对落后，基础数据十分匮乏，给物流量的统计带来极大困难。例如，药品标准编码不一致，制药企业还没有完全使用条形码，包装尺寸五花八门，且没有录入信息系统，数据是事后录入的，无法反映实时状况。因此，在统计物流量时，需要补充和测量许多数据，注意区分品种、包装单位(箱和件)，并结合历史数据进行统计分析，得出每天入库品种和数量，金额，订单品种、数量，订单行，包装尺寸，以及销售额；还要考虑库存周转期(或周转次数)；之后换算成当量物流量；再计算出每一个标准托盘(1200×1000)可以放多少个当量箱；最后可以算出需要多少个托盘，也就知道了仓库的最大容量。

此外，还要根据出库品种对物流量进行分类，通常是作 ABC 分类。根据 20/80 原则，出库最频繁的品种划分为 A 类，约占总库存量的 86%，其他品种占总库存品种 16%；不常出库的品种划分为 BC 类，约占总库存量的 14%，品种约占总库存品种 84%。还有一些冷冻品、串味品、精、麻类药品，因数量较少，没有列出，但设计时一定要考虑。物流量的分类为仓库存储和配送区域设计提供了依据。

在物流量分类的基础上还要进行分拣量分析，以确定每日的最大分拣量，并以此来设计区域、选择分拣设备。

1)　业务分析

经营的业务不同，物流配送中心的设计会有较大差异。一般而言，医药物流配送中心业务包括药品采购、存储、销售和配送四大类。

(1)　药品采购：包括招标信息发布、供应商管理、药品价格维护、招标合同管理、供应商往来账、退货处理等。

(2)　存储：包括入库、分拣出库、分拣补货、盘点、退货等工作。

(3)　药品销售：包括订单处理、开票、收款、客户管理、售后服务等工作。

(4)　配送：包括装车、配送路线规划、配送信息反馈、车辆维护与保养、配送费用统计等工作。

2)　流程分析

流程分析决定了医药物流配送中心的总体结构布局，应根据所开展的业务设计其流程，在此基础上进行优化。

药品采购流程：采购流程的关键是订单生成与审核。对于同一品种规格，若有多家供应商，需要确定订单分配策略；订单生成之后，需要审核，如果多于二级以上审核，需要确定审核的方式，是逐级审核还是共同审核，审核不通过如何处理等。审核通过之后，将订单传给供应商，确定订单传送的方式(电子邮件、打印传真或通过信息系统)。供应商收到订单后，要发出确认信息，并做出发货通知。货到之后，转入入库流程。

入库、分拣出库、分拣补货、盘点、退货、配送等流程是仓储管理及物流配送最基本的工作流程，在此不做详细论述。

3)　信息系统

在此就系统使用的两个关键问题进行讨论。

一是信息系统的集成性，包括信息集成、功能集成和操作集成。信息集成指物流配送中心涉及的信息在信息系统中都能体现出来，如采购信息、供应商信息、药品信息、财务信息、客户信息、配送信息、设备信息、仓库温湿度信息、员工信息等。功能集成指信息系统提供的功能应满足物流配送中心的业务，并符合医药行业特点。操作集成指信息系统可以控制整个物流配送中心的运作。比如，系统接收到一个订单，就能启动分拣设备进行按订单拣选，如果是自动化立体仓库，系统可以自动启动堆垛机取出托盘。如果是分散的系统，操作将不同步，运作很不方便。

二是基础数据的采集和规范化。我国在信息化基础建设方面还很薄弱，标准化程度低，片面强调企业的特殊性、个性化，并为此付出了沉重的代价。就物流而言，托盘的标准化是一个关键；就医药而言，药品的编码问题还没有解决，此外还有条码、包装尺寸等问题。这些基础工作做不好，信息化就缺乏根基，还会产生许多派生问题并导致混乱。这些工作仅仅依靠个别企业是无法解决的，需要行业的统一规划。

(资料来源：周跃进，程书萍，李民. 医药物流配送中心的规划设计[J]. 物流技术与应用，2007(10).)

分析：

(1)　阅读案例，简要说明医药配送中心规划和设计的要点。

(2)　请讨论医药配送中心与其他配送中心相比在规划与设计时的异同。

项目八　不同类型配送中心的运营与管理

【项目导入】

不同类型配送中心的运营与管理是学生在对配送中心有了基本认识，并掌握配送中心基本作业的基础上全面了解不同类型配送中心整体运营情况的项目。按照不同的标准，配送中心有多种分类。为了充分反映不同类型配送中心运营与管理的特点，本项目将重点从不同配送对象、不同功能两种分类标准，并以多个配送中心运营实例为载体展示配送中心的运营与管理。

通过两个任务的组织和实施，使学生能够系统掌握配送中心作业相关知识，提升整体认知能力，初步具备配送中心管理能力，培养学生的知识应用与问题解决能力。

【项目目标】

1. 知识目标

(1) 掌握基于不同配送对象的配送中心类型。

(2) 理解不同配送对象的配送中心的含义及其适用性。

(3) 掌握基于不同功能的配送中心类型。

(4) 理解不同功能配送中心的含义及其适用性。

(5) 掌握不同功能配送中心作业流程。

2. 技能目标

(1) 能系统地、全面地把握不同类型配送中心运营与管理的特点。

(2) 能初步进行配送中心的运营与管理。

【项目展开】

为了系统而直观地实现以上项目目标，现将该项目按照以下两个工作任务序化展开。

(1) 基于不同配送对象的配送中心运营与管理。

(2) 基于不同功能的配送中心运营与管理。

任务一　基于不同配送对象的配送中心运营与管理

【任务描述】

7-11 的电子商务物流配送分析

日本著名的 7-11 连锁店是一家颇孚众望的电子商务购物站点。顾客在线订货，第二天早上在最近处的店面取物和付款，充分体现了既降低成本又方便顾客的优点。7-11 连锁店在美国和加拿大有 6000 多家店面，在美国每天有 600 万人访问 7-11 的网站，为网上购物的商品配送发挥了无与伦比的作用。

请问 7-11 的电子商务物流配送模式属于哪种类型的配送？结合网络资源讨论、分析 7-11 的电子商务物流配送成功的原因。

【任务驱动】

(1) 按照配送对象不同，配送中心如何分类？

(2) 不同配送对象的配送中心的作业特点是什么，有何区别？

(3) 不同配送对象的配送中心适用性如何？

(4) 不同配送对象的配送中心运营与管理的重点是什么？

【任务资讯】

按照配送对象不同，配送中心可分为面向最终消费者的配送中心、面向零售商的配送中心、面向制造商的配送中心。配送对象不同，配送中心的作业流程、处理的订单批量、运营与管理的重点也是不同的。下面具体介绍基于不同配送对象的配送中心的运营与管理。

一、面向最终消费者的配送中心运营与管理

随着科学技术的发展及社会产品的极大丰富，人们对商品的需求日益多样化。为了降低流通成本，提升客户服务水平，面向最终消费者的专业化配送中心如雨后春笋般应运而生。

(一)面向最终消费者的配送中心概述

面向最终消费者的配送中心是将最终消费者向上整合所成立的配送中心，它以最终消费者为服务对象。目前，这种配送中心以商业连锁企业自建配送中心居多，采用商流、物

流一体化配送模式，如苏宁电器、国美电器、京东商城及各品牌家具商业企业均自建配送中心以提升客户服务水平。此外，已建成的配送中心根据自身特点，可以利用强大的配送网络为某些规模小的商业企业提供面向最终消费者的社会化商品配送服务，采取商流、物流相分离的配送模式，如天猫商城网商们把物流配送都外包给第三方物流公司或配送中心，利用外部物流公司或配送中心的资源为企业配送。

目前，我国电子商务发展迅猛，消费者网络购物热情不断升温，B2C 电子商务物流配送模式将占据更多的市场份额。但是随着订单量增长太快，配送中心配送能力跟不上，出现配送延迟，致使许多消费者对网购质疑，体验不佳。为了解决这些问题，势必出现更多的面向最终消费者的社会化配送中心。

(二)面向最终消费者的配送中心运营实例——京东商城创新 B2C 配送新模式

作为 B2C 市场中的佼佼者，京东商城自 2004 年初正式进入电子商务领域以来，其销售增长率一直保持在 200% 以上。京东商城能维持如此高速的发展正是得益于其在物流配送及售后等方面的主动提升，京东商城敢于和其他电子商务企业背水一战也正是源于对其物流体系的自信。

1. 京东商城的基本介绍

京东商城是中国 B2C 市场最大的 3C 网络购物专业平台，是中国电子商务领域最受消费者欢迎和最具有影响力的电子商务网站之一。京东商城无论在访问量、点击率、销售量以及业内知名度和影响力上，都在国内 3C 网络购物平台中首屈一指。2015 年第一季度，京东商城在中国自营式 B2C 电商市场的占有率为 56.3%。目前，京东商城拥有遍及全国各地上亿的注册用户，在线销售数码产品、家电、汽车配件、家居百货、母婴用品等 13 大类 3150 万种商品。

京东商城秉承“以人为本”的服务理念，全程为个人用户和企业用户提供人性化的“亲情 360”全方位服务，努力为用户创造亲切、轻松和愉悦的购物环境，并不断丰富产品结构以最大化地满足消费者日趋多样的购物需求。相较于同类电子商务网站，京东商城的特色在于商城提供正品行货、机打发票和售后服务的同时，还推出了“价格保护”“延保服务”等优质服务。京东商城凭借更具竞争力的价格和逐渐完善的物流配送体系等优势，赢得市场占有率多年稳居行业首位的骄人成绩。

2. 京东商城自建物流模式

京东商城 70%的资金都投资于物流体系。2009 年，京东商城陆续在天津、苏州、南京、深圳等 23 座重点城市建立了配送站，最终配送站将覆盖全国 200 座城市，都由自建快递公司提供物流配送、货到付款、POS 机刷卡、上门取换件业务等服务。北京、上海、广东三地的仓储中心已经扩容至 8 万平方米，仓储的吞吐量得到了全面的提升。

目前，分布在华北、华东、华南的三大物流中心覆盖了全国各大城市。2009 年 3 月，京东商城花 2000 万元成立了上海圆迈速递公司。圆迈速递主要承接华东地区的业务。因此，在不借助三通一达的情况下，京东在华东地区乃至全国的配送速递和服务质量大大提升。

2010 年 4 月，京东商城在北京等城市率先推出“211 限时达”的配送服务。2010 年 5 月 15 日在上海嘉定占地 200 亩的京东商城“华东物流仓储中心”内，投资上千万元的自动传输带已投入使用。这是迄今为止京东商城最大的仓储中心，承担着京东商城一半的物流配送业务。公司融资 2100 万美元，70%的投放地就是次仓储中心，这个中心每天能处理 2.5 万个订单。在此基础上，4 月份，京东商城在上海嘉定区投资的亚洲一号仓储中心也在紧张的建设当中。亚洲一号库规划为 15 万至 18 万平方米的超大型仓储中心，将超过 8 个鸟巢大的规模。

3. 自建物流与第三方相结合

尽管京东的使命是“做中国最大、全球前五强电子商务公司”，京东的目标也确实在向这个目标努力，2010 年京东商城实现了 100 亿元的销售额，但主要业务仍然是在北京、广州、长三角等一、二线发达城市完成的。比起淘宝的网络触角的广度和深度，京东离目标还相距甚远。因此，在许多三、四线城市，以及一、二线城市的郊区，京东商城选择了与第三方快递配送公司合作完成。而在配送大宗商品的时候，京东则选择与厂商合作完成。因为厂商在各城市都有自己的网店和销售渠道，并且物流配送的合作伙伴相对比较成熟。且对于大宗商品来说，最重要的就是售后服务，而且，京东商城可以利用厂商在当地的知名度提升自身的品牌。

4. 国内 B2C 物流体系空白

对于京东商城大手笔投资物流，业内人士纷纷表示不看好。京东商城 CEO 也承认，目前京东商城面临着投资过大和物流成本过高的难题。从世界电子商务企业发展来看，自建物流体系始于美国的亚马逊。随着中国电子商务市场的不断发展，电商企业不断壮大，多轮融资为自建物流提供了强大的资金支持，而自建仓储物流也成为各大型电商企业的竞技场。但毕竟国内的消费环境和经济发展水平比不上美国，京东商城如此大手笔投资物流难免令人生疑。对此，京东商城 CEO 却不以为然，他认为京东自建物流是因为目前国内还没有建立起服务于电子商务的 B2C 物流配送体系。

电子商务的发展离不开物流体系的支撑。电子商务的物流系统和电子商务一样，分为三种：一种是 B2B 的业务模式，典型的有家乐福、沃尔玛、国美电器、苏宁电器，从仓储中心配送到门店，消费者再到门店自提。第二种为 C2C 业务模式，例如邮政、UPS、三通一达快递企业，他们的模型都是网络状的，在全国有很多网点，但为适应业务的快速发展，很多快递企业都采取了加盟的模式，加盟的模式虽然会对企业的发展规模做出贡献，但同时也为管理带来很大的难度。第三种则是 B2C 业务模式，这种模式是伴随着 B2C 电子商务

发展而产生的新物流需求，是从仓库直接送达消费者手中，是种放射伏的点对多点的模型，每个点之间并没有服务的交叉，这种物流是单向的，更便于优化干线运输的成本，提升运营效率。京东所建的正是第三种 B2C 的业务模式，以前中国还不存在。

5. 提升服务增强客户体验

京东坚持自建物流，是因为服务层面的竞争加剧以及成本的控制迫使电子商务企业不得不自建物流体系，电子商务成败的客户体验甚至精确到电子商务的最后一米。当下，国内各类电子商务企业竞争加剧，已经从单一产品、价格的竞争发展到服务层面的竞争。为了抢占用户，增加用户黏性，电商企业通过加强电商“最后一公里”建设，提升用户体验，京东商城做到了。打开京东商城的客户评价区域，不少客户对京东的物流大为赞赏。也有不少用户表示光顾京东不止因为京东的低价，更因为京东物流配送的速度和态度。

目前，京东商城已建成 6 个一级物流中心；12 个二级物流中心(二级物流中心也就是京东的大家电的仓库)；287 个配送站。未来五年，京东将在中国建立 10 个一级物流中心，80 个二级物流中心，2500～3000 个配送站。目前京东已经能够在 16 个城市做到客户从下单到拿到货在 2～4 小时，未来的目标是在 35 个城市做到 2～4 小时到达。

尽管自建物流短期内对资金的占有率较大，但是从长远来看，通过物流的管控，企业可以节省成本。

6. 提升企业形象，增加主控性

京东所有的站点配送员均为京东公司的员工，享有四险一金的待遇。京东商城 CEO 认为配送员的素质和态度直接关系到客户体验以及京东的形象。另外，使用自己的配送员可以增加京东的控制能力。自建物流模式可以通过自有的物流进行新业务的推广和品牌的宣传，对已购用户进行再次营销，提升再次购买的可能性及用户黏性。第三方物流公司无法完全满足用户需求，电商企业则可以通过自有配送队伍的上门机会，进行其他服务的产品推介。

京东商城建立了严格的三级配送站的培训体系，京东有很多配送体系都在三四级城市甚至在很多城市的郊区，这给管理带来了很大的难度。京东商城 CEO 认为，一个站管理得好坏与否 80%与站长有关。京东要求每个配送站的站长必须是在京东工作一年以上的优秀的配送员，通过培训的方式，升为站长助理，经过层层选拔最终才能成为合格的站长。

7. 对物流车辆要求更高

比起传统的第三方物流配送企业通常所关注的速度，电商企业配送的方向和业务操作则不一样，难度也更高。电商企业的自建物流关注更多的是货物的安全，因为电商物流所发出的大部分都是 3C 类货值较高的贵重物品。尽管京东已经在向综合类物品延伸，但 3C 类商品还是占了主要的份额，京东内部人士也表示，将来京东就是要革苏宁和国美的命。

能如此叫板传统的渠道霸主，则意味着京东已在线下做好充足的准备，在物流的广度、深度、速度以及态度方面下足了功夫。

目前，京东的干线物流主要采取第三方物流服务商，如荣庆物流、恒路物流等；城际配送和特殊的配送则和宅急送、申通速递合作。京东自建的车队主要集中在北京和上海，每个城市的仓库之间至少需要三个批次的车辆进行对开。预计随着京东各地仓库的完善，对车辆特别是高端车辆的需求量也会再上一个台阶。

二、面向零售商的配送中心运营与管理

(一)面向零售商的配送中心概述

面向零售商的配送中心是由零售商向上整合所成立的自有配送中心，或具有很强运输配送能力的专门面向零售商服务的专业化第三方物流配送主体。这类配送中心常见于百货、烟草、医药及建材等连锁经营行业，为专业物品零售店、超级市场、百货商店、建材商场、粮油食品商店、宾馆饭店等服务，如可口可乐配送中心、各地烟草配送中心、医药配送中心及各类百货超市配送中心。

面向零售商的配送中心具有如下作业特点。

(1) 面向零售商的配送中心仓储吞吐能力比较大，需持有较高的库存以应对每天零售商大批量的订货。

(2) 面向零售商的配送中心储运作业往往以 P(托盘)、C(箱)为单位，以电瓶式叉车辅助出入库作业，提高作业效率。

(3) 与面向最终消费者的配送中心相比，面向零售商的配送中心处理的订单批量较大，订货种类较多，一次配送仅为少数几个，最多不会超过 20 个零售商送货。

(4) 由于配送中心面向零售商送货，长时间内送货对象不会出现明显变化，较为固定，便于配送中心优化配送路线，更有利于司机送货。

(二)面向零售商的配送中心运营实例——徐州烟草自动化配送中心

2009 年 2 月，徐州烟草与德马泰克(DEMATIC)共同设计并建造的全新的自动化配送中心投入使用。根据徐州烟草的业务模式与业务量的需求，该配送中心配置了整箱拣选区、两类条烟拆零拣选区以及异形烟拣选区，输送机贯穿各个拣选区域，按照订单拣选流程将订单料箱以最合理的路径送到拣选工位，日处理量最高达到 39 万条，比预定设计值 26 万条超出 50%。目前，订单处理时间已从系统投入运营时的 10 小时缩短到 6 小时，而拣选准确率接近 100%。在此期间，徐州烟草经历了从配送到市辖区和门店向全部配送到门店的转变，工作量大幅上升，但这丝毫没有影响到其为客户提供超预期的服务。

江苏省烟草公司徐州市公司配送中心所使用的自动化物流系统设备，是基于徐州配送中心 30 万大箱销量、25 000 大箱存量的设计水平配置的。以 3 天的订单周期计算，配送中

心每天处理的订单数约为8000条，在每日总作业时间(7小时)内，可以进行收货、补货、拣选、订单整合与发货、空料箱退货、废弃物处理等全部作业，为城郊41 590个门店提供配送服务。

1. 紧抓企业特性

早在江苏烟草公司为全省物流配送中心统一招标之前，德马泰克已经认认真真地做了大量“功课”：客户端数据采集，如订单数据、库存数据等，并做了详细的分析；到现场进行实地调研，观察实际操作流程、当时仓库状况、订单特点、品规特点(如香烟的尺寸、规格)等。经过半年的前期交流与考察，德马泰克对于客户所处行业的特性都有了深刻的了解。除了烟草配送客户多、销户多、日处理量大、品规相对少的共性外，每个区域的客观条件如人口密度、销量分布、地理特征、交通状况等的不同都会导致商品的类型与需求量的差异。

根据客户的特性做合理的业务分析，开发出适合其需要的方案，是系统集成商的核心价值所在。最终，德马泰克为江苏烟草设计了整箱拣选与电子标签系统和自动拣选系统相结合的拆零拣选方案。整个过程中严谨的工作风格和专业的工作方法也使得江苏烟草最终选择了德马泰克作为全省5个一类物流配送中心的系统集成商。

值得一提的是，徐州烟草配送中心从设计到建造的工序：按照企业发展战略和业务数据分析，先确定配送中心的规模、系统设计水平，然后进入工艺设计阶段，最后才是土建工程设计，从而将业务需求、物流生产和建筑设施融为一体。这使徐州烟草配送中心与那些采用“削尖了脚去穿鞋”的倒置工序的配送中心在实用性与合理性上有很大差别。

2. 自动与人工拣选相结合

徐州烟草配送中心总面积为24 168平方米，由库存区、拣选区和发货区三大部分组成。其中库存区面积为11 232平方米，包括卸货区和件烟存储区两部分，存储区设有5050个托盘位，可满足存储香烟25 000大箱的需要。

拣选策略对于配送中心来说是至关重要的。徐州烟草的整个拣选过程分为整箱拣选和拆零拣选。订单发出后，系统根据订单实际需要选择单一拣选或组合拣选的方式。而异型包装产品和促销产品全部存放在主拣选系统之外的特设异型烟货架区。

整箱拣选系统由两种方式构成：一是拣选至托盘，用于打码后直接发货的整箱拣选；二是拣选至手推车，对拆零拣选系统进行件烟补货，此处拣选与补货都通过RF完成。

按条拆零拣选也有两种方式，分别是A字形分拣机和电子标签拣选。

A字形分拣机为全自动分拣设备，采用了包括流力式货架、A字架自动拣选机、条烟输送系统(包括条烟对准装置、条烟对齐主皮带条烟转向装置、货物移栽器等设备)、码垛装置等设备，用于条烟的储存、分拣、装箱等作业，用于拣选订货量小于5条的订单行。基于不同的产品和订单特征，每小时可以拣选15 000～18 000条香烟。该系统通过完全自动、可靠的方式，在最短时间内保证了配送中心的最大生产率。

电子标签拣选系统原则上用于拣选订量为 5 的整数倍的订单行。空料箱通过第一个拣选区域的固定扫描仪后，即与相应订单绑定。在料箱行进过程中，一旦有拣选任务，显示装置会在相应的区域闪亮并显示拣选数量指示操作员拣选。条烟在货架上以最大限度地减少操作人员的移动，提高拣选效率。

拣选任务完成并经过确认后，信息上传至仓库管理系统(WMS)。而当料箱的所有任务都完成时，订单履行系统 PDS(Pick—Director System)会结束该料箱的拣选工作并将结果报告 WMS。

3. 收货与发货

每天收货时，货车整齐地停靠在相应的月台上，待入库物料以件烟形式通过伸缩皮带机卸车，并输送到收货暂存区。操作员在管理机或现场终端上按公司规定的统一格式创建入库单。然后，操作员用与 WMS 相连的 RF 手持终端选择对应的入库单中的货物，扫描托盘条码，将托盘和上面承载的物料信息进行绑定，该数据将被传输至系统，并成为在卸货及码盘过程中生成的托盘单元货的标题记录。叉车操作人员叉取组好盘的托盘后，根据 RF 车载终端的指示，将托盘送至相应的托盘存储货位。

经过收货、分拣流程以后，就进入最后的打码、封装及发货流程。根据国家烟草专卖局对烟草商业配送打码到条的要求，德马泰克在系统中提供了与国家局统一采购打码设备配套所需的输送机和软件/控制接口，对分拣到零售户的条烟进行打码(异型香烟除外)。

同时，发货分拣系统对完成拣选任务的订单进行路径分拣。料箱的路径和分拣由订单履行系统 PDS 制定，分拣系统的可视化控制系统可通过屏幕上图形化信息报告输送机状态、错误、报警状态以及故障诊断结果等，方便操作维护人员了解系统状况、进行紧急修复。所有经过拣选后的料箱及整箱货品都将在自动分流并按照路径分拣后，进入编组发货暂存区，由配送中心组织发运。

4. 售后支持

在徐州烟草配送中心系统验收并高效平稳运行了一段时间后，德马泰克向徐州烟草派驻了现场驻地服务团队，除了负责解决现场偶尔出现的小故障外，更注重预防性维护，因为设备在运行的初始阶段需要一段时间的磨合，而软件也会产生垃圾文件，解决潜在问题至关重要。因此，每天仓库人员下班后，德马泰克的驻场服务人员都需要例行检查，一旦发现设备有异常情况，将进行及时全面的处理。

徐州烟草配送中心对德马泰克的服务很满意，不仅在于德国制造的优良设备、严谨的设计与施工、丰富的行业经验和优质的售后服务，帮助其实现了顺畅高效的收货、拣选、分拣、发货等作业，而且这家世界知名的自动化物流系统集成商在“先进”与“适用”之间为客户选择了后者。

三、面向制造商的配送中心运营与管理

(一)面向制造商的配送中心概述

面向制造商的配送中心是由制造商或其分公司向上整合所成立的自有配送中心，或具有很强的同类产品相关的原材料、零部件、半成品、产成品运输配送能力的专门面向制造商服务的专业化第三方物流配送主体。因此，面向制造商的配送中心是以制造商为主体或服务对象的配送中心。这种配送中心能够及时地将预先配齐的成组元器件运送到规定的加工和装配工位。此外，这种配送中心里的产成品100%是由自己生产制造，通过配送中心可以降低产品流通费用，提高售后服务质量。从物品制造到生产出来后条码和包装的配合等多方面都较易控制，所以按照现代化、自动化的配送中心设计比较容易。

面向制造商的配送中心大多集中于工业制造区、工业园、生产基地等场所，汽车配送中心是典型的面向制造商的配送中心。

(二)面向制造商的配送中心运营实例——某汽车零部件配送中心物流管理技术的应用

新技术的进步不只体现在工业制造设备与工艺的改进等硬件设施方面的革新进步，更体现在现代管理技术的飞速发展上。对于汽车配送中心来说，保证生产是第一任务，在满足生产的同时， 还要必须充分应用物流管理技术来提高管理水平，提高服务质量以满足生产厂的要求。下面介绍某汽车零部件配送中心物流管理技术的应用。

1. 入库环节物流管理技术

入库环节主要采用一维条码扫描技术，由人工操作对零件标识进行扫描，通过对照仓储系统中零件的物料信息确认零件入库。通过无线扫描设备逐一扫描每箱零件上指定的条码，系统自动生成与每箱零件一一对应的条码，将该条码粘贴于零件外包装上，如图 8-1 所示。条码上显示该箱零件在库房里的存储位置、入库时间、扫码人员等信息。显示扫码人员和入库时间，以便于在零件条码贴错时能够追溯到责任人；显示存储位置是为了零件定置定位存储。

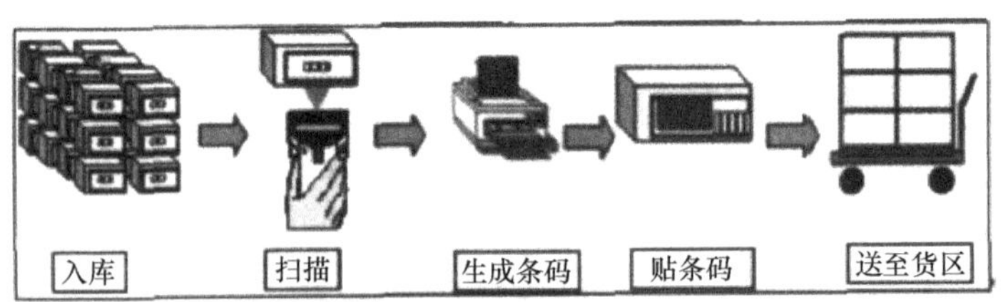

图 8-1 入库扫描

通过扫描还能够及时核对计划入库与实际入库的差异，工作人员提前将计划入库零件导入系统，通过扫描设备对计划入库零件逐一扫描后，系统上会显示零件的入库状态，如果有非计划内入库零件，零件条码将会不被识别，系统会自动提示，如果有计划内入库零件，而漏扫描的情况，在系统上也会有相应提示。

零件扫描结束后，再由扫码人员将零件按照标识的存储地信息将同一货区零件放在托盘车上送到指定货区，并与货区保管员交接，货区保管员根据手里拿的当天计划入库信息进行核对，交接没有问题，入库到此结束，交接如果有问题，则由入库班负责解决。

2. 仓储环节物流管理技术

1)　立体高位货架与多层货架组合应用的存储方式

零件仓储时，中小物及标准件采用高位货架与多层货架组合应用的存储方式。中小物及标准件是根据零件单包装数量及包装尺寸确定的，中小物是指零件单包装数量较小，包装尺寸长宽高均在 50 厘米左右，单箱用手工搬运的零件。标准件是指零件单包装数量较大，包装尺寸长宽高均在 20 厘米左右，单箱用手工搬运的零件，一般指螺丝螺母垫片等零件。这部分零件在存储时，部分存储在高位货架上，部分存储在多层货架上。

立体高位货架能够储 5 层，每层高度为 1.5 米，每层能够放置两个 1.3 米×1.1 米的托盘，利用高位货架存储能够充分利用库房的空间面积；多层货架尺寸有两种，分别为 2 米×2 米×1.8 米和 1 米×1.25 米×1.8 米。其中前者用于存储中小物，后者用于存储标准件。这些货架都分为 2～4 层，多层货架存储利于零件的先进先出及零件出库操作。仓库设定零件的库存量定义为 5 天，在多层货架上存储 2 天的量，其他 3 天的量都打包放在高位货架上，形成一个从高位货架不断往多层货架进行补货的机制，如图 8-2 所示。两种存储方式组合应用，既能节约存储面积又能保证零件先进先出。

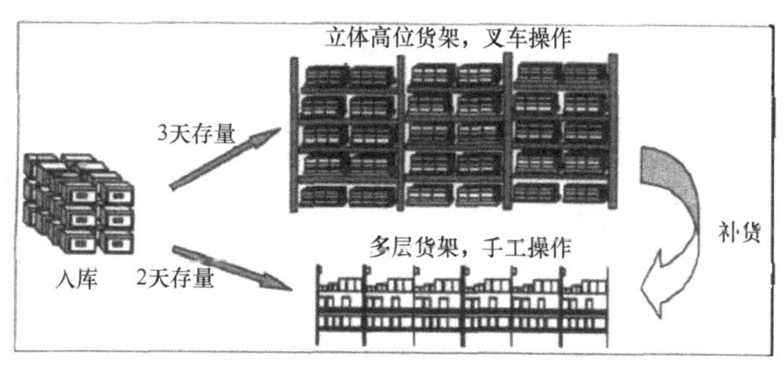

图 8-2　立体高位货架与多层货架组合应用存储方式

2)　ABC 类管理方法

根据零件价格及零件属性，将零件分为贵重件和普通件，贵重件一般是指单价较贵及容易丢失的零件。将贵重件在库房里设置专门的存储区域，设置专人管理，上下班及管理人员离开时，需要上锁管理。每天详细记录零件的出入库情况，零件出库时需要取件人签

字确认，并将每日记录保存完整，当班次生产结束后，由管理人员对其清点。

3) 先进先出管理

先进先出是指先入库的零件需要先出库。但是由于零件在库内的存储方式及员工操作习惯，需要做出一些规定及标识指示，以保证零件先进先出。

(1) 大物先进先出。大物是指包装尺寸较大，用叉车进行入库、出库，并且存放在高位货架上的零件。这些零件在高位货架上是区域定置、随机存储。区域定置是指将几种零件定置在一定的货位范围内，这几种零件只能在这些货位范围内进行随机存储。由于这些零件在高位货架上存储时高度较高，在地面上操作者很难看到这些零件具体的入库日期，这样就无法保证先进先出。为了使地面上的操作者看到高位货架上零件的入库日期，零件入库时在贴条码一侧用记号笔用较大字体写上入库日期，如图 8-3 所示，这样在出库时，叉车司机根据入库日期来选择入库比较早的零件进行出货来保证先进先出。

图 8-3 大物入库时标注日期，以便先进先出

(2) 中小物及标准件先进先出。中小物及标准件在多层货架上存储时是分层分排存储的，如图 8-4 所示。不同字母代表不同的零件。根据零件存储量，同一种零件在一个货架上可能在同一层上存储，也可能在不同层上存储。不同的零件有不同的先进先出对应方式。

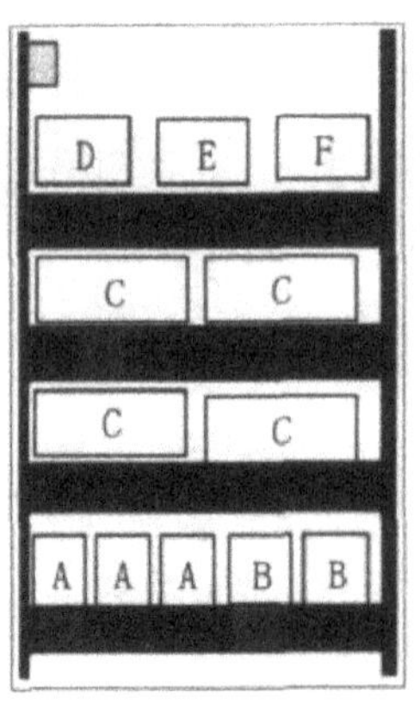

对于图中的 D、E、F 件，在货架上是单层单排存储，这种零件先进先出只要正常对应即可，不用特殊管理，因为这种零件只有一个出货口和一个投货口。

对于图中的 A、B 件，在货架上同一层上存储，但分几排存储，这样就在货架上取货且做上先字标牌，该标牌由投货人维护，拣货人按照先字标牌指示拣货，进行防错管理。在投货时，要规定在每一排件用完后才能投货，并且及时维护先字标牌。

对于图中的 C 件，在货架上分为两层存储，这样在规定好每一层的先后关系，在同一层上也要用先字标牌做好先进先出指示。

图 8-4 中小物货架存储

4) 账实相符管理

账实相符是指零件的系统库存数量与库房实物库存数量一致。保证账实相符不仅能够保证生产顺利进行，而且是库房管理的重要指标之一。

(1) 合理的工作流程。根据现场零件的包装、存储属性，将同一属性的零件划分到同一个班组管理，使每个零件的入库、存储、出库全部由一个班组负责。通常情况下可以将整个仓库划分为如下几个班组：入库班、大物班、中小物班和转换件班。

入库班负责整个仓库零件的入库，系统入库和实物入库。入库时，通过扫描每个零件，系统能够自动根据提前输入的计划到货信息和实物到货信息进行核对，如果发现不符，入库作业人员必须停止作业，报告给班组长，班组长通知到对应计划员，等待计划员通知。如果入库正常，扫描每个零件，粘贴存储条码，根据条码上指示的零件属性及存储位置，按照库区将零件分开，库区分为中小物区、转换件区、大物区等。零件分完后，负责将零件送至各个存储区，零件送至货区后，货区保管员需要与入库班送货员进行交接，各货区保管员根据今日计划《区域零件入库单》进行核对，如在入库时发生异常，导致部分零件不能送至货区，送货员必须向保管员说明，保管员做好记录，如零件不能与《区域零件入库单》对应，保管员不能接收，零件需返回入库班组，待查清原因后，再送至货区存储上架。

存储时，所有零件都是定置存储，实行保管员制，即各个班组的保管员负责零件的入库、出库和盘点工作，保管员正确接收入库班送至的零件后，按照零件上的入库条码指示的存储位置，将零件存放到指定的货位。每班次生产结束后，该名保管员负责盘点自己负责的零件，如果出现差异，则马上查找原因，以便及时更正。

出库时，应保证实物流与信息流一致，每出一个实物都要进行系统扫描，每个班组负责其所管辖零件的出库工作。

(2) 由计划员监督保管员的账目。根据库房零件多少，设置一定数量的计划员来管理库房账目，由计划员负责监管账实相符，每天生产结束后，保管员盘点完实物库存后，到负责该零件的计划员处核对实物库存是否与系统库存一致，如果不一致，责令保管员及其班长查找出不符合的原因，并限期改正。

3. 出库环节物流管理技术

(1) 定时不定量发货。定时不定量发货是指根据主机厂的要货指令，每隔一定的时间，往主机厂发送不定数量的零件，即发货时间间隔固定，但发货数量不固定。发货数量是主机厂根据生产车序系统自动计算生成的，以看板的形式发送到配送中心。系统计算是依据车型、零件单包装数量和该零件的单车用量确定的，如配送中心每隔 60 分钟发送一批货，生产线生产节拍为 1 分钟，那么每次发货数量就为 60 辆车的用量，如果某零件该批次的 60 辆车均使用这个件，且单车用量为 1 个，该零件单包装数量为 120 个，则系统自动识别该零件每隔一个批次发送一次货，即送一箱件能够使用两个批次。

在对零件单车用量、单包装数量进行筛选时，发现标准件大部分是一箱货能够用一个班次，故将零件分为两种策略，大物和中小物是每隔 60 分钟发一次货，标准件是每隔 8 小时发一次货，即一个班次发一次货。这样根据零件不同的属性，选择不同的时间间隔发货。

(2) 负载单元化。由于中小物及标准件尺寸较小，在装卸车时用手工搬运速度慢，效率低，卡车利用率也低，这样为了提高装卸效率及卡车的利用率，在零件从货架里拣出后，将小包装零件放在一个大器具里，如图 8-5 所示，该器具的尺寸和车厢的尺寸成模数，适合叉车装卸。

主机厂在往配送中心发看板要货时，已经根据零件的包装尺寸，进行系统自动装载设计，将装载在同一个器具里的零件生成在一张要货看板上，这样配送中心在配货时，只要将同一张看板上的零件放在同一个器具里即可。

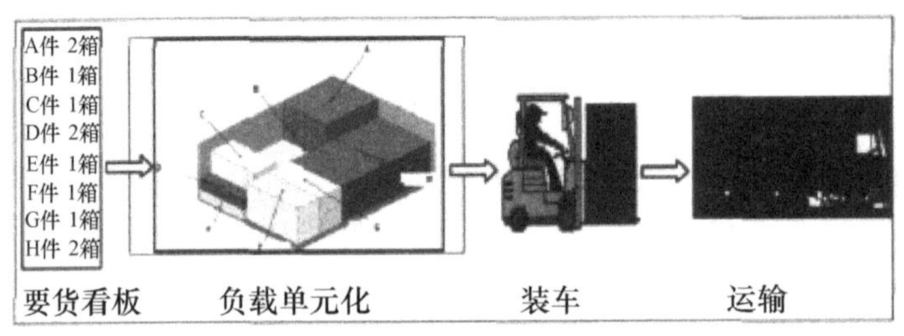

图 8-5 零件负载单元化

每个物流环节都有相应的物流管理技术可以探究。物流管理技术不但可以提高现场管理水平，而且可以提高劳动效率。在保证各项工作按质按量完成的同时，还可以提高客户满意度，通过公司整体物流技术的应用环境， 还可以培养专业人才，提高公司整体技术水平。

【任务实施】

如何有效地完成 7-11 的电子商务物流配送分析？

(1) 认真分析 7-11 的电子商务物流配送模式属于哪种类型的配送。

(2) 充分利用网络资源，查找关于 7-11 电子商务物流配送的相关资料。

(3) 结合本任务所学内容，讨论与总结。

【任务总结】

通过完成“7-11 的电子商务物流配送分析”任务，让同学们进一步了解面向最终消费者的配送模式，并认真讨论与总结，培养学生分析问题、解决问题的能力。

【任务实训】

不同配送对象配送中心运营与管理分析

请通过网络资源搜索不同配送对象的配送中心运营与管理实例，并选择面向某一配送对象的配送中心运营与管理典型实例进行学习与总结，完成PPT制作与汇报。

考核标准：

配送模式分析正确 (10分)	资料搜集翔实 (50分)	讨论与总结认真 (40分)	总分 (100分)

任务二　基于不同功能的配送中心运营与管理

【任务描述】

配送中心调研

不同功能的配送中心，其运营与管理也有所不同。请选择某一种功能的配送中心，并到企业深入调研，了解配送中心配送作业流程、采用的设备与技术、管理制度等方面内容，发现企业存在的问题及有待进一步完善的方面，提出解决对策，形成调研报告。

【任务驱动】

(1) 按照功能不同，配送中心如何分类？
(2) 不同功能的配送中心的作业流程是什么，有何区别？
(3) 不同功能的配送中心适用性如何？
(4) 不同功能的配送中心运营与管理的重点是什么？

【任务资讯】

按照功能不同，配送中心可分为储存型配送中心、流通型配送中心、流通加工型配送中心。不同类型的配送中心作业流程、适用性、运营与管理的重点也是不同的。下面具体介绍基于不同功能的配送中心的运营与管理。

一、储存型配送中心运营与管理

(一)储存型配送中心概述

储存型配送中心具备大型仓储设施，拥有多样化的仓储设备，具有很强的存储吞吐能力，以满足不同类型物品的储存。一般来说，为了确保用户和下游配送中心的货源，这类储存型配送中心起到蓄水池作用。在买方市场下，企业成品销售需要有较大库存支持，其配送中心可能有较强储存功能；在卖方市场下，企业原材料、零部件供应需要有较大库存支持，这种供应配送中心也有较强的储存功能。大范围配送的配送中心，需要有较大库存，也可能是储存型配送中心。

目前，我国拟建的一些配送中心，都采用集中库存形式，库存量较大，多为储存型。瑞士 GIBA-GEIGY 公司的配送中心拥有世界上规模居于前列的储存库，可储存 4 万个托盘；美国赫马克配送中心拥有一个有 16.3 万个货位的储存区，可见存储能力之大。

(二)储存型配送中心作业流程

如图 8-6 所示，储存型配送中心基本作业流程主要包括以下方面。

(1) 储存管理部门根据库存管理信息向配送中心采购部发出采购清单。

(2) 配送中心采购部门根据库存管理部门所需货物的要求向供应商发出采购订单。

(3) 供应商进行订单处理，审核客户信用、订单货物的数量、规格等内容。

(4) 供应商按照客户订单订货信息给配送中心送货，并通知配送中心做好收货准备。

(5) 配送中心收到收货指示，通知配送中心入库作业人员做好入库准备。

(6) 到货后，配送中心入库作业人员进行数量、质量、包装等验收，验收合格进行入库。

(7) 货物在仓库储存的过程中，往往需要盘点和整仓作业。

(8) 货物在仓库中，要不断地及时更新库存管理信息。

(9) 分店由于商品脱销，需要补货，制定采购订单，并发给配送中心信息部。

(10) 配送中心收到分店发来的采购订单，进行订单处理，并发出拣选作业指令给配送中心分拣作业人员。

(11) 配送中心分拣作业人员收到拣选指令，进行分拣区的补货、拣选、配货、分放，最后装车送货给分店。

(12) 分店收到货物后进行验收，验收合格后签字。

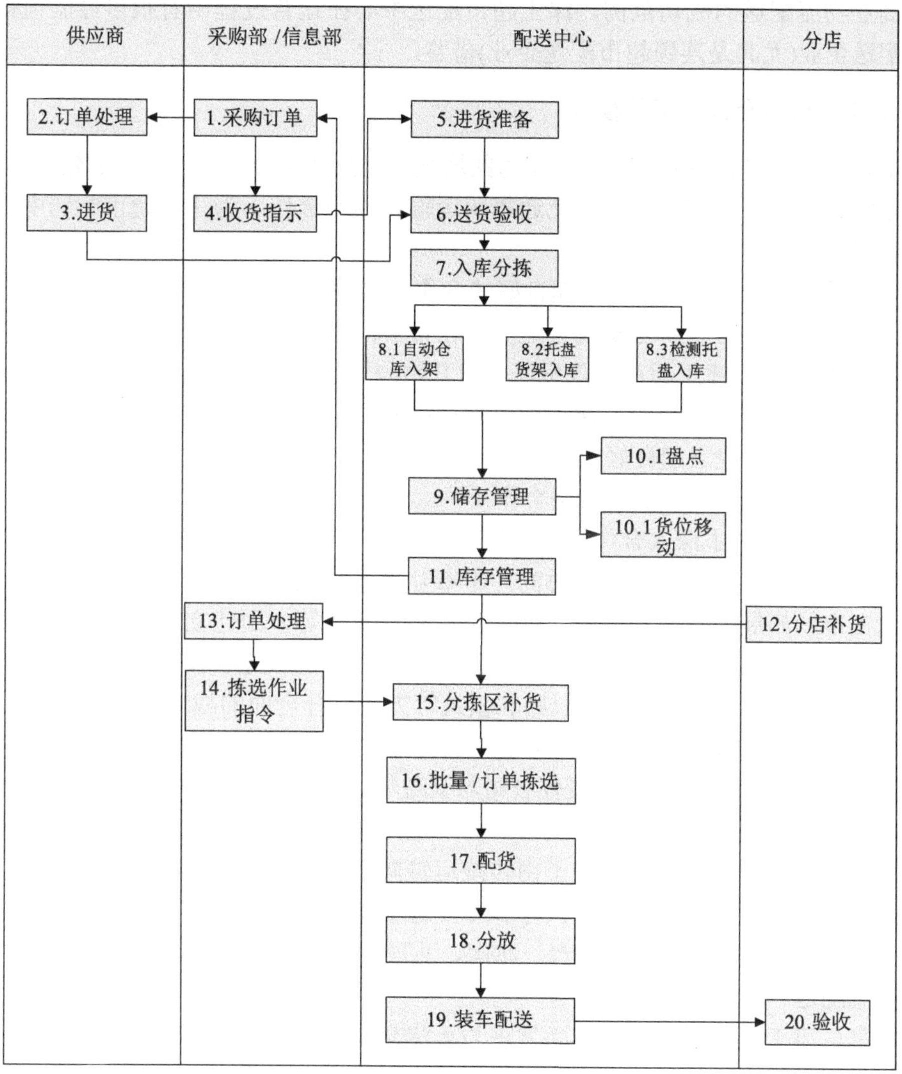

供应商	采购部/信息部	配送中心	分店
2.订单处理	1.采购订单	5.进货准备	
3.进货	4.收货指示	6.送货验收	
		7.入库分拣	
		8.1自动仓库入架；8.2托盘货架入库；8.3检测托盘入库	
		9.储存管理；10.1盘点；10.1货位移动	
		11.库存管理	
	13.订单处理		12.分店补货
	14.拣选作业指令	15.分拣区补货	
		16.批量/订单拣选	
		17.配货	
		18.分放	
		19.装车配送	20.验收

图 8-6　储存型配送中心基本作业流程

(三)储存型配送中心运营实例——津工超市配送中心成功运营经验分析

天津市津工超市是 1994 年年初建立市场经济后创建的新型连锁企业。如今，津工超市已获得迅速发展，现门店已发展到 460 多家。津工超市之所以能够获得如此快速的发展，是因为其在发展之初就构建了自己的配送体系，拥有强大的配送支持作保障——津工超市配送中心。该配送中心具有强大的仓储与配送能力，其先进的电子分拣系统能够快速提高配送中心货物分拣和发送效率。目前，津工超市配送中心日送货量达 9000 余件、80 多吨，成

为连锁商业物流配送的成功范例。津工超市配送中心在运营过程中有很多经验值得连锁商业物流配送企业(尤其是连锁超市配送企业)借鉴。

1. 分工与战略合作的运营模式

津工超市配送中心不但注重自身实力的增强，而且注重合作伙伴关系的建立。几年来，津工超市配送中心不断增进与天津交通集团运输六场的合作，为津工超市配送中心未来发展打下良好的基石。

1) 配送业务外包，双方建立起良好的合作伙伴关系

津工超市配送中心建立之初业务运作存在很多问题，如货损、货差率较大，货品丢失情况严重。2006 年，津工超市有限责任公司开始与天津交通集团运输六场合作，将其配送业务外包。经过一年多的合作，津工超市配送中心业务运作效率有了长足的提高，货损、货差急剧下降，双方建立起良好的合作伙伴关系。

2) 双方进一步开展全面的战略合作

2007 年 5 月，为了深入合作，津工超市有限责任公司与天津交通集团有限公司签订了战略合作框架协议。双方经过友好协商，本着互惠互利、相互支持、优势互补、共谋发展的原则，在市场拓展、资源利用、业务合作、技术支持等方面建立长期、稳定的战略合作伙伴关系，确定在物流配送业务外包、共同拓展社区增值服务项目、实用型物流人才培养和整合优势资源，拓展物流产业的思路和模式等方面展开全面的战略合作。

3) 双方继续深入战略合作，建立起第三方连锁超市配送体系

2009 年 3 月，津工超市有限责任公司与交通集团有限公司共同组建，专为连锁超市配送货物的天运通物流有限公司正式运营，这既是津工超市大胆尝试物流配送业务外包的结果，也标志着市交通集团初步实现了由传统运输向综合物流供应商的转变。目前，天运通物流有限公司拥有专业的物流配送人才和专业运输车辆，具备了全天候实施物流配送服务的能力，已为市内六区，东丽、西青、津南、北辰四区及滨海新区 460 多个门店的津工超市进行物流配送。

几年来，津工超市配送中心不断增进与天津交通集团运输六场的合作，对整个物流配送所起的作用是不言而喻的。一方面，津工超市配送中心业务运作效率有了长足的提高，货损、货差急剧下降，管理成本降低；另一方面，天津交通集团充分发挥本企业在运输配送方面的优势，实现了双赢，双方建立起良好的合作伙伴关系，进而为双方进一步合作奠定基础。这种分工操作的专业化实现了津工超市配送中心配与送的有效结合。通过送货业务外包的成功实施，津工超市配送中心配送的及时性和服务质量都得到了强化和提高。因此，津工超市配送中心这种分工与战略合作的运营模式值得借鉴。

2. 配送对象的拓展

津工超市是以社区超市的方式进入居民社区、从事连锁商业服务的商业企业，经营范

围遍及市内六区，东丽、西青、津南、北辰四区及滨海新区。十几年来，津工超市已获得迅速发展，现门店已发展到 460 多家。津工超市主要经营居民生活必需品，面向社区居民服务，以便利居民、方便社区居民购物为企业的经营宗旨，自创立以来取得了很大的发展，方便了社区居民购物，得到了广大市民认可。门店经营品种逐年增加，销售收入逐年递增。为了支撑津工超市 450 多个门店运作，满足其销售需求，需要大型仓储配送基地——津工超市配送中心做保障。因此，随着津工超市经营规模和范围的不断扩大，津工超市配送中心仓储与配送能力也有了很大提升。

津工超市配送中心在保障其主要服务对象——津工超市供货的同时，还不断发展本企业外的社区商店供货服务，通过电话传真进行业务联络，保障及时供货。众所周知，社区商店在众多零售业态中占较大的比例。因此，为本企业外的社区商店提供货物配送服务，对津工超市配送中心进一步发展来说是很大的契机。此外，津工超市配送中心利用自身强大成熟的配送网络为大型团购网等商业网站客户提供商品配送服务。像津工超市配送中心这样专业化的配送中心如果能够大规模提供社会化的城市配送服务，对于配送中心和快速消费品生产企业都是“双赢”，并且这种第三方物流配送中心很有可能取代部分生产企业配送中心。但是，目前大部分连锁超市配送中心主要服务于其直营连锁超市，配送对象较单一。因此，津工超市配送中心这种不断拓展配送对象的做法非常值得借鉴。

3. 货物分类仓储与配送的方式

津工超市配送中心根据出库频率和货品特征将货物分为 A 类货物、B 类货物和 C 类货物三种。A 类货物主要是指津工超市配送中心如米、面、粮、油等体积较大并能够快速周转的采用整箱配送的商品；B 类货物主要是指津工超市配送中心体积较小而周转相对较慢的拆零商品，同时出货频率相对较高的商品；C 类货物主要是指津工超市配送中心体积较小而周转相对较慢的拆零商品，同时出货频率相对较低的商品。

津工超市配送中心不同类型的货物具有不同的仓储与配送方式，如图 8-7 所示。对于 A 类货物主要采用货架存储，货架存储商品使用箱配套的 800 毫米×1200 毫米的普通托盘及 1100 毫米×1400 毫米的重型托盘，对所有的储位采用计算机管理、进货自动分配库位，出货按先进先出原则，最大限度提高了库位利用率，并借助于叉车采用播种式拣选方式，有效地保障商品的及时供货。对于 B、C 类货物主要采用轻型货架存储，有利用货物取放。此外，B 类货物采用电子标签拣选系统进行拣选作业，而 C 类货物借助于电子拣选车按门店顺序采用人工摘果作业方式，大大提高了拣选的准确率。

津工超市配送中心这种货物分类仓储与配送的方式是 ABC 分类法的成功应用，这种方法大大提高了储位利用率，有利于对商品实施针对性地重点保管，并且分拣效率与准确率也有了非常大的提升。因此，配送中心的这种货物分类仓储与配送的方式值得借鉴。

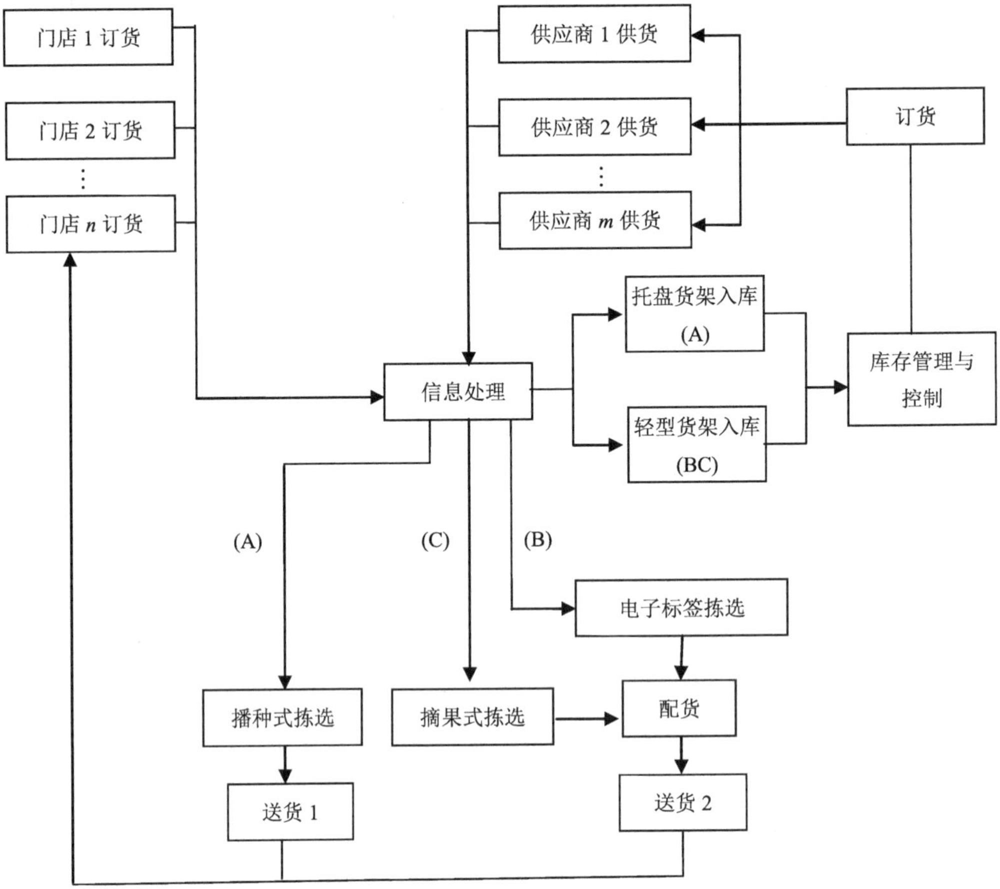

门店 1 订货
门店 2 订货
⋮
门店 *n* 订货
供应商 1 供货
供应商 2 供货
⋮
供应商 *m* 供货
订货
托盘货架入库 (A)
信息处理
轻型货架入库 (BC)
库存管理与控制
(A)
(C)
(B)
电子标签拣选
播种式拣选
摘果式拣选
配货
送货 1
送货 2

图 8-7　配送中心仓储与配送流程图

4. 分时段作业，充分利用设施与设备

津工超市配送中心仓储与配送作业具有明显的时段性，如图 8-8 所示。津工超市配送中心各阶段活动衔接非常顺畅，实现全天候运营，这样大大增加了中心设施与设备的利用率。因此，津工超市配送中心这种分时段作业的模式值得借鉴。各配送中心应根据配送货物种类、仓储与配送设施与设备、配送对象等情况进行业务流程改造与重组，最大限度地提高仓储与配送设施设备的利用率，提高配送效率，扩大配送规模。

5. 先进物流信息技术与设备的研发

津工超市配送中心拥有一支先进物流信息技术与设备的研发与维护队伍。几年来，该配送中心在支持物流系统软硬件上投入近千万元，自主研发了网上系统与分拣设备，提高了仓储与配送效率，增强了经营实力。

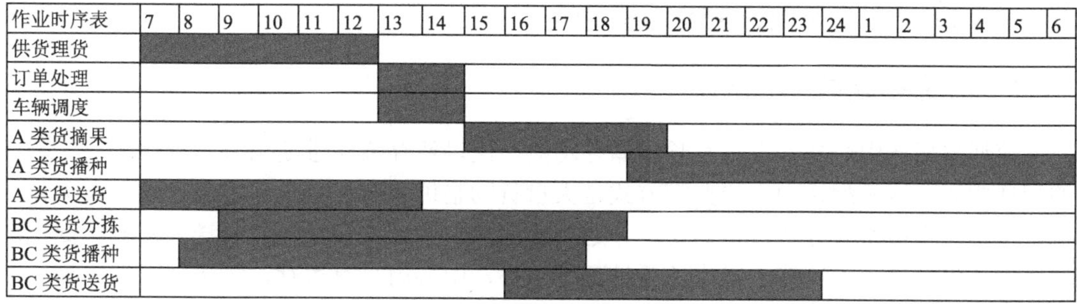

作业时序表	7	8	9	10	11	12	13	14	15	16	17	18	19	20	21	22	23	24	1	2	3	4	5	6
供货理货																								
订单处理																								
车辆调度																								
A 类货摘果																								
A 类货播种																								
A 类货送货																								
BC 类货分拣																								
BC 类货播种																								
BC 类货送货																								

图 8-8　配送中心作业时序图

1)　津工超市配送中心信息系统的研发

在物流信息技术人员与相关作业管理人员的共同努力下，津工超市配送中心独立完成了信息系统的研发，为实现无纸化作业目标打下了坚实的基础，是该配送中心向信息化水平迈进的重要一步。

津工超市配送中心信息系统主要由三个部分构成，一是内部采用的企业管理网络，超市所有门店均可在网上传递进、销、存信息，在网络上实现交易；二是利用互联网络架起企业与供货商之间的桥梁，与几百家供货商进行商品补货的信息传递，实现了即时供货；三是利用电话传真与非本企业外的社区店进行业务联络，保障及时供货。

2)　津工超市配送中心分拣设备的研发

津工超市配送中心还不断致力于分拣设备的研发。该配送中心拆零高频区货物(即 B 类货物)的分拣作业采用电子标签拣选系统，这是国内成功运营的第一条半自动化分拣线。电子标签拣选系统，是以一连串装于货架格位上的电子显示装置(电子标签)取代拣货单，指示应拣取的物品及数量，辅助拣货人员的作业，减少目视寻找的时间。采用电子标签拣选系统进行作业，不仅减少了拣错率，更大幅地提高了作业效率。此外，津工超市配送中心还自行研制了拣选车，用于 C 类货物的拣选，大大提高了操作的信息化水平及准确率。

津工超市配送中心能够自主研发物流信息技术与设备主要有以下几点优势：首先，物流信息技术与设备研发人员是由津工超市配送中心内部人员共同组成的，管理人员对配送中心业务非常熟悉，可以与技术人员进行快速有效的沟通，有利于研发工作的顺利进行；其次，津工超市配送中心物流信息技术人员可以随时为操作人员进行信息系统与设备的使用培训，使操作人员快速走向工作岗位；再次，津工超市配送中心自己掌握软件，便于根据业务需要对系统进行更新；最后，津工超市配送中心信息系统与设备一旦出现问题，技术人员能够迅速找出原因，使系统与设备恢复正常，将中心损失降到最低。

由此可见，津工超市配送中心已经探索出企业自身独特的发展之路，在分工与战略合作的运营模式、配送对象的不断拓展、货物分类仓储与配送的方式、分时段作业以充分利用设施与设备、先进物流信息技术与设备的研发五个方面具有一定的战略性与预见性，成为津工超市配送中心成功运营的经验，值得连锁商业物流配送企业借鉴。

二、流通型配送中心运营与管理

(一)流通型配送中心概述

流通型配送中心基本上没有长期储存功能，仅以暂存或随进随出方式进行配货、送货的配送中心。这种配送中心的典型方式是大量货物整进并按一定批量零出，采用大型分货机，进货时直接进入分货机传送带，分送到各用户货位或直接分送到配送汽车上，货物在配送中心里仅做少许停滞。日本的阪神配送中心，中心内只有暂存，大量储存则依靠一个大型补给仓库。

(二)流通型配送中心作业流程

流通型配送中心基本作业流程如图 8-9 所示。与储存型配送中心相比，流通型配送中心储存能力较小，且货物储存时间短，能够实现快进快出，便于库存管理。由此可见，集货与分货是流通型配送中心的主要功能。

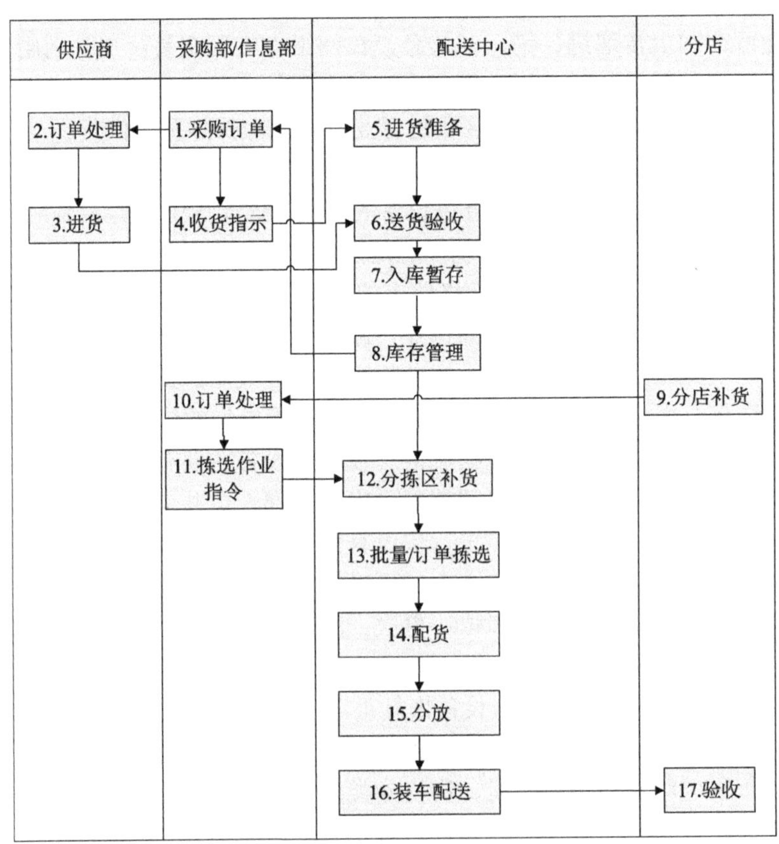

图 8-9 流通型配送中心基本作业流程

(三)流通型配送中心运营实例——可口可乐不断提高配送中心作业效率

可口可乐是全球最大的饮料公司。在竞争激烈而残酷的饮料市场，可口可乐勇立潮头，靠的已不只是口味和神秘的配方，可口可乐强大的配送网络更增加了其竞争优势。

2008 年，可口可乐阿马提尔公司(以下简称 CCA)位于澳大利亚 Eastern Creek 市的新配送中心安装了世界领先的订单履行系统。值得一提的是，该配送中心采用了全新的“逆向分货”(Negative-put)系统，平均每小时可完成拣选作业超过 1400 次，创历史新高，极大地提升了配送中心的订单处理效率，为 CCA 打造快速反应的供应链提供了技术保障。

1. “逆向分货”实现高效拣选

作为世界领先的物流系统集成商，德马泰克基于大量实践经验发现，在配送中心每天完成的成千上万个订单中有很多可以同时处理的订单，由此产生了“逆向分货”理念。“逆向分货”系统由功能强大的软件支持(德马泰克已获得了该软件的专利权)，通过一系列复杂的运算将订单重新排序，寻找出最多的被动拣选机会。该系统还集成了特殊设计的货到人拣选功能模块，即把货品送到拣选员面前，让货品跟着订单走，而不是让订单循着货品走，同时按高效原则优化了各批次订单的处理顺序。最终，这套全新设计的“逆向分货”系统消除了拣选员不必要的走动，以及等待托盘来回传递所耽搁的时间，不仅大大提高了拣选作业效率，而且减轻了拣选员的工作负担。

“逆向分货”系统软件与配送中心仓库管理系统(WMS)相连，货物跟着订单移动直至订单处理完毕，再跟着下一个订单走或者被送回存货区。载货托盘和空托盘由叉车送到输送线上。一旦订单被启动，输送机将两个载货托盘(Donor Pallets)和两个分货托盘(Put Pallets)一起送到拣选员所在的工位。“逆向分货”系统发出指令后，拣选员根据屏幕上显示的操作指示，从第一个载货托盘上拣选出一定数量的货品放在第一个分货托盘上；也可能按订单需要，进一步从第一个载货托盘上拣选一定数量的货品放到第二个分货托盘上；还有可能继续在系统指导下，从第二个载货托盘上取出货物放在第一个以及第二个分货托盘上。

在上述过程中，“逆向分货”系统以最小的货品移动次数同时执行了 4 个订单处理任务。两个载货托盘里所剩的货品数量满足两个订单对此品规货品的数量要求，而分货托盘里的货物也为另外两个订单的进一步拣选打好基础——该分货托盘所代表的两个订单中剩余的货品将由常规拣选方式完成。在称重复核时，检查拣选员是否拿取了正确数量的货物，如果准确无误，托盘由输送机送至发货站。

在“逆向分货”系统成功上线运行的前 8 周，CCA Eastern Creek 配送中心就已经持续达到每小时完成 1400 多次拣选。数据显示，混放托盘中约有 20%的货品无须搬动就已符合订单要求了。这大幅度提高了拣选效率和周转量，也使兼顾人机工程学和高效运作的货到人拣选方案大展拳脚。该配送中心约 70%的订单需要由“逆向分货”系统处理，其中约 35%

的订单经过一次逆向拣选后就已经完成。根据 Eastern Creek 配送中心的订单结构及订单特性，德马泰克选配了语音拣选系统作为“逆向分货”系统强有力的补充，来完成其他拣选作业。配送中心的 25 名拣选员配备了最新的支持无线和蓝牙功能的 Vocollect 语音识别终端和耳机。

2. 先进的自动收发货系统

除了采用“逆向分货”系统，Eastern Creek 配送中心值得称道的技术亮点还有自动收货系统和自动发货系统。

Eastern Creek 配送中心 95%以上的货品来自 CCA 位于 Northmead 的制造工厂，每天接收 60 辆卡车的货品，在销售高峰期接收货品的车次将激增两倍多。为了提高物流效率，德马泰克为 Eastern Creek 配送中心特别设计了一套全自动的收货系统。该系统由 3 条“滑板式”自动卡车卸货通道组成，“滑板式”装置如坦克链条一样自动接收货品。每条通道在 15 分钟内可以卸载 22 个托盘，同时托盘被自动扫描、自动称重，然后传送到货物接收系统的托盘输送机上，最后直接到达预留的暂存位置。协助“滑板式”自动收货系统完成收货任务的是移动灵活的叉车。

采用托盘输送机大大优化了叉车卸货的效率，使叉车无须像以往一样上下移动货叉、来来回回地将托盘放到暂存区，只需将托盘放到输送机上即可，随后输送机将托盘送到靠近其暂存位置的工位，再由叉车取下来放好。这个过程进一步减少了不必要的叉车操作。

而自动发货系统(The Auto Despatch System，ADS)则为 Eastern Creek 配送中心提供了预拣选、预拣订单组合、暂存发运功能。该系统配备了德马泰克的卫星式托盘移动小车，暂存区规划了多达 144 条托盘通道，每条通道可以存储 12 个托盘。之所以设计 12 个托盘位，是要与一般卸货卡车的托盘存量匹配，在高峰期可以一次性暂存 16 个小时的发货量。

自动发货系统的工作流程十分简单，叉车或托盘移动小车只需将托盘货品放在自动发货 Case Study 案例托盘移载车将载货托盘放在自动发货系统通道上系统入口，之后所有的输送处理都实现了自动化。载货托盘经过高度、宽度、重量自动检测后，被输送至包装处，再由两台托盘移载车将其放在 ADS 通道上等待发货。装车时，叉车驾驶员先扫描托盘上的条码，确认托盘已在正确的位置，然后从第一个托盘开始逐一装车。ADS 配备了 8 台托盘移载车，当叉车将第一个载货托盘放到卡车上、再返回 ADS 后，拿取一辆托盘移动小车放置在 ADS 刚才的通道上，并发出指令清空该通道。小车将第二个托盘移送到第一个托盘位以便于叉车拿取；当叉车将托盘载上卡车再回到 ADS 时，小车又将第三个托盘放到了第一个托盘位。这个过程不断重复，直到通道上所有的托盘装上卡车。暂存区把预拣订单组合环节分离出去，确保了暂存通道托盘装车高效可靠，使卡车尽快装车完毕驶离发货区。

3. 创建安全的工作环境

CCA Eastern Creek 配送中心的拣选员每天要处理上千个订单，如何最大限度地降低员工的体力消耗，为其创造一个更加安全的工作环境是配送中心的设计原则之一。

配送中心在库房规划设计方面提出了一系列创新，如设置了更宽的货架巷道，加大了货架底横梁和地面之间的距离，使托盘之间有更大的间隔区。这些额外留出的空间虽然减少了配送中心的总存储量，却为拣选员提供了更好的工作环境。考虑到当地劳保局最新的订单拣选指导纲要，CCA 认为这样的设计是安全、合理、可靠的，从实际运作情况来看，不但对订单拣选作业没有丝毫影响，反而大大提高了拣选效率。因为更宽的巷道确保了叉车的安全操作以及托盘车的运行，更大的拣选面可以使拣选员更快速方便地拿到托盘货品——无论它们被放置在托盘的前端还是后端。这些改进措施还极大地避免了拣选员的走动，拣选员也不会在拣货过程中站立不稳。巷道内更大的空间还减少了叉车在叉取托盘时与货架发生碰撞。此外，为了保证人员安全，叉车行驶区和人行通道也划分了不同区域。

总之，“逆向分货”系统与托盘升降系统以及传送系统配合使用，确保符合人机工程学。CCA 还每半个小时就让拣选员轮流休息，从而最大限度减轻其疲劳感。

4. 效益显著

通过设计与建设全新的 Eastern Creek 配送中心，CCA 和德马泰克在大量混合型托盘的订单处理上实现了跨越性发展，设定了物流作业效率和周转量的新标准，同时还构建了更安全的工作环境。仅仅在整套系统投入使用的前 8 周，配送中心已经达到了卓越的操作效率，并且持续实现了 20%～30%的预期收益，同时拣选错误、退货和货物破损率都大幅度降低。

5. 不断优化供应链

从功能上，Eastern Creek 配送中心与 CCA 位于北梅尔迪制造工厂的新配送中心实现了互补。北梅尔迪配送中心拥有高架立体仓库，负责处理所有零售商以及大客户的大批量订单，通常为整托盘作业。而从 2009 年 6 月起，Eastern Creek 配送中心开始为 CCA 从比加(Bega)到科夫斯港(Coffs Harbour)的 14 000 个客户提供配送服务。这些客户从街头小店到便利超市，再到定点服务站、小杂货店以及生鲜食品专营店，同时还有数量不断增加的水店以及啤酒饮料批发商，几乎是 CCA 在新南威尔士州(NSW)的绝大部分业务。特别是在夏天销售高峰期，Eastern Creek 配送中心的配送量大约占全年配送量的一半，作业压力骤增。配送客户的订单都很小，不仅增加了拣选员的工作量，也使配送成本不断上升。

为了进一步降低物流成本，打造快速反应的供应链，自 2008 年 9 月以来，CCA 以这两个新配送中心为核心，开始了供应链重组项目 Project Jupiter。结果表明，该项目极大地简化了 CCA 的供应链与物流网络。实施 Project Jupiter 之前，CCA 在悉尼有 6 个存货点和两

个区域仓库。而在实施 Project Jupiter 之后，订单处理由两个新建的配送中心完成，区域仓库仅完成本地越库作业订单的配送。目前，CCA 两个新配送中心的总存储量高达 90 000 个托盘，同时在 Eastern Creek 配送中心还预留了扩展空间，足以建设容纳 30 000 个托盘的高层货架，为适应今后业务规模的不断扩大做好了准备。

供应链重组项目为 CCA 带来了显著的经济效益与社会效益：改进了订单履行效率并降低了配送成本，消除了在库货品在不同位置间的无效移动，降低了搬运成本，同时从根本上减少了温室气体的排放。据估计，Eastern Creek 配送中心采用的自动收货和自动发货系统省去了以前卡车装卸货时繁复的叉车作业，每年可节省用于叉车来回移动所需的超过 20 万升柴油以及上千吨液化石油气，相当于每年减少二氧化碳排放量约 1000 吨(相当于高速路上每年减少了 200 辆车的二氧化碳排放量)。

同时，供应链重组项目的实施还为 CCA 的战略性增长打造了快速反应的供应链。据悉，项目资金投入达 18 000 万澳元，存储容量和运输能力规划都颇具前瞻性，可以满足 CCA 公司直至 2015 年的业务发展需要。

三、流通加工型配送中心运营与管理

(一)流通加工型配送中心概述

流通加工型配送中心具有加工职能，根据用户的需要或者市场竞争的需要，对配送物加工之后进行配送。在这种配送中心内，有分装、包装、初级加工、集中下料、组装产品等加工活动。

世界著名连锁服务店肯德基和麦当劳的配送中心，就是属于这种类型的配送中心。在工业、建筑领域，生混凝土搅拌的配送中心也是属于这种类型的配送中心。目前，随着人们生活水平的提高，人们对生鲜食品的质量要求越来越高，以生鲜食品流通加工为主的配送中心也应运而生。

(二)流通加工型配送中心作业流程

流通加工型配送中心基本作业流程如图 8-10 所示。与储存型配送中心、流通型配送中心相比，流通加工型配送中心设置了专门的物流加工场所，拥有流通加工设备与技术。配送中心一方面可以根据客户需求，按照订单进行物品的流通加工；另一方面，对于已经确定规格、型号的产品，可以事先进行流通加工以快速响应客户的需求。

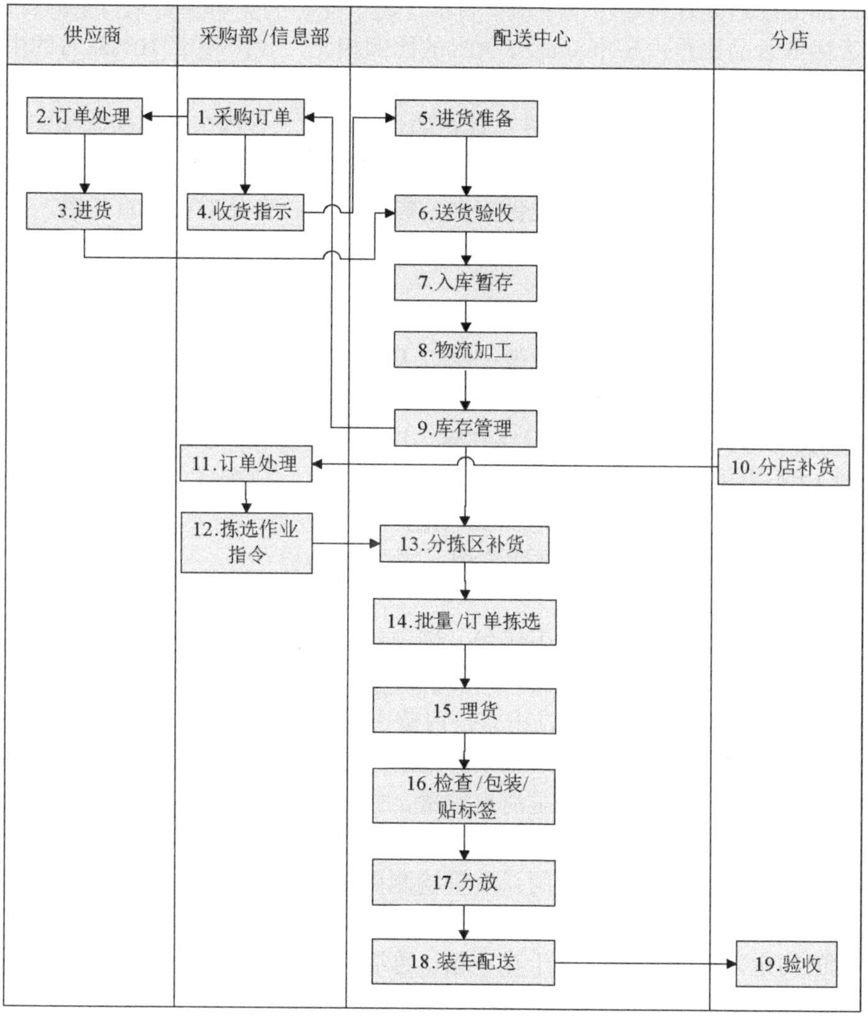

供应商	采购部/信息部	配送中心	分店
2.订单处理	1.采购订单	5.进货准备	
3.进货	4.收货指示	6.送货验收	
		7.入库暂存	
		8.物流加工	
		9.库存管理	
	11.订单处理		10.分店补货
	12.拣选作业指令	13.分拣区补货	
		14.批量/订单拣选	
		15.理货	
		16.检查/包装/贴标签	
		17.分放	
		18.装车配送	19.验收

图 8-10　流通型配送中心基本作业流程

(三)流通加工型配送中心运营实例——京客隆生鲜食品配送中心

京客隆生鲜食品配送中心是一家典型的流通加工型配送中心。2006 年，该配送中心正式投入使用。京客隆生鲜食品配送中心占地 20 000 平方米，一期工程包括 2432 平方米的蔬果恒温加工配送中心、日分切加工处理 250 头猪的肉类分切加工中心和储存能力为 600 吨的冷库。二期的冷冻食品集中配送车间及三期的主食厨房加工基地也在紧锣密鼓的筹备中。

京客隆生鲜食品配送中心成立之初，能够为京客隆北京 160 多家店铺提供生鲜食品的统一配送。其中的 44 家大卖场及综合超市将全面销售由这里统一配送的优质排酸猪肉，现场分切猪肉的销售方式将退出京客隆卖场。

生鲜产品的配送是连锁超市的生命。目前，超市业态的竞争主要来自生鲜食品的竞争，而与国际上生鲜食品比重占超市总销售 30%的比例相比，我国超市 10%左右的生鲜食品比例显然是落后的。而京客隆生鲜食品配送中心从 2005 年年初开始试运营，使生鲜食品在京客隆的销售比重从 2004 年的 14%跃升至现在的将近 30%，并期望最终达到 40%的目标。对于京客隆而言，投重资花巨力打造低温供应链配送系统不仅仅是为了差异化竞争，提高企业竞争力，更重要的是出于为市民提供安全、绿色、放心食品的社会责任感，同时也为农产品进超市开辟了一条绿色通道。

1. 蔬果恒温加工配送中心流程

京客隆蔬果恒温加工配送中心就像一个巨大的保温箱。与普通的保温箱不同的是，它不仅具有保温功能，而且还有加工处理功能。占地面积为 2432 平方米的蔬果恒温加工配送中心由 4 座独立可调温、湿度的冷藏保鲜库，以及进货暂存区、筛选区、加工包装区、出货暂存区和 17 个进出货码头组成。加工现场温度为 18℃，日配送处理能力为 160～260 吨；冷藏库温度为 2～8℃，湿度最高可达 90%以上。

以下是蔬果恒温加工配送中心作业流程。

1) 入库验收

京客隆采取的是统一采购、集中送货、锁定供货渠道、统一结算的经营策略。京客隆的蔬菜主要来源于北京的顺义、通州，河北的固安，以及山东、海南、内蒙古等地。水果的来源范围更广，包括京郊、河北、山东、内蒙古、新孤、海南、福建等地。

冷藏物流车将蔬果从蔬菜基地或水果产地运送至物流中心，卸货至进货暂存区，然后验收。验收主要由三部分组成，一是清点数量，二是查验质量，三是检测供应商的包装是否符合京客隆的标准化要求。查验质量，主要是看水果或蔬菜的颜色、大小、软硬度。产品的品种不同，对质量的要求也不同。质量检测更重要的是检验农药残留，京客隆有专门的质检部门负责该项工作。清点数虽主要是称重量、数箱数。因为事先与供应商在包装方面有标准化的约定，比如，苹果 20 千克一箱，通常供应商在供货时，大包装都是标准化的。因此，入库验收时要对供应商供货的标准化程度进行检验。

2) 筛选

分类筛选主要是对进入物流中心尚未进行分类筛选的蔬果，依其品质、大小、色泽进行等级区分。在分类筛选过程中还要去除运输途中出现的损坏商品，有些蔬菜水果还需要去根去叶。

3) 加工或冷藏

经验收后的蔬果，一部分先放进冷藏库保存，另外一部分直接进入加工区，经加工后出货。

进入物流中心的蔬果，是先冷藏还是立即加工出货，是根据门店的订单来确定的。当然，蔬果的品种不同也直接决定着其出货方式。比如，叶菜类，就必须直接加工出货，其间的时间越短越新鲜；而根茎类蔬菜和水果，则既可以存储又可以直接加工出货。对于门

店没有订单的根茎类蔬菜和水果，一般根据其品质特征存储于相应温度的冷藏库中，这是因为每一种果蔬都有其存储的最佳温度和湿度以及储藏寿命。比如，苹果需要在 1～4℃的温度条件下存储，最长可以保质 12 个月；而香蕉(绿色)则可以在 13～14℃的保管条件下存放 5 周。

如图 8-11(a)、图 8-11(b)、图 8-11(c)所示，以下是非加工进出货、简单加工进出货、一般加工进出货三种处理形式的流程图。

直通型(叶菜类)

门店订单 → 采购计划 → 采购 → 验收 → 分播/称重 → 出货暂存 → 配送

存储型(根茎类、水果类)

门店订单 → 系统试算 → 缺量采购计划 → 采购 → 验收/称重 → 入库 → 拣货/称重 → 分播/称重 → 出货暂存 → 配送

(a) 非加工进出货基本流程图

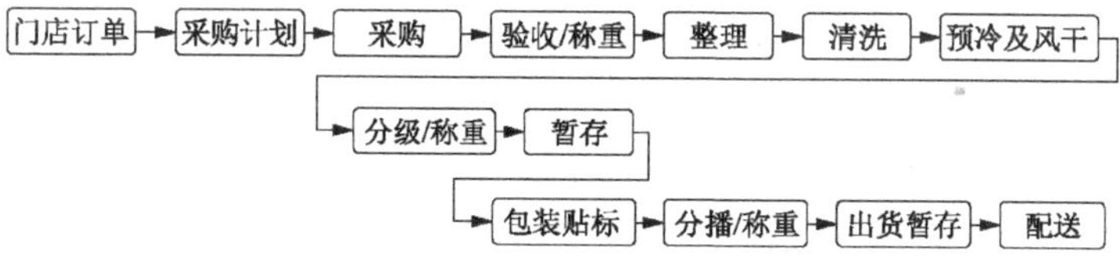

(b) 简单加工进出货基本流程图

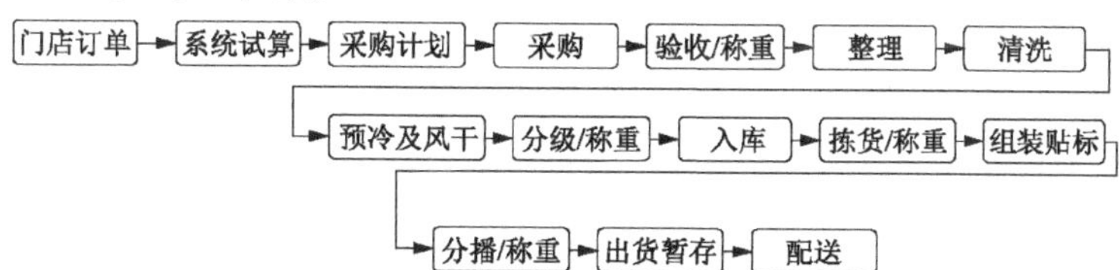

(b) 简单加工进出货基本流程图

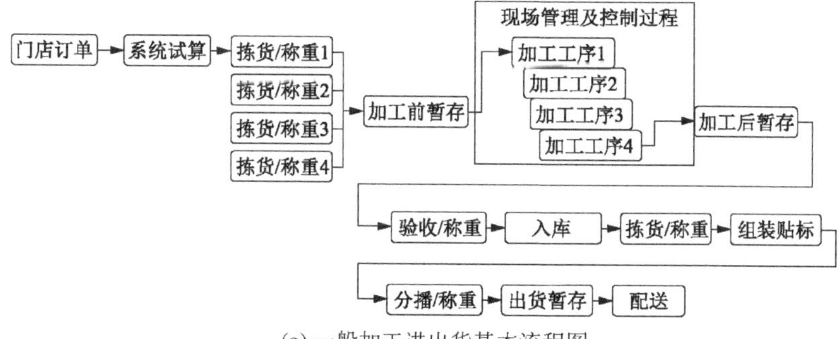

(c) 一般加工进出货基本流程图

图 8-11　进出货流程图

4) 分类小包装

小包装，实际上是一个标准化的过程，也就是将水果蔬菜分类、筛选，然后裹膜称重、贴标。最后，将小包装装进标准物流容器里。在该中心，其标准容器是1米×1米的物流筐。通常高单价的果蔬所用物流筐小，低单价的物流筐大。在该物流中心还有果篮和礼盒。

5) 分拨前暂存

做好小包装的果蔬，放在标准容器里，放在出货暂存区。然后，根据门店的订单进行播种式拣选。分拨以门店为单位，各门店有各门店的出货暂存区，等待配送车辆来运输。一般在 1 个小时内出货。这期间，分拨好了的叶类菜会重新放回冷藏库，以保证新鲜。配送车可以直接从冷藏库中将其运走。

目前，京客隆蔬菜的出货量是每天20～50吨，水果的出货量是每天10～20吨。

2. 猪肉分切加工中心流程

猪肉分切加工中心与蔬果恒温加工配送中心一样，也是由加工车间和冷藏库两大部分组成，其特殊性在于猪肉分切加工中心对卫生洁净度要求更高，对温度的要求更复杂，加工的内容更丰富。正因为如此，京客隆生鲜食品配送中心项目集成商——台湾茂进系统有限公司在这里下的功夫更大。为了提高生活质量，保证健康，人们都愿意吃排酸猪肉。的确，排酸猪肉与非排酸猪肉在食品安全、营养成分、口味感受上有着很大的差别，同时，排酸猪肉对物流系统的规划与设计也提出了完全不同的要求。因为，排酸猪肉只有7～8天的鲜肉最佳保存期，为了给门店销售争取更多的时间，所以排酸肉的生产和加工过程在一环扣一环的环节里紧凑地展开。京客隆猪肉分切加工中心占地2950平方米，内设急速预冷库，排酸库，分切加工区，一次加工和副产品加工区，内、外包装区，产品冷冻、冷藏区和 11 个进出货码头，并建有一条急冻隧道。急速预冷室、冷冻仓库温度为-25℃，排酸库和冷藏库温度是-4℃，加工区温度为12℃，码头区温度是7℃。日分切加工处理生猪 250 头，周转储存生猪能力为580头，冷藏能力100吨，冷冻能力50吨。

工人每天进入“冰箱”之前，都要先进行一套比较复杂的消毒程序，随后的每一道工序也都有各自的卫生洁净生产程序要求，这是京客隆实现“绿色、安全、放心”的基础。

以下是猪肉分切加工中心的流程。

1) 验收入库

京客隆的生猪来源于北京市第五肉联厂、北京市顺鑫农业以及北京千禧鹤等几家饲养中心。运往京客隆的猪肉都是从特级中特选的。每天250头猪的白条肉(将一头猪一分为二，去头去足去内脏)，每天凌晨4点左右送到。

验收主要是检测质量、检测温度和清点数量。检测质量主要是检测猪肉的尸日值以及含水量。温度检测，一是检测运送猪肉的冷藏车的温度，二是检测猪肉本身的温度。京客隆租用的是华日飞天冷藏车，事先与其在和约上有恒温要求的约定。生猪在屠宰之后，就应该立即做温度处理，这样才能从源头上保证新鲜。所以，京客隆与各肉联厂在温度方面也有约定。

2)　急速预冷、排酸

凡进入猪肉分切加工中心的猪肉，首先要经历一个排酸过程。排酸分两步，首先在一25℃的预冷室急速预冷 4～6 小时，然后送入-4～+4℃的冷藏库排酸 18～20 小时。当白条肉的中心温度达到 0℃，这时候再拿出来分切的猪肉就称为排酸猪肉。这种排酸过程也称为肉的“成熟过程”，其实就是在低温条件下，猪肉中的淀粉酶将肉中的糖(动物淀粉和葡萄糖)变为乳酸的过程。

和一般肉类相比，排酸肉肉体柔软有弹性，肉质也比较细腻。通过排酸肉的制造工艺不仅能避免有害物质残留在肉里，立即冷冻还能避免细菌的繁殖，而且时间上的延迟使肌肉组织的纤维结构发生变化，容易咀嚼和消化，吸收利用率也高，口感香醇。

3)　分切

从定点屠宰场运来的猪肉一般都是白条肉，经过排酸后，作为原料进入分切车间。工人按部位对其进行分割。此次分割的产品分为两种：一种是根据门店的订单可以直接进入市场的成品；另一种是可以进一步细加工的原料，比如，可以用来绞肉馅的瘦肉块。当然，这种瘦肉块既可以是成品，也可以是原料，这要根据门店的订单来确定。

4)　细加工或冷藏

在猪肉分切加工中心有三个成品库，两个原料库。进入成品库的产品，通过称重包装、贴标、金属残留检测之后就可以直接出库。进入原料库的产品，则需要根据门店订单进一步细加工，变成门店所需的成品。加工中心的加工用原材料来源于库存而非采购。京客隆的原则是采购补充原材料库存，原材料库存保证生产需求，加工生产保证成品库存，成品库存保证门店需求。

5)　金属残留检测、称重、包装

每一种成品在出库之前都要进行金属残留检测，以避免在加工过程中刀切斧砍或是自动化设备留下金属碎片。称重和包装实际上是一个标准化的过程。

6)　批次拣货、分拨到各门店区

由于冷藏库里的温度很低，所以每一次拣货是按单品的需求总量来拣的。然后再分拨到每个门店。在分拨车间，每一个门店有一个标志牌，该门店所需商品都用物流筐装好，等待冷藏车运输。如果不能立即出货，分拨好的商品要迅速送回冷库，然后从冷库直接出货。

7)　出库

京客隆每天分两个批次出货，通常是凌晨两点一次，凌晨四点一次。猪肉成品由冷藏车运送，保持恒温。到门店后，这些成品放在-2～+2℃的保鲜橱柜里销售。这样京客隆的整个生鲜品始终处在一个冷链的环境中。

3. 生鲜加工管理系统

在整个流程中，计算机管理系统起到了主导作用。从进货验收、入库、制订生产计划、加工实绩收集、拣货出库、分拨、合流、出货配送，直到最后门店验收，都由计算机发出指令，并且全程配合。

4. 低温配送中心的设备选型

与常温配送中心相比，低温配送中心对各种设备的要求都要更高一些。其土建工程、钢结构工程、库板工程、地面处理工程、卫生设施、照明设施、水、电、消防、暖通、空调以及制冷系统需求的设计都与常温配送中心不同。物流设备更是如此。比如，低温配送中心的货架必须是低温专用的钢材，否则货架用上 5～10 年就会倒塌。物流设备选型应遵循以下原则。

1) 货架选型

货架要根据仓储区使用的储运单位、容器形状和大小及事先所估算的仓储需求，来选择适用的货架形式及数最。是常温还是低温，是库架合一还是组合式货架，以及出货与频率、单位承重负荷等，这些因素都直接影响货架的选型。如果差距很大，则应分别依据不同的需求选择不同类型的货架设备。在此基础上，根据不同的货架要求，再选择主柱、横斜撑、双 C 型横梁、柱脚、连接杆、柱防护等零主配件的规格及钢材材质。

京客隆低温物流中心采用的是库架合一的结构，这对库体保温板和气密要求更高。由于在中心冷藏库储存的货物量大、品种少、分量重，对货架的承重要求比较高。因此，京客隆选择的是后推式重型货架。该中心设盖后推式货架储位 576 个，可储藏不同温度和湿度要求的水果 300～400 吨。

2) 码头设备选型标准

依照货车尺寸规格、码头设施、车辆回转作业空间、进出货暂存区等条件选定码头设备，决定码头高度、滑升门、门罩、调节板、车辆安全装置、O 型防撞垫等的材质及尺寸规格。让码头设施与冷藏车吻合对接，其目的是防止冷气外泄，同时也是为了防止生鲜产品失去恒温状态。

3) 库门的选型标准

库门也要依照库区进、出的搬运车辆高度来选择。同时，库门厚度、材质、钢板强度、开门方式、方向以及电热的需求也是库门选择的重要因素。同时，库门还要注意安全性。京客隆所有的库门如果不小心从外面锁住了，里面的人照样可以出来。

4) 原物料搬运设备

原物料搬运设备包括吊猪杠平移式钢结构设备、机械化搬运设备(如堆高机、油压拖板车)、出货用笼车、垂直搬运设备、输送设备等。根据白条猪肉进厂的形式、人员平均工作量、物料平移搬运及垂直搬运量与速度、各加工设备的产能，测算出物料搬运设备的数量

及规格。

5)　容器设备

容器设备包括搬运用容器、储存容器、拣货容器及配送容器等，如纸箱、托盘、物流篮、物流箱等。在各项作业流程及储运单位制订规划完成后，可先针对容器设施进行规划。如果品项多而体积、长度、外形等物性差异很大时，可考虑利用储运箱等容器统一化，以简化储运作业。在此需要说明的是，生鲜产品对卫生要求非常高，所以物流中心应该有容器清洗设备。如果物流筐的用量大，最好选择机械化的洗篮机。

【任务实施】

如何有效地完成配送中心调研？

(1)　掌握不同类型配送中心作业流程与区别，熟悉配送中心设备与技术的应用。

(2)　注意观察，利用业余时间与员工交谈，发现企业的优势与不足之处。

(3)　在调研过程中，记录所见所闻。

【任务总结】

通过完成“配送中心调研”任务，让同学们深入了解配送中心运营与管理，并做好调研记录，培养学生发现问题、分析问题、解决问题的能力，为学生撰写调研报告奠定基础。

【任务实训】

不同功能配送中心运营与管理分析

请通过网络资源搜索不同功能的配送中心运营与管理实例，并选择某一功能配送中心运营与管理典型实例进行学习与总结，完成 PPT 制作与汇报。

考核标准：

配送中心的选择具有代表性 (10 分)	调研记录翔实 (40 分)	调研报告内容完整 (50 分)	总分 (100 分)

项　目　总　结

本项目介绍了不同配送对象、不同功能的配送中心运营与管理的相关知识与典型实例，通过两个任务的组织和实施，使学生能够系统掌握配送中心作业相关知识，初步具备配送中心管理能力，培养学生的知识应用与问题解决能力。

项 目 测 试

一、填空题

1. 按照配送对象不同，配送中心可以分为____________、____________、____________三种。

2. 按照功能不同，配送中心可以分为____________、____________、____________三种。

3. ____________是由零售商向上整合所成立的自有配送中心，或具有很强运输配送能力的专门面向零售商服务的专业化第三方物流配送主体。

4. ____________是由制造商或其分公司向上整合所成立的自有配送中心，或具有很强的同类产品相关的原材料、零部件、半成品、产成品运输配送能力的专门面向制造商服务的专业化第三方物流配送主体。

二、简答题

1. 不同配送对象的配送中心的作业特点是什么，有何区别？
2. 不同配送对象的配送中心适用性如何？
3. 不同配送对象的配送中心运营与管理的重点是什么？
4. 不同功能的配送中心的作业流程是什么，有何区别？
5. 不同功能的配送中心适用性如何？
6. 不同功能的配送中心运营与管理的重点是什么？

三、综合题

沃尔玛配送中心运营与管理

沃尔玛百货有限公司(以下简称“沃尔玛”)由美国零售业的传奇人物山姆·沃尔顿先生于1962年在阿肯色州成立。经过五十余年的发展，沃尔玛已经成为美国最大的私人雇主和世界上最大的连锁零售商。目前，沃尔玛在全球十几个国家开设了超过8000家商场，员工总数200多万，分布在美国、墨西哥、波多黎各、加拿大、阿根廷、巴西、中国、韩国、德国和英国等十多个国家。

沃尔玛的业务之所以能够迅速增长，并且成为现在非常著名的公司之一，是因为沃尔玛在节省成本以及在物流配送系统与供应链管理方面取得了巨大的成就。

1. 降低成本系列方法在物流配送中心的应用

稍微了解沃尔玛的人都知道，低成本战略使物流成本始终保持在低位，是像沃尔玛这种廉价商品零售商的看家本领。在物流运营过程中尽可能降低成本，把节省后的成本让利于消费者，这是沃尔玛一贯的经营宗旨。

沃尔玛在整个物流过程中，最昂贵的就是运输部分，所以沃尔玛在设置新卖场时，尽量以其现有配送中心为出发点，卖场一般都设在配送中心周围，以缩短送货时间，降低送货成本。沃尔玛在物流方面的投资，也非常集中地用于物流配送中心建设。

1)　快速高效的物流配送中心

物流配送中心一般设立在 100 多家零售店的中央位置，也就是配送中心设立在销售主市场。这使得一个配送中心可以满足 100 多个附近周边城市的销售网点的需求；另外运输的半径既比较短又比较均匀，基本上是以 320 千米为一个商圈建立一个配送中心。

沃尔玛各分店的订单信息通过公司的高速通信网络传递到配送中心，配送中心整合后正式向供应商订货。供应商可以把商品直接送到订货的商店，也可以送到配送中心。有人这样形容沃尔玛的配送中心：这些巨型建筑的平均面积超过 11 万平方米，相当于 24 个足球场那么大；里面装着人们所能想象到的各种各样的商品，从牙膏到电视机，从卫生巾到玩具，应有尽有，商品种类超过 8 万种。沃尔玛在美国拥有 62 个以上的配送中心，为 4000 多家商场提供服务。这些中心按照各地的贸易区域精心部署，通常情况下，从任何一个中心出发，汽车可在一天内到达它所服务的商店。

在配送中心，计算机掌管着一切。供应商将商品送到配送中心后，先经过核对采购计划、商品检验等程序，分别送到货架的不同位置存放。当每一样商品储存进去的时候，计算机都会把它们的方位和数量一一记录下来；一旦商店提出要货计划，计算机就会查找出这些货物的存放位置，并打印出印有商店代号的标签，以供贴到商品上。整包装的商品将被直接送上传送带，零散的商品由工作人员取出后，也会被送上传送带。商品在长达几千米的传送带上进进出出，通过激光辨别上面的条形码，把他们送到该送的地方去，传送带上一天输出的货物可达 20 万箱。对于零散的商品，传送带上有一些信号灯，有红的、有黄的、有绿的，员工可以根据信号灯的提示来确定箱子应被送往的商店，来拿取这些箱子。这样，所有的商店都可以在各自所属的箱子中拿到需要的商品。

配送中心的一端是装货平台，可供 130 辆卡车同时装货，在另一端是卸货平台，可同时停放 135 辆卡车。配送中心 24 小时不停地运转，平均每天接待的装卸货物的卡车超过 200 辆。沃尔玛尽可能用大型卡车运送货物，其拥有 16 米加长的货柜，比集装箱运输卡车还要更长或者更高。在美国的公路上经常可以看到沃尔玛的车队，沃尔玛的卡车都是自己的，司机也是沃尔玛的员工，他们在美国的各个州之间的高速公路上运行，而且车中的每立方米都被填得满满的，这样非常有助于节约成本。

公司 6000 多辆运输卡车全部安装了卫星定位系统，每辆车在什么位置、装载什么货物、目的地是什么地方，总部都一目了然。因此，在任何时候，调度中心都可以知道这些车辆

在什么地方，离商店还有多远，他们也可以了解到某个商品运输到了什么地方，还有多少时间才能运输到商店。对此，沃尔玛精确到小时。如果员工知道车队由于天气、修路等某种原因耽误了到达时间，装卸工人就可以不用再等待，而可以安排别的工作。

灵活高效的物流配送使得沃尔玛在激烈的零售业竞争中技高一筹。沃尔玛可以保证，商品从配送中心运到任何一家商店的时间不超过 48 小时，沃尔玛的分店货架平均一周可以补货两次，而其他同业商店平均两周才能补一次货；通过维持尽量少的存货，沃尔玛既节省了存贮空间又降低了库存成本。

2) 沃尔玛配送中心采用的作业方式

配送中心的一端是装货的月台，另一端是卸货的月台，两项作业分开。看似与装卸在一起的方式没有什么区别，但是运作效率由此提高很多。配送中心就是一个大型的仓库，但是概念上与仓库有所区别。

交叉配送 CD (Cross Docking)。交叉配送的作业方式非常独特，而且效率极高，进货时直接装车出货，没有入库储存与分拣作业，降低了成本，加速了流通。

800 名员工 24 小时倒班装卸搬运配送，沃尔玛的工人的工资并不高，因为这些工人基本上是初中生和高中生，只是经过了沃尔玛的特别培训。

商品在配送中心停留不超过 48 小时，沃尔玛要卖的产品有几万个品种，吃、穿、住、用、行各方面都有。尤其像食品、快速消费品这些商品的停留时间直接影响到使用。

每家店每天送 1 次货(竞争对手每 5 天 1 次)，至少一天送货一次意味着可以减少商店或者零售店里的库存。这就使得零售场地和人力管理成本都大大降低。要达到这样的目标就要通过不断地完善组织结构，建立一种能够满足这样的需求的运作模式。

沃尔玛的配送成本占它销售额的 2%，而一般来说物流成本占整个销售额一般都要达到 10%左右，有些食品行业甚至达到 20%或者 30%。沃尔玛始终如一的思想就是要把最好的东西用最低的价格卖给消费者，这也是它成功的所在。另外竞争对手一般只有 50% 的货物进行集中配送，而沃尔玛百分之九十几是进行集中配送的，只有少数可以从加工厂直接送到店里去，这样成本与对手就相差很多了。

2. 物流信息技术的应用

沃尔玛之所以成功，很大程度上是因为它至少提前 10 年(较竞争对手)将尖端科技和物流系统进行了巧妙搭配。早在 20 世纪 70 年代，沃尔玛就开始使用计算机进行管理，20 世纪 80 年代初，他们又花费 4 亿美元购买了商业卫星，实现了全球联网，20 世纪 90 年代，采用了全球领先的卫星定位系统(GPS)，控制公司的物流，提高配送效率，以速度和质量赢得用户的满意度和忠诚度。

沃尔玛所有的系统都是基于一个叫作 UNIX 的配送系统，并采用传送带和巨大的开放式平台，还采用产品代码，以及自动补货系统和激光识别系统，所有这些为沃尔玛节省了相当多的成本。沃尔玛一直崇尚采用最现代化、最先进的系统，进行合理的运输安排，通过电脑系统和配送中心，获得最终的成功。

1)　建立全球第一个物流数据处理中心

20 世纪 70 年代沃尔玛建立了物流的管理信息系统(MIS)，负责处理系统报表，加快了运作速度。20 世纪 80 年代初，沃尔玛与休斯公司合作发射物流通信卫星，物流通信卫星使得沃尔玛产生了跳跃性的发展。1983 年的时候采用了 POS 机，全称 Point Of Sale，就是销售始点数据系统。1985 年建立了 EDI，即电子数据交换系统，进行无纸化作业，所有信息全部在电脑上运作。1986 年的时候它又建立了 QR，称为快速反应机制，能对市场需求做出快速反应。

沃尔玛在全球第一个实现集团内部 24 小时计算机物流网络化监控，使采购库存、订货、配送和销售一体化。例如，顾客到沃尔玛店里购物，然后通过 POS 机打印发票，与此同时负责生产计划、采购计划的人员以及供应商的电脑上就会同时显示信息，各个环节就会通过信息及时完成本职工作，从而减少了很多不必要的时间浪费，加快了物流的循环。

2)　沃尔玛物流应用的信息技术

射频技术/RF(Radio Frequency)。在日常的运作过程中可以跟条形码结合起来应用。

便携式数据终端设备/PDF。传统的方式到货以后要打电话、发 E-mail 或者发报表，通过便携式数据终端设备可以直接查询货物情况。

物流条形码/BC。利用物流条码技术，能及时有效地对企业物流信息进行采集跟踪。

射频标识技术(RFID)。是一种非接触式的自动识别技术，它通过射频信号自动识别目标对象并获取相关数据，识别工作无须人工干预，可在各种恶劣环境中工作。

2004 年，全球最大的零售商沃尔玛公司要求其前 100 家供应商，在 2005 年 1 月之前向其配送中心发送货盘和包装箱时使用无线射频识别技术，2006 年 1 月前在单件商品中投入使用。专家预测，2005 年到 2007 年，沃尔玛供应商每年将使用 50 亿张电子标签，沃尔玛公司每年可节省 83.5 亿美元。目前全世界已安装了约 5000 个 RFID 系统，实际年销售额约为 9.64 亿美元。

凭借这些信息技术，沃尔玛如虎添翼，取得了长足的发展。

3.　“无缝”供应链的运用

物流的含义不仅包括了物资流动和存储，还包含了上下游企业的配合程度。沃尔玛之所以能够取得成功，很大程度上在于沃尔玛采取了“无缝点对点”的物流系统。“无缝”的意思指的是，使整个供应链达到一种非常顺畅的连接。沃尔玛所指的供应链是说产品从工厂到商店的货架，这个过程应尽可能平滑，就像一件外衣一样是没有缝的。在供应链中，每一个供应者都是这个链中的一个环节，沃尔玛使整个供应链成为一个非常平稳、光滑、顺畅的过程。这样，沃尔玛的运输、配送以及对于订单与购买的处理等所有的过程，都是一个完整网络中的一部分，这样大大降低了物流成本。

在衔接上游客户上，沃尔玛有一个非常好的系统，可以使供货商们直接进入沃尔玛的系统，沃尔玛称之为“零售链接”。通过零售链接，供货商们就可以随时了解销售情况，对将来货物的需求量进行预测，以决定生产情况，这样他们的产品成本也可以降低，从而使

整个流程成为一个“无缝”的过程。

沃尔玛有的时候采用空运，有的时候采用轮船运输，还有一些采用卡车进行公路运输。在中国，沃尔玛百分之百采用公路运输，就是卡车把产品运到商场，然后卸货，自动放到商店的系统中。在沃尔玛的物流中，非常重要的一点是沃尔玛必须确保商店所得到的产品是与发货单上完全一致的产品，因此沃尔玛整个过程都要确保精确，没有任何错误。这样，商店把整个卡车中的货品卸下来就可以了，而不用把每个产品检查一遍。因为他们相信过来的产品是没有任何失误的，这样就可以节省很多的时间。沃尔玛在这方面已经形成了一种非常精确的传统，这有助于降低成本。而这些商店在接受货物以后就直接放到货架上，来卖给消费者，这就是沃尔玛物流的整个循环过程。

4. 沃尔玛物流与供应链管理的启示

沃尔玛的成功既可以说是优秀的商业模式与先进的信息技术应用的有机结合，也可以说是沃尔玛对自身的“商业零售企业”身份的超越。

通过以上对沃尔玛的分析研究可以发现，沃尔玛给人们留下印象最深刻的，是它的一整套先进、高效的物流和供应链管理系统。沃尔玛在全球各地的配送中心、连锁店、仓储库房和货物运输车辆，以及合作伙伴(如供应商等)，都被这一系统集中、有效地管理和优化，形成了一个灵活、高效的产品生产、配送和销售网络。为此，沃尔玛甚至不惜重金，专门购置物流卫星来保证这一网络的信息传递。

沃尔玛的成功经验可能对我国相当多的企业来说有点“望洋兴叹”的感觉，且不说沃尔玛拥有自己的卫星和遍布全球的大型服务器，仅仅是沃尔玛的每一台货物运输车辆上都拥有卫星移动计算机系统这一点，我国企业就难以效仿。同样，维持这一庞大网络的IT投入和升级管理费用也并不是多数企业可以承担的。

目前我国已经有不少企业正在加紧信息化建设，其中有部分企业也在实施和应用供应链管理系统，但收效却很难与沃尔玛相比。原因在于，一方面，某些供应链管理软件更多的是由IT技术人员和程序员来开发，而代表了世界先进水平的管理思想和理念却很难模仿。另一方面，我国企业在构建全国范围内的供应链管理系统时，可能会遇到经验、人员、资金上的困难，更多的情况是面临着国内企业基础管理较弱、整体信息化程度不高的问题。在“沃尔玛现象”而引发的全球物流与供应链管理建设潮流中，我国逐步成为世界的制造中心，正在迎来一个物流管理与供应链管理发展的好机遇。

(资料来源：王耀林，胡秀前. 沃尔玛物流与供应链管理剖析与启示[J]. 商场现代，2011(12).)

分析：

(1) 阅读案例，分析沃尔玛配送中心属于哪种类型的配送中心。

(2) 试进行沃尔玛配送中心成功运营经验分析。

参 考 文 献

[1] 杜庭刚，张淑芳．配送中心运营管理[M]．北京：中国物资出版社，2006．
[2] 李静，李选芒．配送作业的组织与实施[M]．北京：北京理工大学出版社，2010．
[3] 钱芝网．配送管理实务情景实训[M]．北京：电子工业出版社，2009．
[4] 陈新鸿．基于 excel 操作的节约里程法在配送路线选择中的应用[J]．物流工程与管理，2013(2)．
[5] 周跃进．医药物流配送中心的规划设计[J]．物流技术与应用，2007(10)．
[6] 颜静．京东商城创新 B2C 配送新模式[J]．物流技术与应用，2011(9)．
[7] 皇甫晶．徐州烟草自动化配送中心[J]．物流技术与应用，2010(2)．
[8] 李强．物流管理技术在某汽车零部件配送中心的应用[J]．物流技术，2011(11)．
[9] 陈新鸿．津工超市配送中心成功运营经验分析[J]．物流工程与管理，2011(9)．
[10] 朱佳．可口可乐不断提高配送中心作业效率[J]．物流技术与应用，2010(4)．
[11] 褚方鸿．京客隆生鲜食品配送中心[J]．物流技术与应用，2006(4)．
[12] 张雪月．现代物流学[M]．北京：中国财政经济出版社，2005．
[13] 刘阳威．物流仓储与配送管理实务[M]．北京：清华大学出版社，2013．
[14] 龚成杰，李学宏．仓储与配送管理[M]．北京：中国人民大学出版社，2011．
[15] 李春香．绿色流通加工的内涵及其发展路径探讨[J]．物流科技，2012(11)．
[16] 阮喜珍．仓储配送管理[M]．北京：华中科技大学出版社，2013．
[17] 朱海鹏．配送业务处理[M]．北京：清华大学出版社，2013．
[18] 李海民，王建良．物流配送实务[M]．北京：北京理工大学出版社，2015．
[19] 周德科．物流案例与实践(一)(二)[M]．北京：高等教育出版社，2013．